臨場感あふれる解説で、楽しみながら歴史を“体感”できる

世界史劇場

河合塾講師 神野正史【著】

アメリカ合衆国の誕生

ベレ出版

はじめに

歴史は「勝者」が紡（つむ）ぎます。

「敗者」には、その権利がまったくありません。

筆者がまだ子供のころ、歴史の勉強をしていて感じたことを思い出します。

「“正義は勝つ！”っていうけど、本当だなぁ。

歴史はいつも“正しい者”が勝ってるもんなぁ！」

しかし、まもなくそれがとんでもない勘違いだということに気づかされます。

「正義が勝つ」のではない。

「勝った者がみずからを“正義”と位置づけて歴史を都合のいいように描き、人々を洗脳しているだけにすぎない」のだ、と。

Ａ（アドルフ）．ヒトラーが「人類史上最悪の悪魔」のごとく言われるのは、なぜか。

それが「真実」だからではありません。

負けたからです。

勘違いしてはいけません、「ヒトラーは悪いことをしていない」と言っているのではありません。

歴史を紐解（ひもと）けば、ヒトラーなど「小粒」に見えてしまうほどの「巨悪」が、それこそ枚挙に暇（いとま）がないほどいます。

にもかかわらず、なぜ彼らは顧（かえり）みられず、殊更（ことさら）にヒトラーばかりが「悪の権化（ごんげ）」のように槍玉（ヤリダマ）に挙がるのか、その理由を言っているのです。

勝者は、どれほどの悪逆の限りを尽くそうが、それらの多くは隠蔽（いんぺい）され、「正義」と位置づけられるのに対し、敗者はその逆です。

閑話休題（ところで）。

アメリカは、建国以来、口を開けば、「アメリカこそが正義！」と繰り返し、アメリカに敵対する国に対しては、「悪の枢軸」「破落戸（ならずもの）国家」と決めつけます。

そして、たいへん多くの人たちがこれを信じている現状があります。

なぜか。

それは、これまでのアメリカが「勝者」だったからです。

「20世紀はアメリカの世紀」「20世紀の覇者」と言われるほどに。

でも、21 世紀もアメリカは「勝者」でありつづけられるでしょうか。

筆者はそうは思えません。

アメリカがほんとうに「正義」なのか、それとも「正義ヅラした悪魔」なのかは、30 年後か、50 年後か、やがてアメリカが「敗者」にまわったとき、白日の下(もと)に晒(さら)されることになるでしょう。

ソビエト連邦が崩壊したとき、それまで「神格化」「美化」され、「善人」として語られていたB(ウラジーミル).レーニンの残虐非道がつぎつぎと暴(あば)かれていったように。

しかし我々は、「そのとき」まで、その「答え」を待つ必要はありません。

「アメリカの本性」を知りたくば、今すぐ「アメリカの建国の歴史」を学べばよいだけです。

そこに「答え」があります。

ただし、学校の歴史教科書なんぞ隅から隅まで読んでもムダです。

あそこには「勝者の歴史」しか書かれていませんから。

そこで本書です。

本書には、意外と知られていない歴史が満載、教科書などにはまったく書かれていないことばかりですので、少々面食らうことになるかもしれません。

いえ。

ややもすると、すでに「勝者の語る歴史」にどっぷり浸かってしまっている方の中には、過敏反応(アナフィラキシー)を起こす方すらおられるかもしれません。

「良薬は口に苦し」「金言耳に逆らう」「薬の灸(きゅう)は身に熱い」と申します。

本書で紹介する歴史的事実を知れば、今まで学校で習ってきた「歴史」がどれほど「勝者が語る歴史」だったかを思い知らされることになるでしょう。

本書を読んで「過敏反応(アナフィラキシー)」を起こすか、「心眼」が啓(ひら)かれるか。

本書が後者の一助となることを祈りつつ。

2013 年 11 月　神野正史

本書の読み方

本書は、初学者の方にも、たのしく歴史に慣れ親しんでもらえるよう、従来の歴史教養書にはない工夫が随所に凝らされています。

そのため、読み方にもちょっとしたコツがあります。

まず、各単元の扉絵を開きますと、その単元で扱う範囲の「パネル(下図参照)」が見開き表示されています。

本書はすべて、このパネルに沿って解説されますので、つねにこのパネルを参照しながら本文を読み進めていくようにしてください。

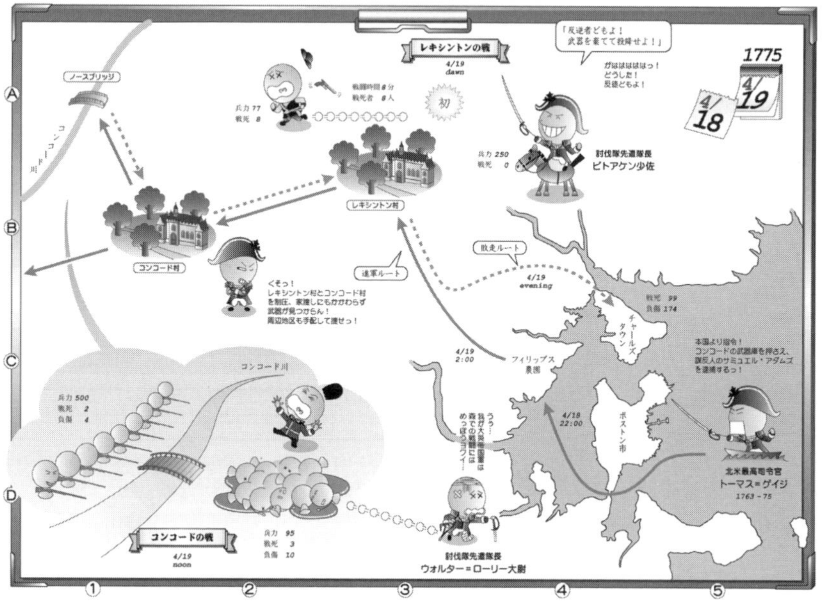
ノースブリッジ
コンコード川
コンコード村
レキシントン村
レキシントンの戦
4/19
dawn
兵力 77
戦死 8
戦闘時間 8分
戦死者 8人
初
「反逆者どもよ！
武器を棄てて投降せよ！」
ガはははははっ！
どうした！
反徒どもよ！
兵力 250
戦死 0
討伐隊先遣隊長
ピトアケン少佐
1775
4/19
4/18
くそっ！
レキシントン村とコンコード村を制圧、家捜しにもかかわらず武器が見つからん！
周辺地区も手配して捜せっ！
進軍ルート
敗走ルート
4/19
evening
戦死 99
負傷 174
チャールズタウン
本国より指令！
コンコードの武器庫を押さえ、謀反人のサミュエル・アダムズを逮捕するっ！
4/19
2:00
フィリップス農園
4/18
22:00
ボストン市
うう…
我が大英帝国軍は
森での戦闘には
めっぽうヨワイ…
北米最高司令官
トーマス＝ゲイジ
1763 – 75
コンコード川
兵力 500
戦死 2
負傷 4
兵力 95
戦死 3
負傷 10
コンコードの戦
4/19
noon
討伐隊先遣隊長
ウォルター＝ローリー大尉
A
B
C
D
①
②
③
④
⑤

そうしていただくことによって、いままでワケがわからなかった歴史が、頭の中でアニメーションのようにスラスラと展開するようになります。

ぜひ、この読み方をお守りくださいますよう、よろしくお願いします。

また、その一助となりますよう、本文中には、その随所に(A-2)などの「パネル位置情報」を表示しておきました。

これは、「パネルの枠左の英字と枠下の数字の交差するところを参照のこと」

という意味で、たとえば (A-4) と書いてあったら、「A段第4列のあたり」すなわち、前ページパネルでは「ピトアケン少佐」のあたりをご覧ください。

なお、本パネルの中の「人物キャラ」は、てるてる坊主みたいなので、便宜上「てるてる君」と呼んでいますが、このてるてる君の中には、その下に「肩書・氏名・年号」が書いてあるものがあります。

大統領

初代大統領
ジョージ=ワシントン
1789.4/30 – 1797.3/4

この「年号」について、注意点が2つほど。

まず、この年号はすべて「グレゴリウス暦」で統一されています。

したがいまして、イスラームを解説したパネルであっても「ヒジュラ暦」ではありませんし、日本の歴史が描かれたパネルであっても「旧暦」ではありません。

また、この「年号」は、そのすぐ上の「肩書」であった期間を表しています。

したがいまして、同じ人物でも肩書が違えば「年号」も変わってきますのでご注意ください。

たとえば、同じ「G（ジョージ）.ワシントン」という人物でも、その肩書が、
「ヴァージニア植民地議会議員」のときは、その任期 (1759-74) が、
「大陸軍総司令官」のときは、その任期 (1775-83) が、
「初代大統領」のときは、その任期 (1789-97) が記されています。

また、本文下段には「註欄」を設けました。

この「註」は、本文だけではカバーしきれない、でも、歴史理解のためには、どうしても割愛したくない、たいへん重要な知識をしたためてありますので、歴史をより深く理解していただくために、本文だけでなく「註」の説明文の方にも目を通していただくことをお勧めいたします。

それでは、「まるで劇を観覧しているかの如く、スラスラ歴史が頭に入ってくる！」と各方面から絶賛の「世界史劇場」をご堪能ください。

CONTENTS

はじめに 3

本書の読み方 5

第1章 アメリカ13州の建設

第1幕 インドを目指せ！
アメリカ大陸の「発見」 13

第2幕 失われた植民地
エリザベス１世による植民地建設 21

第3幕 ならず者たちの入植
ジェームズ１世による植民地建設 29

第4幕 美談の真相
ジェームズタウンの建設 37

第5幕 きっかけは「離婚問題」
ピューリタンの分裂 53

第6幕 メイフラワー号で"楽園"を求めて
プリマス植民地の建設 63

第7幕 失望のエクソダス
ピューリタンの再分裂 73

第8幕 ピークォートの虐殺
ニューイングランド、4邦に分裂 81

第9幕 オランダ商人が“買った”土地
ニューネーデルラントの建設 91

第10幕 借金返済がために
ニューヨーク植民地の建設 99

第11幕 分裂と合併の末の「13州」
南部植民地の建設 109

第2章 アメリカ独立革命前夜

第1幕 脱税を見逃す理由（わけ）
有益なる怠慢 121

第2幕 G・ワシントンの虐殺
フレンチ＆インディアン戦争 127

第3幕 細菌兵器の“プレゼント”
フレンチ＆インディアン戦争後 135

第4幕 「代表なくして、課税なし！」
印紙法 143

第5幕 「自由の息子」たちの実力行使
ボストン茶会事件 151

第3章 アメリカ独立革命

第1幕 「我に自由を与えよ！ しからずんば…」
第1次大陸会議 159

第2幕 世界最強の軍隊 vs 雑兵(ぞうひょう)
レキシントン＝コンコードの戦 167

第3幕 見せかけの大砲作戦
ボストン包囲戦 175

第4幕 「反逆者」の烙印を押されて
第2次大陸会議 183

第5幕 「すべての人間は平等に創られて…」
アメリカ独立宣言 193

第6幕 クリスマスの急襲！
トレントンの戦・サラトガの戦 209

第7幕 孤立したのはどちらか
ヨーロッパ諸国の反応 219

第8幕 信じられない敗北
ヨークタウンの戦 229

第9幕 フランス革命の導火線
1783年パリ条約 237

第4章 合衆国憲法の成立

第1幕 13邦（ステーツ）の痛み分け
アメリカ連合規約 245

第2幕 政変まがいのだまし討ち会議
フィラデルフィア憲法制定会議 255

第3幕 「大いなる妥協」
アメリカ合衆国憲法 265

Column コラム

インディアンは人間ではない 20
失われた植民地ロアノーク 28
キリスト教の離婚是非 72
ルター派とカルヴァン派 80
開戦合図の「リメンバー」 90
歴史は繰り返す 98
初代の神格化 134
悪魔の疫病・天然痘 142
B.フランクリン効果 150
真っ赤な標的 174
G.ワシントンの本性 192
「謝罪」は悪！ 208
デラウエア川を渡るワシントン 218
反逆罪「四ッ裂きの刑」 228
植民地か、邦か、州か 254
連合規約の正式名称 282

「インディアン」という呼称について

本書では、15 世紀以前からアメリカ大陸に住んでいたモンゴル系の人々のことを「インディアン」と呼称していますが、一部に「インディアンは差別用語では？」と勘違いしている人たちも多いようですので、ひとこと。

第一に、「インディアン」という言葉は、コロンブスが新大陸を発見したときに、彼らを「インド人(Indian)」と勘違いしたことから始まる呼称にすぎず、そこに差別意識はまったく込められていません。

また、「インディアン」以外に、この概念を表す言葉が存在しません。

最近になって、「ネイティブアメリカン」という言葉に言い換えさせようとする動きもありますが、これは、「現在のアメリカ合衆国内に住むすべての先住民族」を表す名称（エスキモー、ミクロネシア人などを含む）であって、「インディアン」の代替となる言葉ではありません。

そのうえ、この「ネイティブアメリカン」という呼称は、インディアンたちの意向を無視して、白人たちが勝手に言いはじめた言葉であり、過去、白人たちがインディアンたちに行った数々の蛮行を隠蔽(いんぺい)することを目的として、「インディアン」という言葉を闇(やみ)に葬(ほうむ)り去るために造られた悪意の言葉だ、という主張すらあります。

そして何より、インディアンたち自身が、「ネイティブアメリカン」と呼ばれることを嫌悪しており、インディアン権利擁護団体である「アメリカインディアン運動」も、

「我々はインディアンである。

“ネイティブアメリカン”などではない！

我々は“ネイティブアメリカン”という言葉を憎悪している！

我々を“インディアン”以外の名称で呼ぶこと自体が差別である！」

…と表明しているほどです。

したがって、本書では、インディアンたち本人の意向を尊重して、「インディアン」という名称で彼らを呼んでいます。

第1章 アメリカ13州の建設

第1幕

インドを目指せ!

アメリカ大陸の「発見」

インディアンたちが平和に暮らしていた社会に「魔の手」が忍び寄る。ヨーロッパ人たちが大洋を乗り越え、大挙してアメリカ大陸にやってきたのだ。
インディアンはまだ鉄器すらも知らない平和を愛する民族。かたや、ヨーロッパ人は火器で武装した一攫千金を狙う狩猟民族。彼らの「狩り」が始まる。

今に見てろっ！
私の提案を却下したこと
ポルトガル国王に
後悔させてやるわっ！

インド航路探険者
クリストファー＝コロンブス

〈アメリカ大陸の「発見」〉

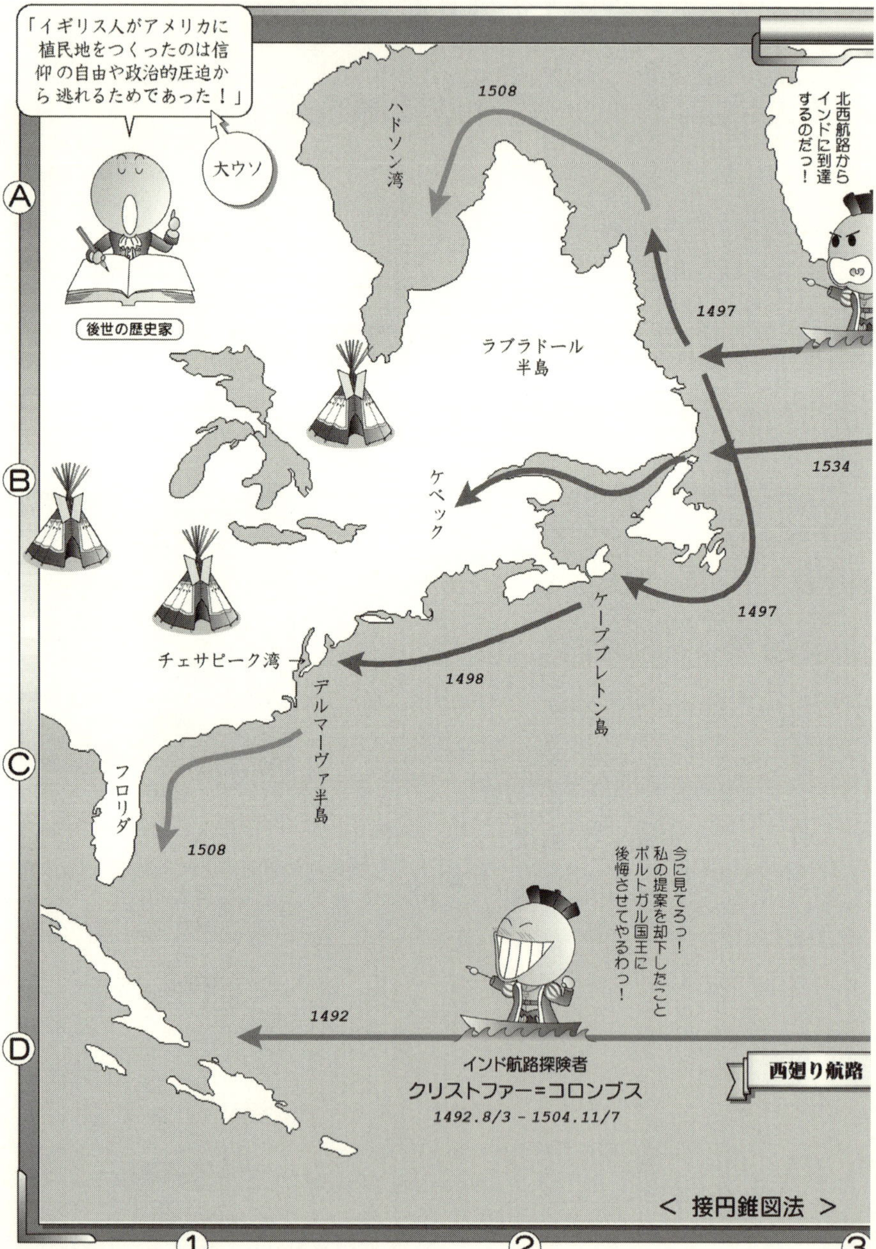

「イギリス人がアメリカに植民地をつくったのは信仰の自由や政治的圧迫から逃れるためであった！」
大ウソ
後世の歴史家
北西航路からインドに到達するのだっ！
1508
ハドソン湾
1497
ラブラドール半島
1534
ケベック
1497
ケープブレトン島
チェサピーク湾
1498
デルマーヴァ半島
フロリダ
1508
今に見てろっ！私の提案を却下したことポルトガル国王に後悔させてやるわっ！
1492
インド航路探険者
クリストファー＝コロンブス
1492.8/3 - 1504.11/7
西廻り航路
＜ 接円錐図法 ＞
A
B
C
D
①
②
③

15 世紀末～ 16 世紀前半

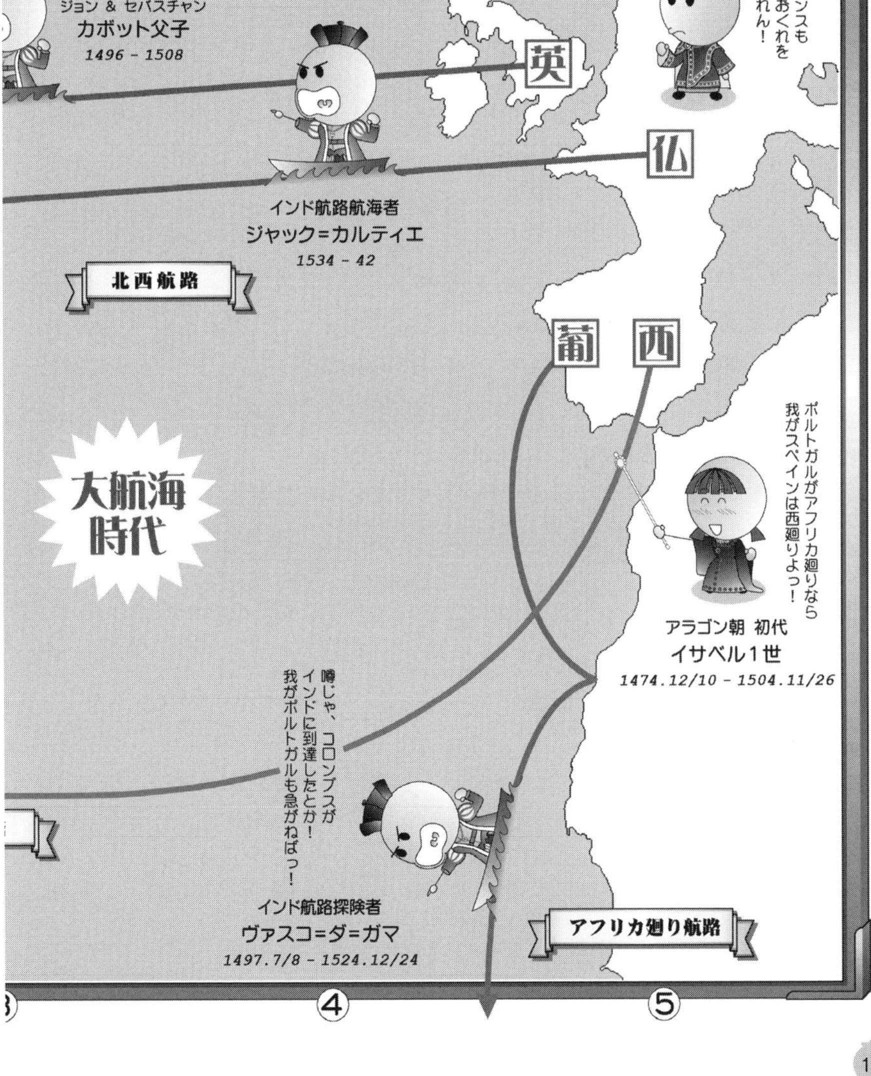
テューダー朝 第2代
ヘンリー8世
1509.4/22 - 1547.1/28
むむっ！我がフランスも西葡英におくれを取ってられん！
インド航路航海者
ジョン & セバスチャン
カボット父子
1496 - 1508
英
仏
インド航路航海者
ジャック=カルティエ
1534 - 42
北西航路
葡
西
ポルトガルがアフリカ廻りなら我がスペインは西廻りよっ！
大航海時代
アラゴン朝 初代
イサベル1世
1474.12/10 - 1504.11/26
噂じゃ、コロンブスがインドに到達したとか！我がポルトガルも急がねばっ！
インド航路探険者
ヴァスコ=ダ=ガマ
1497.7/8 - 1524.12/24
アフリカ廻り航路
④
⑤

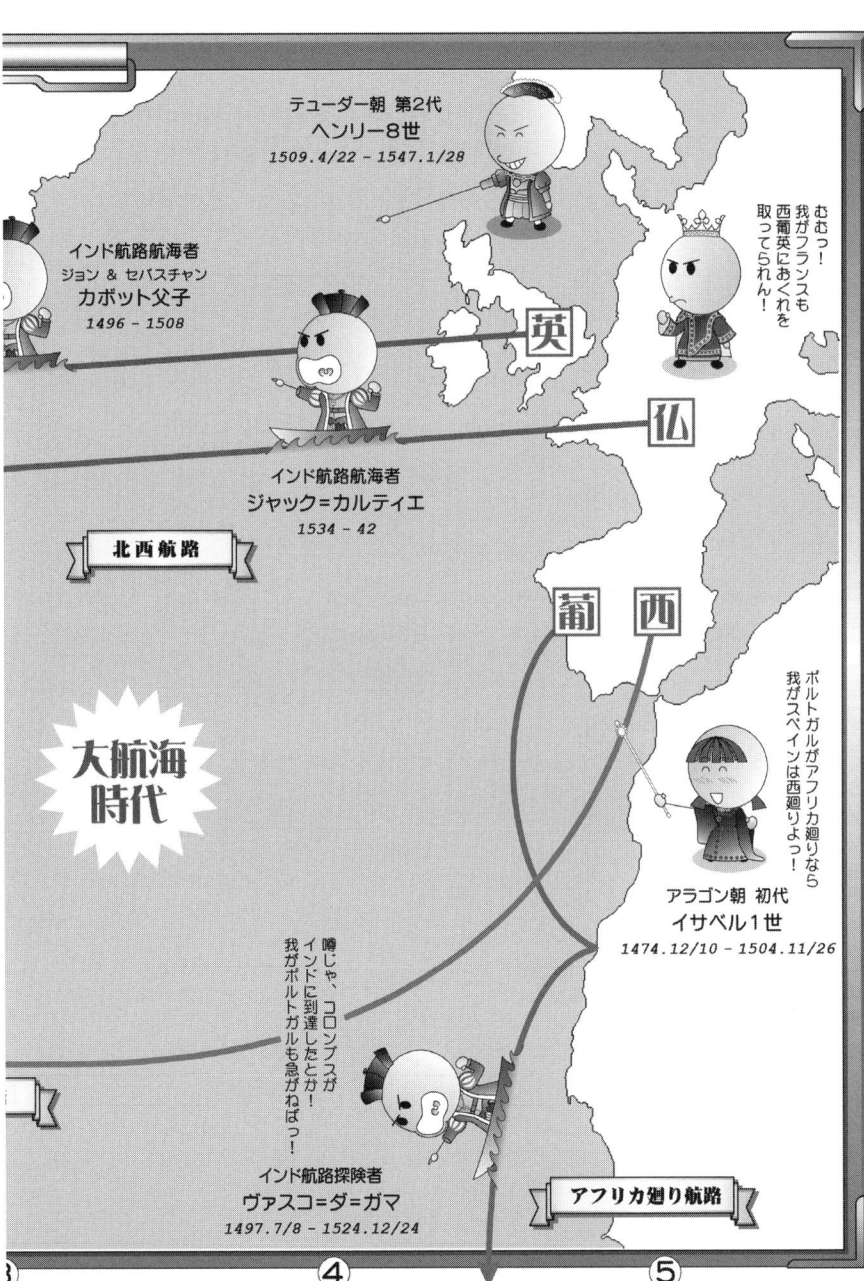

20世紀の“覇者”として世界に君臨した「アメリカ合衆国」。
したがって、「現代」を理解するためには、どうしても「アメリカ合衆国の理解」は欠かせません。

しかし、「ならば」と、「現在のアメリカの政治経済」をどれほど学んでみたところで、もしそれが「アメリカ建国の歴史理解」に裏付けされていないものならば、その知識は「半知半解」「砂上の楼閣」「ザルに水」、その本質に触れることすら叶いません。

人間でも組織でも国家でも、その「生まれ」が、その存在そのものの本質を大きく決定づけることがあるからです。(＊01)

つまり、250年も前のアメリカ合衆国の「建国史」を学ぶことが、現在のアメリカの「動き」「心理」、そしてその「本質」を学び、そして理解することに直結するのです。

うぅ…
いくらなんでも
升高すぎる!

そこで、本書では、現在を知るために、あえて「アメリカ合衆国の建国の歴史」を学ぶことにいたします。

さて。

そもそもの事の始まりは、インディアンたちが平和に暮らしていたアメリカ大陸を、ヨーロッパ人たちが土足で踏み荒らしたことに始まります。

では、なぜ、ヨーロッパ人はアメリカ大陸にやってきたのでしょうか。

本書の話はそこから始めたいと思います。

(＊01)「三つ子の魂百まで」「雀百まで踊り忘れず」と言って、生まれついての性質は、終生変わることがないものです。これは、人間だけでなく、国家でも同じです。
逆に言えば、建国史を知らない者は、その国のこと(本質)をまったく理解できていないと言ってよい。

中世ヨーロッパにおいては、人々はまだ地球が丸いことも知らず（＊02）、大西洋を西進しつづければ「怪物が現れ、滝ツボに落ち」、南進すれば、「海は煮えたぎり、太陽に灼かれて黒コゲになる」と信じられていました。

海が越えられないとなると、ヨーロッパ人が香辛料などのアジア物産を手に入れるためには、どうしても、東地中海を押さえていたイスラーム諸国から買い付けるしかなく、彼らに高額な中間マージンを取られ、暴利を貪られていました。（＊03）

しかし、やがて中世がおわり、近世の幕開けが始まると、それまで「絶対」でありつづけたキリスト教の権威も崩壊しはじめ、それにより、教会によって圧殺されていた「正しい地理知識」が広まっていきます。

SD
グダグダぬかすなら
別に買ってもらわな
くてもい～んだぜっ！

さらに、政治システムも、「封建国家」から「主権国家」へと切り替わり、海外発展が可能な経済的・政治的条件が揃うと、技術もこれに呼応し、技術的にも大洋航海が可能になってきます。（＊04）

海を乗り越えることさえできれば、アジアと直接交易が可能となり、そうなれば、ムスリム商人に莫大なマージンを払う必要もなくなります。

こうした動機から、「大航海時代」（C-3/4）が幕を開けます。

まずその先陣を切ったのがポルトガルでした。

（＊02）ごく一部の知識人は知っていましたが、『聖書』の教えに反するため、キリスト教会から思想弾圧を受け、一般にはほとんど知られていませんでした。

（＊03）そのマージンの高さは、香辛料が「同じ重さの金塊」と交換されるほどでした。

（＊04）具体的には、造船技術では、「キャラック船」「キャラベル船」という大洋を越えられる頑強な船の開発、航海技術では、アジアから伝わった「羅針盤」の改良などがあります。

彼らは、アフリカ廻り（D-5）でのインド到達を目指します。（D-4/5）

これにつづいたのがスペインで、当時のスペイン女王イサベル（C-5）は、コロンブス（D-2）にそそのかされて、西廻り航路（D-3）でのインド到達を目指します。

今に見てろっ！
私の提案を却下したこと
ポルトガル国王に
後悔させてやるわっ！
インド航路探険者
クリストファー＝コロンブス

ポルトガルがアフリカ廻りなら
我がスペインは西廻りよっ！
アラゴン朝 初代
イサベル１世

コロンブスは、地球がもっと小さいと思っていたため、「アフリカ廻りより西廻りの方が早くインドに着けるはずだ！」と考えていました。

しかし、実際には、あんな小船（＊05）でインドまで到達するなど、とても不可能なことで、もし、その途中に「アメリカ大陸」が存在していなかったら、コロンブスの航海は無惨な失敗に終わっていたことは間違いありません。

そうなれば、コロンブスが歴史にその名を留めることもなかったでしょう。

さて、これに触発され、「ポルトガル・スペインにつづけ！」とばかりに、インドを目指そうとしたのが、イギリス・フランス（A/B-5）です。

（＊05）このとき、コロンブスが引き連れていった船は「サンタマリア号」を旗艦として、「ピンタ号」「ニーニャ号」のたった３隻、排水量もわずか 100 ｔ前後の“小船”でした。
ちなみに、その約 90 年も前の「鄭和の南海遠征」時の旗艦の排水量は 1500 ｔ前後。
引き連れた艦数も多いときで 200 隻。文字通り「ケタ違い」でした。

彼らは、すでにポルトガルが辿っている「アフリカ廻り航路（第一航路）」や、スペインが向かった「西廻り航路（第二航路）」は目指さず、“第四航路”たる「北西航路」（B-3/4）[＊06]でインドを目指そうとします。

しかし。

地球儀を見てもらえばわかりますが、英仏から「北西」に航路を取れば、インドではなく、カナダに着きます。

こうして、イギリスはカボット父子（A-3）が、フランスはジャック＝カルティエ（B-4）が、それぞれカナダを“発見”します。

北西航路から
インドに到達
するのだっ！
テューダー朝 第2代
ヘンリー8世
インド航路航海者
ジョン & セバスチャン
カボット父子
1496 – 1508

かように、そもそも「インドに行こう！」と思ったヨーロッパ人に、“たまたま”発見されてしまったのがアメリカ大陸であり、その“たまたま”のために、これから、インディアンたちは地獄の辛酸を味わわされることとなるのです。

（＊06）じつは、この間に「第三航路」の北東航路を目指す歴史があるのですが、本書では「北東航路」の解説は割愛しました（歴史的影響力が薄いため）。また、北西航路をパネル地図で見ると、「真西」に向かっているように見えるかもしれませんが、この地図は「メルカトル図法」ではなく「接円錐図法」で描かれているためそう見えるだけです。
よくわからないときは、地球儀で確認してみてください。

Column インディアンは人間ではない

白人がアメリカ大陸を「発見」し、そこにインディアンを見いだすと、ヨーロッパでは大論争が生まれました。

「インディアンは人間か、否か？」

こんな議論が起こるほどに白人の人種差別意識はすさまじい。

国中から学者が集まり、侃々諤々の議論の末、結論が出ます。

結論「インディアンは人間ではない」。

議論されるだけで噴飯モノなのに、ましてや、この結論。

相手が「人間」ではないとなれば、彼らを殺しても、それは「殺人」ではなく、単なる「屠殺」にすぎません。

そこで、彼らは、インディアンを虐殺するのに、虫をひねり潰すほどの痛痒すら感じず、残虐の限りを尽くします。

その残虐ぶりを、以下、ラス＝カサスの『インディアスの破壊についての簡潔な報告』より紹介いたしましょう。

２人のインディアンに薪を背負わせ、同時に火を放ち、焼き殺す。

なんのためかと言ったら、娯楽のため。

「どちらが先に死ぬか」で賭をし、そのもがき苦しむ様を見て、腹を抱えて大笑い！

赤子を抱いた母親から、赤ん坊を取り上げたかと思ったら、その赤ん坊の頭をそのまま岩に叩きつけて殺す。

なんのためかと言ったら、その肉をペットの犬のエサにするため。

いったい、どちらが「人間ではない」のか、もう一度問い糾したい。

今まさに、火あぶりにされる直前のインディアンに神父が言いました。

「キリスト教に帰依しなさい。さすれば、天国に行けるだろう」

―― その天国というところは、キリスト教徒が行くところなのか？

「そうです。キリスト教徒だけが天国に行けるのです」

―― ならば、地獄でいい。お前たちのような残忍な悪魔が集まるところになど、たとえ地獄に堕ちようとも行きたくはない。

第１章 アメリカ13州の建設

第２幕

失われた植民地

エリザベス１世による植民地建設

時は、エリザベス1世の御世(みよ)。国内の安定を背景に、ヘンリー8世以来頓挫(とんざ)していた北米植民地の開拓に乗り出した。責任者はウォルター＝ローリー卿。彼は植民者を送り込み、その地を「ヴァージニア」と名づける。しかし、何度人員を送り込もうとも、次の船がやってきたときにはなぜか無人化していたのだった。

何度行っても
戻ってくると人っ子ひとり
いなくなってるんですぅ！
原因もまったく不明です…
失われた
植民地
W.ローリーの友人
ジョン＝ホワイト

〈エリザベス１世による植民地建設〉

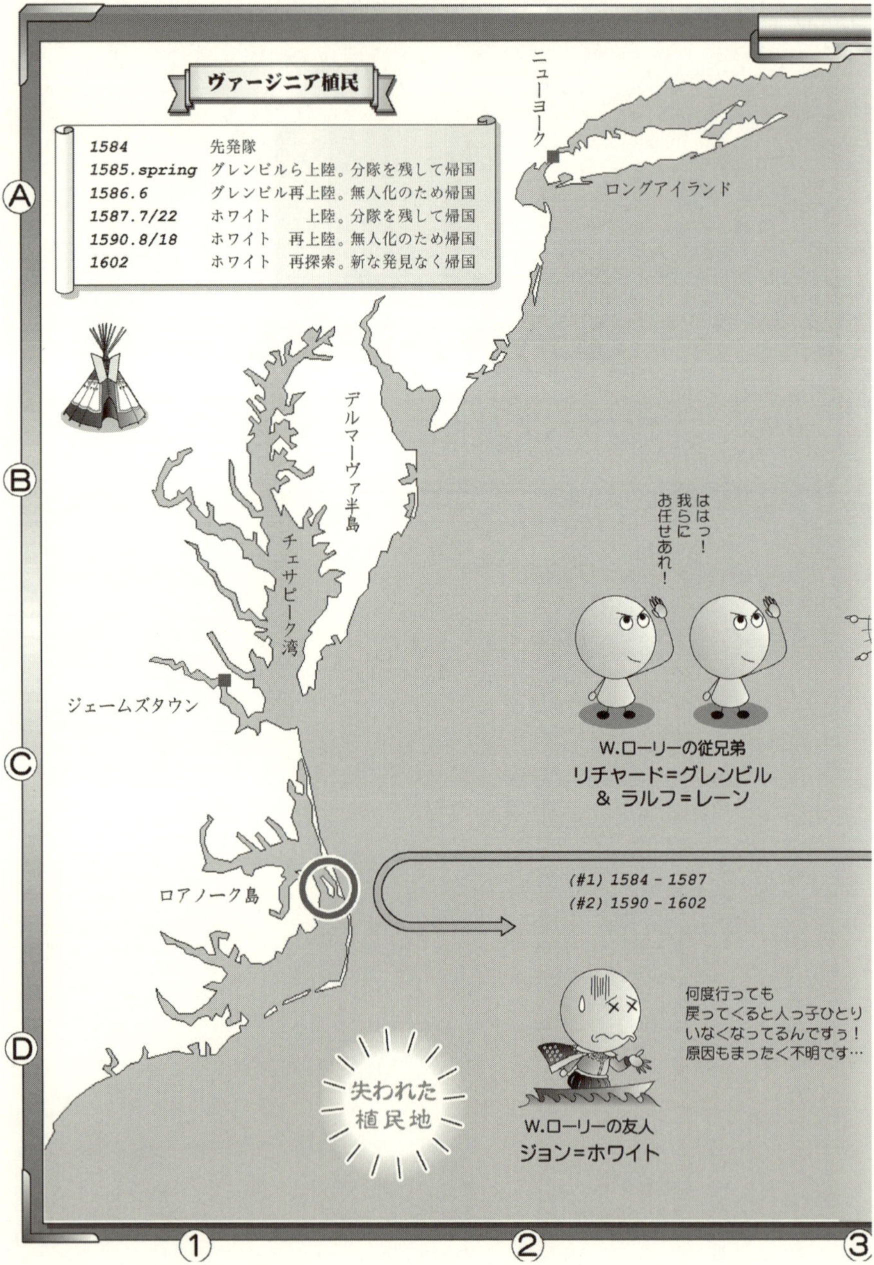

ヴァージニア植民
1584 先発隊
1585.spring グレンビルら上陸。分隊を残して帰国
1586.6 グレンビル再上陸。無人化のため帰国
1587.7/22 ホワイト 上陸。分隊を残して帰国
1590.8/18 ホワイト 再上陸。無人化のため帰国
1602 ホワイト 再探索。新な発見なく帰国
ニューヨーク
ロングアイランド
デルマーヴァ半島
チェサピーク湾
ジェームズタウン
ロアノーク島
はっ！
我らに
お任せあれ！
W.ローリーの従兄弟
リチャード=グレンビル
& ラルフ=レーン
(#1) 1584 - 1587
(#2) 1590 - 1602
何度行っても
戻ってくると人っ子ひとり
いなくなってるんですぅ！
原因もまったく不明です…
失われた
植民地
W.ローリーの友人
ジョン=ホワイト
A
B
C
D
①
②
③

1584～1602年前後

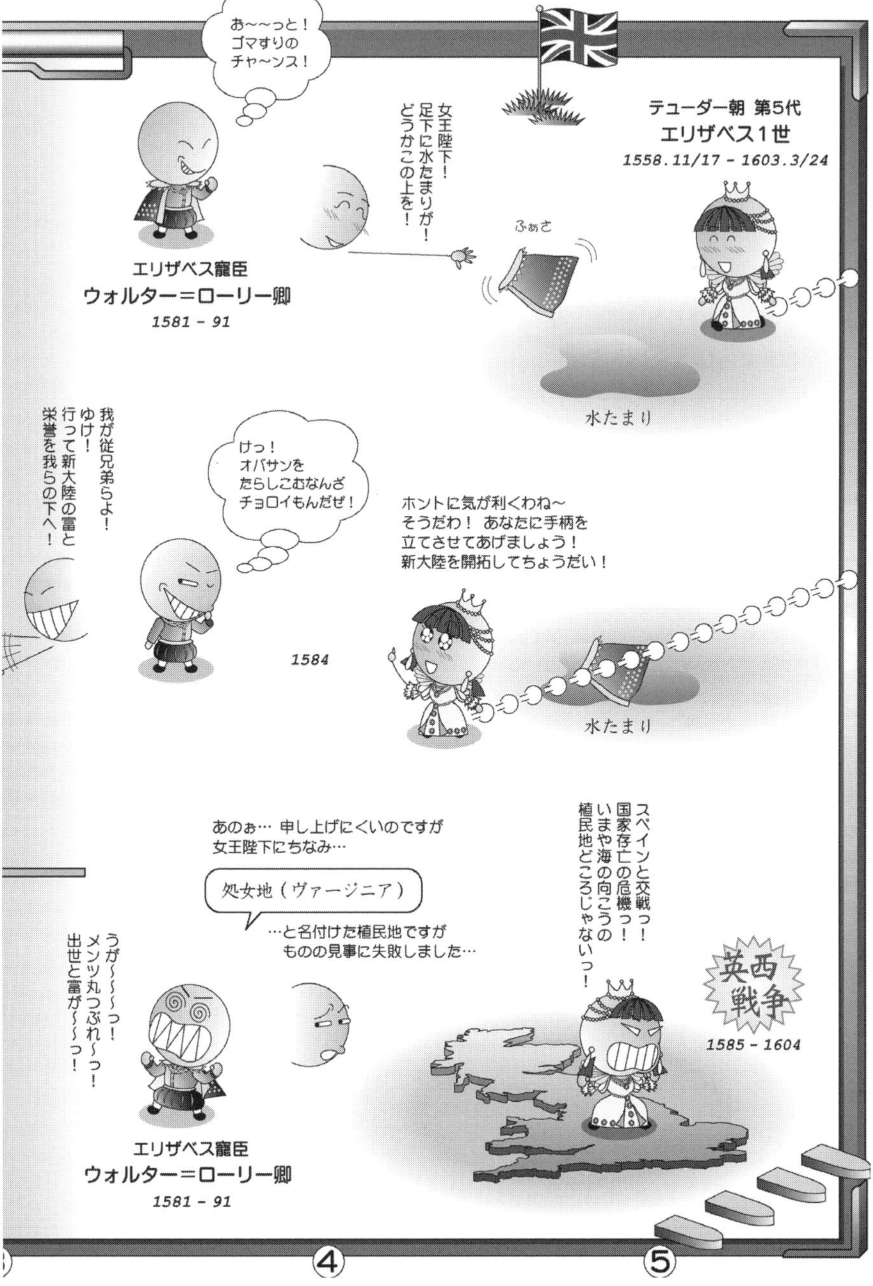

テューダー朝 第5代
エリザベス１世
1558.11/17 - 1603.3/24
お～～っと！
ゴマすりの
チャ～ンス！
女王陛下！
足下に水たまりが！
どうかこの上を！
ふぁさ
エリザベス寵臣
ウォルター＝ローリー卿
1581 - 91
水たまり
けっ！
オバサンを
たらしこむなんざ
チョロイもんだぜ！
我が従兄弟らよ！
ゆけ！
行って新大陸の富と
栄誉を我らの下へ！
ホントに気が利くわね～
そうだわ！ あなたに手柄を
立てさせてあげましょう！
新大陸を開拓してちょうだい！
1584
水たまり
スペインと交戦っ！
国家存亡の危機っ！
いまや海の向こうの
植民地どころじゃないっ！
英西戦争
1585 - 1604
あのぉ… 申し上げにくいのですが
女王陛下にちなみ…
処女地（ヴァージニア）
…と名付けた植民地ですが
ものの見事に失敗しました…
うが～～～っ！
メンツ丸つぶれ～っ！
出世と富が～～っ！
エリザベス寵臣
ウォルター＝ローリー卿
1581 - 91
④
⑤

さて、前幕で見てまいりましたように、イギリス人が最初にアメリカを探険したのが、1500年ごろ、ヘンリー８世の御世（みよ）でした。

しかし、イギリスでは、その後、次のエドワード６世・メアリ１世の２代にわたって、宗教問題で国が揺れに揺れ(＊01)、はるか大洋の向こうにあるアメリカに手を出す余裕がなくなり、放置状態となっていました。

次のエリザベス１世(＊02)の御世になって、ようやく国内が落ち着きましたが、すでにそのときには、先発ポルトガル・スペインが中南米やアジアに巨大な植民地を建設しており、イギリスは大きく出遅れてしまったことを悟ります。

「我が国も一刻も早く新大陸(＊03)に植民地を建設しなければ！」

ところで、当時のイギリス貴族のひとりにウォルター＝ローリー卿（A-4）という男がいました。

たいした才もない男(＊04)でしたが、ひとつ、勝（すぐ）れた才を持っていました。

それが「女をたらしこむ才」。

ある雨上がりの日のことです。エリザベス女王が歩いていると、道の真ん中にぬかるみがあり、立ち往生したことがありました。

すると、そこにウォルター＝ローリー卿（Sir Walter Raleigh）が駆けつけ、やおら、自分が羽織っていた立派なマントをぬかるみの上にかぶせます。（A-5）

お～～っと！
ゴマすりの
チャ～ンス！
エリザベス寵臣
ウォルター＝ローリー卿

（＊01）詳しくは、本章 第５幕で詳説いたしますので、そちらを参考のこと。

（＊02）「私は国家と結婚した」という言葉で有名な、あの「ヴァージン・クィーン」です。

（＊03）コロンブスがカリブ海諸島に到達したときには、そこを「インド」だと勘違いしていましたが、このころには「新大陸アメリカ」として認識されていました。

（＊04）詩作はうまかったようですが。

「さあ、渡られい！」（Sir Walter Raleigh）と言ったかどうかは別問題として、こうして女王は、ぬかるみを渡ることができました。（＊05）

男から見れば、ムシズが走るようなゴマスリですが、こういう見え透いたおベンチャラに、エリザベス女王はいたくご満悦。

「あら、気が利くわね。褒美（ほうび）を取らせましょう。何が欲しいですか」

―― 褒美など！　滅相もございませぬ。

褒美が欲しうてこのようなことをしたのではございませぬ。

この言葉を聞いて、エリザベス女王は、さらに大喜び。

こうして、女王に取り入ることに成功したローリー卿は、女王から下知（げじ）を受けます。

「それでは、頓挫（とんざ）していた新大陸の植民地建設をあなたに任せましょう！」

―― ありがたき幸せ！（B/C-4）

テューダー朝 第5代
エリザベス1世
女王陛下！
足下に水たまりが！
どうかこの上を！
ふぁさ
水たまり

（＊05）ただし、この「マントの逸話」は後世の創作との説もあります。
とはいえ、織田信長の「鳴かぬなら殺してしまえホトトギス」の歌のように、たとえ後世の創作であったとしても、それが、その人物の特性を端的に表したものならば、創作だと承知のうえで、史実のようにまことしやかに語り継がれるということは、歴史を語る際によくあることです。

これで、植民地建設に成功すれば、名声に加え、巨万の富も入ってきます。

そこで彼は、従兄弟(いとこ)のリチャード＝グレンビルとラルフ＝レーン（C-2/3）らを新大陸へ向かわせました。

彼らは、大西洋を渡り、現在のロアノーク島（C/D-1/2）に上陸すると、その報告と物資補給のため、分遣隊（75名）を残して一時帰国します。

帰国したグレンビルから報告を聞いたローリー卿は、さっそく喜び勇んで、コトの次第を女王に上奏します。

「女王陛下、この植民地を“ヴァージニア”と名づけたいと思います」

イギリスがアメリカ大陸で初めてつくった植民地、すなわち「処女地(virgin territory)」であると同時に、ときの女王・エリザベス１世の別名「処女王(Virgin Queen)」の意味も込めて。

ところが、翌年、必要な物資を持って、ふたたびロアノーク島を訪れると、そこには、残しておいた分遣隊の姿はひとりもいなくなっていました。

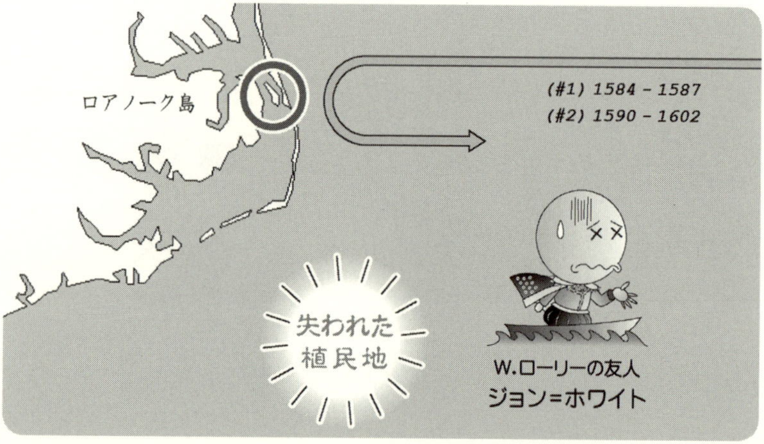
ロアノーク島
(#1) 1584 - 1587
(#2) 1590 - 1602
失われた植民地
W.ローリーの友人
ジョン=ホワイト

何らかの理由で全滅したにせよ、死体すら残っていません。

「え？　なぜ???」

どれほど探索しても、誰ひとりとして見つかりません。

グレンビルらは、何の成果もなく、帰国せざるを得ませんでした。

業(ごう)を煮やしたローリー卿は、グレンビルらに見切りをつけ、今度は友人のジョン＝ホワイト（D-2）を派遣しましたが、結果は同じ。

最初（1587年）に上陸させた分遣隊（115名）は、次（1590年）にやってきたときには影も形もなくなっており、砦（とりで）は無人化していたのです。

なぜ、何度、人を送り込んでも、次にやってきたときには無人化していたのかは、現在まで謎(＊06)ですが、いずれにせよ、植民計画は失敗に終わったということを意味していました。

一度は成功したかに見えた植民地が、水泡のように消えてなくなってしまったため、以後、このロアノーク島のことを「失われた植民地」（D-1/2）と呼ぶようになります。

しかし、当のエリザベス女王は、彼に植民地建設を命じた翌年から、スペインと交戦状態に入り（D-5）、それどころじゃなくなっていましたので、植民地建設失敗の報にも、あまり心を動かされなかったようですが。

あのぉ… 申し上げにくいのですが
女王陛下にちなみ…
処女地（ヴァージニア）
…と名付けた植民地ですが
ものの見事に失敗しました…
うが〜〜〜っ！
メンツ丸つぶれ〜っ！
出世と富が〜〜っ！

エリザベス寵臣
ウォルター＝ローリー卿

（＊06）いろいろな説は唱えられていますが。
詳しくは本幕コラム「失われた植民地ロアノーク」を参照のこと。

Column 失われた植民地ロアノーク

「失われた植民地」と呼ばれるようになったロアノーク島。

何度、植民しても、次に補給部隊がやってきたときには、人っ子ひとりいない無人砦と化していたロアノーク。

なぜ???

まず一番最初に疑われたのは、「インディアンの襲撃を受けて全滅したのではないか？」ということでしたが、それはすぐに否定されます。

砦には乱れたところはなく、鏃や刀傷の跡、血痕などといったインディアンに襲撃された形跡がまったく見つからなかったからです。

ただ人だけが忽然と消えたかのようでした。

まるで、アガサ＝クリスティの『そして誰もいなくなった』を彷彿とさせるような。

「おそらく砦を別の場所に移動させたのだろう」

「いや、周辺インディアンに吸収されたのだろう」

「独力で帰国しようとして、海上で遭難したのだろう」

現在に至るまで原因はわかっていませんが、ただ、ロアノークに限らず、彼らアメリカ植民者が「一攫千金」を求めてやってきた連中ばかりだった、ということに気づけば、答えは出てきそうです。

彼らに「自ら額に汗して耕作労働することで日々の糧を得る」という発想はなく、ただ、インディアンを「支配」「掠奪」「搾取」することしか頭にありませんでした。

しかし、もちろん、「掠奪」がうまくいかないこともしばしば。

それにより、毎日毎日、大量の餓死者が出るような飢餓状態に陥ってもなお、彼らは真っ昼間からボーリングをして遊んでいたといいます。

植民者集団は、「額に汗して働くくらいなら餓死した方がマシ！」という価値観の人間ばかりだったと思われます。

ロアノーク砦が消滅した、その「直接的な原因」はわからずとも、「根本的な原因」はこのあたりにあるのだろう、と筆者は思っています。

第1章 アメリカ13州の建設

第3幕

ならず者たちの入植

ジェームズ1世による植民地建設

時は、ジェームズ1世の御世。ふたたび北米植民地の建設に乗り出したものの、今度もまたすぐに全滅の危機に陥る。しかし、今回はポウハタン族が彼らを救ってしまう。ひとたびここに根付かせてしまったが最後、彼らはインディアンの絶滅作戦を仕掛けてくるというのに。
「ポカホンタスの美談」はこのころの話である。

内紛
飢餓
疫病
不労

〈ジェームズ1世による植民地建設〉

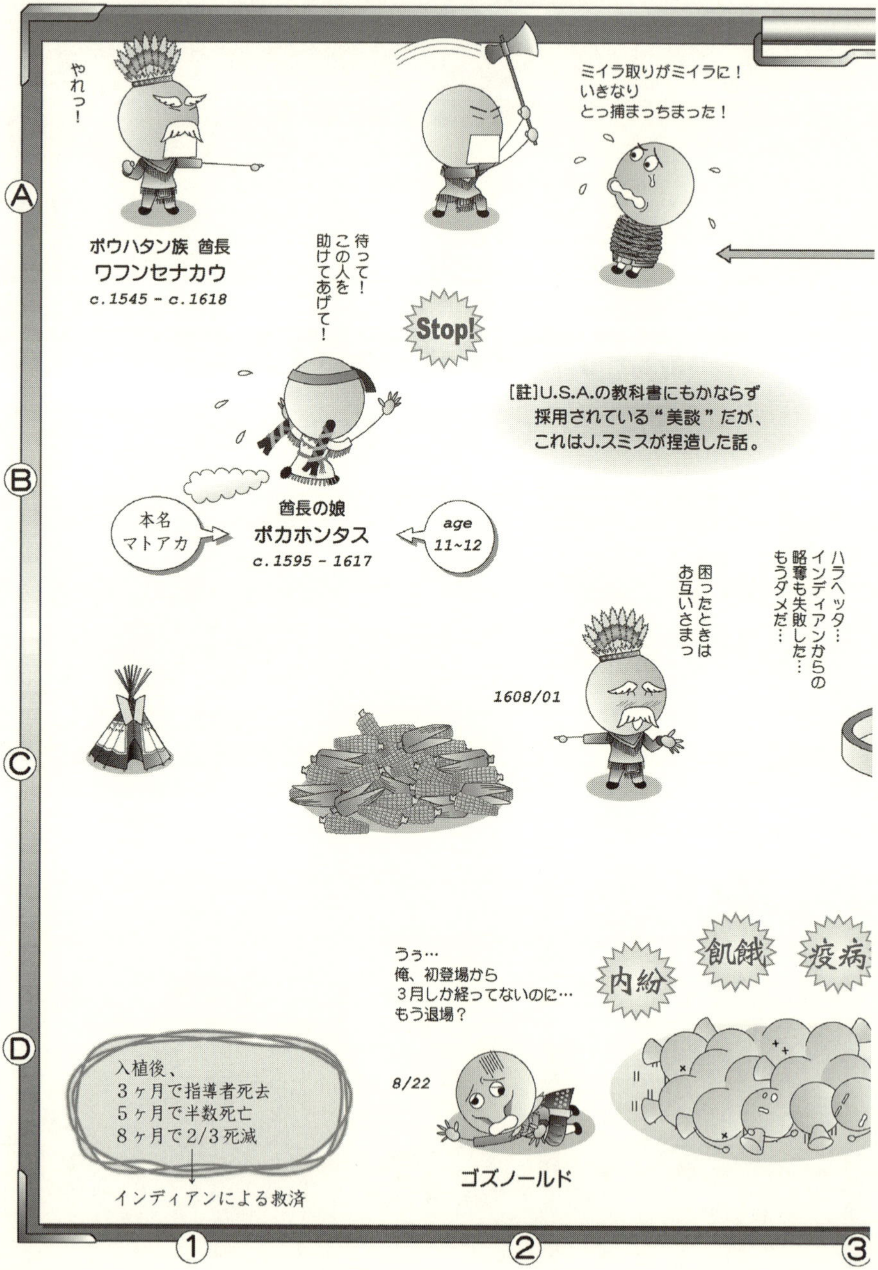

A
B
C
D
1
2
3
やれっ！
ポウハタン族 酋長
ワフンセナカウ
c.1545 – c.1618
ミイラ取りがミイラに！
いきなり
とっ捕まっちまった！
待って！
この人を
助けてあげて！
Stop!
[註]U.S.A.の教科書にもかならず
採用されている"美談"だが、
これはJ.スミスが捏造した話。
本名
マトアカ
酋長の娘
ポカホンタス
c.1595 – 1617
age
11~12
ハラヘッタ…
インディアンからの
略奪も失敗した…
もうダメだ…
困ったときは
お互いさまっ
1608/01
うぅ…
俺、初登場から
3月しか経ってないのに…
もう退場？
内紛
飢餓
疫病
入植後、
3ヶ月で指導者死去
5ヶ月で半数死亡
8ヶ月で2/3死滅
インディアンによる救済
8/22
ゴズノールド

1607 年前後

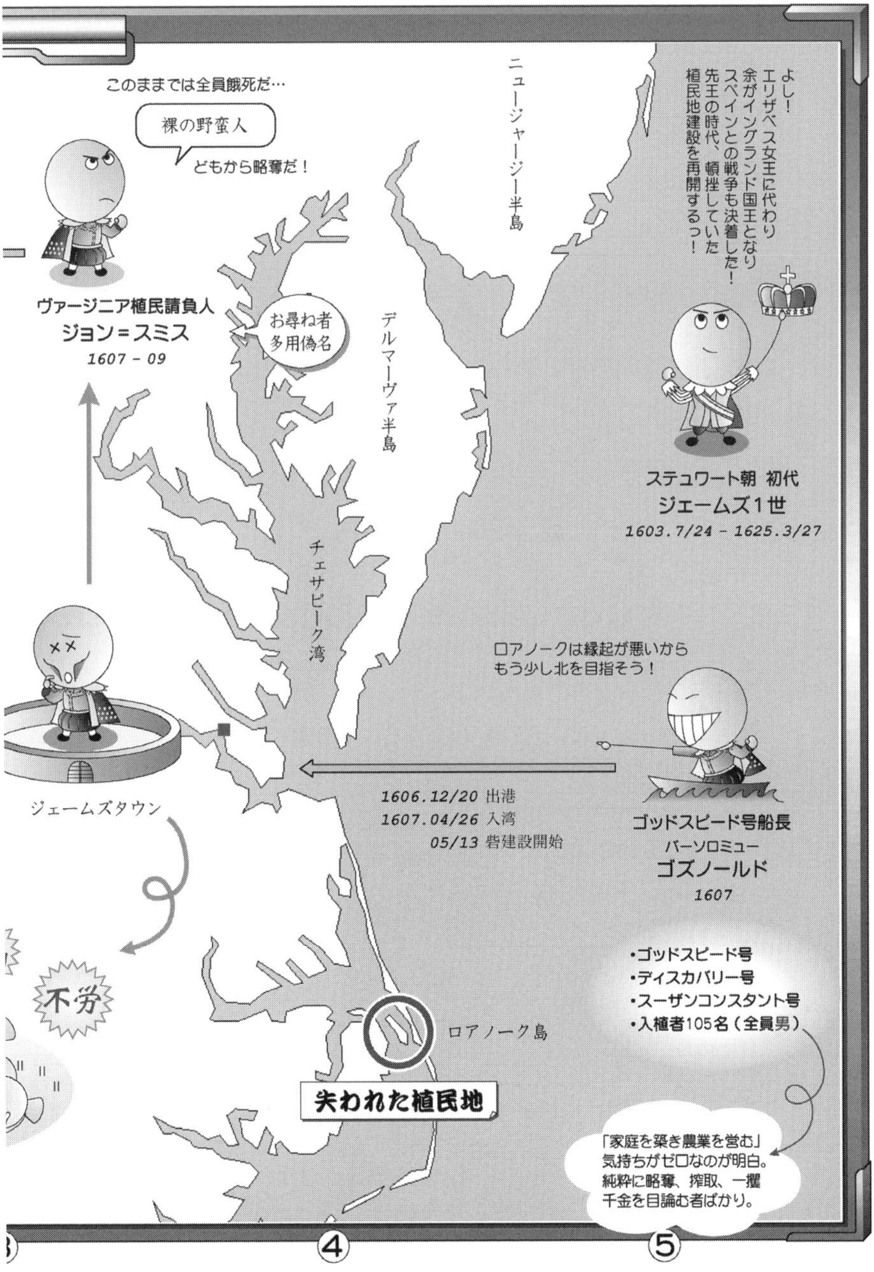
このままでは全員餓死だ…
裸の野蛮人
どもから略奪だ！
ヴァージニア植民請負人
ジョン＝スミス
1607 - 09
お尋ね者
多用偽名
ニュージャージー半島
デルマーヴァ半島
チェサピーク湾
よし！
エリザベス女王に代わり
余がイングランド国王となり
スペインとの戦争も決着した！
先王の時代、頓挫していた
植民地建設を再開するっ！
ステュワート朝 初代
ジェームズ１世
1603.7/24 - 1625.3/27
ロアノークは縁起が悪いから
もう少し北を目指そう！
ジェームズタウン
1606.12/20 出港
1607.04/26 入湾
05/13 砦建設開始
ゴッドスピード号船長
バーソロミュー
ゴズノールド
1607
不労
ロアノーク島
失われた植民地
・ゴッドスピード号
・ディスカバリー号
・スーザンコンスタント号
・入植者105名（全員男）
「家庭を築き農業を営む」
気持ちがゼロなのが明白。
純粋に略奪、搾取、一攫
千金を目論む者ばかり。
③
④
⑤

半世紀近くにわたってイギリスを統治したエリザベス１世も、17 世紀初頭、ついに亡くなり、彼女と親戚(＊01)であったスコットランド王のジェームズ６世が、新王ジェームズ１世（A/B-5）として即位します。

このころと時を同じうして、スペインとの戦争（英西戦争）も一段落したため、イギリスの目はふたたび新大陸に向くことになりました。

ジェームズ１世は、探検家ゴズノールド（C-5）に船と資金を与えて、植民地建設を再開させます。

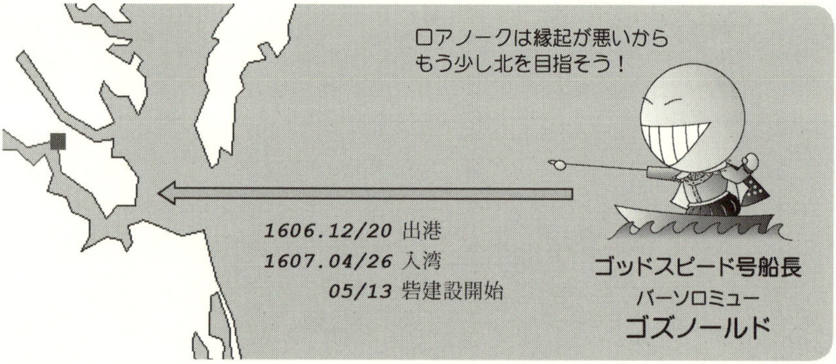
ロアノークは縁起が悪いから
もう少し北を目指そう！
1606.12/20 出港
1607.04/26 入湾
05/13 砦建設開始
ゴッドスピード号船長
バーソロミュー
ゴズノールド

彼は、ゴッドスピード号に乗り込み、他２隻を従え、新大陸を目指しますが、その３隻の船に乗り込んだ入植者 105 名は全員男であり、女はひとりたりともいませんでした。（D-5）

これは、彼らが「新天地において家庭を築いて農業を営む」気などさらさらなく(＊02)、「ただ純粋に、インディアンを支配し、掠（りゃく）奪し、隷属させ、搾（さく）取す

(＊01)「親戚」とはいっても、エリザベスの「父の、父の、娘の、息子の、娘の息子」にあたる方ですので、ほとんど他人に近いほど、かなりの遠縁にあたります。

(＊02) 当時、農業を営むためには、どうしても「家庭」が必要になるからです。
家を支える妻もなく、農地を伝える子もなくば、農業などできません。

(＊03) 現在のアメリカ人の一部はこうした人々の末裔です、と言えなくもありません。

ることで、一攫千金を得ることしか頭にない連中ばかり」だろうということを意味しています。(＊03)

彼らは、エリザベス時代に植民しようとして失敗した「ロアノーク」は縁起が悪いということで、そのもう少し北の地に植民を試みます。

1607年、こうして生まれたのが、「ジェームズタウン（C-3/4）」です。

彼らはさっそく、当初の予定どおり、周辺のインディアンに対して略奪行為を始めますが、これがなかなかうまくいきません。

たちまち飢餓が襲い、疫病が蔓延します。（D-2/3）

入植後、わずか3ヶ月で指導者ゴズノールドは病死、指導者を失って内紛まで発生し、最初105人だった入植者は、5ヶ月後には半数が、8ヶ月後には2/3が死滅するような惨状になりました（D-1）が、それでも彼らはけっして働こうとはしません。

彼らの頭の中にあるのは、ただただ「インディアンからの掠奪」。

ゴズノールドの死後、濫立したリーダーのうちのひとりにジョン＝スミスという男がいました。（A-3/4）

アメリカ人なら誰もが“いわく”を感じてしまう名前。(＊04)

彼は、食料調達のため、「裸の野蛮人(＊05)」どもから掠奪を行うべく奥地に入り、そこでインディアンに捕縛されてしまいます。（A-2）

このままでは全員餓死だ…
裸の野蛮人
どもから略奪だ！

ヴァージニア植民請負人
ジョン＝スミス

（＊04）「ジョン＝スミス」という名前は、もっともありふれた「姓」と「名」を単純につなげたもので、身許を特定されたくないお尋ね者やならず者が「偽名」としてよく使う名前でした。

（＊05）ジョン＝スミスがインディアンを指していった言葉。
「自分はいっさい働こうとせず、他者から掠奪し、虐殺する」彼ら白人と比べて、どちらが「野蛮人」なのか、小１時間問い詰めたい気持ちになります。

彼ら白人には、すでに何人もの仲間を虐(ぎゃく)殺されていましたので、ポウハタン族の酋(しゅう)長ワフンセナカウ(A-1)は、彼の処刑を命じます。

ミイラ取りがミイラに！
いきなり
とっ捕まっちまった！

ジョン＝スミスは、処刑台の上に押さえつけられ、石斧(トマホーク)が彼の首に狙いを定める。

万事休す！ というか、自業自得というか。

ところが、まさに石斧(トマホーク)が振り下ろされようとしたその刹那(せつな)、身を挺(てい)して飛び込び、彼の助命を嘆願した女の子がいました。

彼女こそが、あの有名なポカホンタス(＊06)です。(B-1/2)

待って！
この人を
助けてあげて！
Stop!

酋長の娘
ポカホンタス

ワフンセナカウ酋長の娘で、このときまだ11〜12歳。

幼い彼女の無垢(むく)で健気(けなげ)な助命嘆願により、ジョン＝スミスは命を救われることになります。

この逸話は、現在でもアメリカ合衆国の多くの教科書に「史実」として掲載され、アメリカ人なら誰でも知っている「美談」です。

しかしながら。

(＊06) さまざまな小説や映画の題材になっており、ディズニー映画にもなっているくらいですから、ご存知の方も多いのではないでしょうか。
もっとも、「史実をもとにした」と謳いながら、ほぼすべて作り話のうえ、「白人至上主義」「キリスト教至上主義」が貫かれていて、何かと問題の多い映画ですが。
ちなみに、ポカホンタスというのは「おてんば娘」という意味の愛称で、本名はマトアカ。

これはジョン＝スミスによるまったくの捏造（デタラメ）です。

- そもそも、当時のインディアン社会において、酋長は「君主」ではなく「調停者」にすぎず、彼らに「処刑」を独断する権限などなかったこと。
- かりに、もし部族会議の合意によって処刑が決定されていたとしても、たかが11～12歳の小娘ごときには、その決定を覆させる術（すべ）などまったくなく、処刑の場に立ち会うことすら許されていなかったこと。
- ポウハタン族は、当時からこの逸話を「でたらめ」と断じていること。
- イギリスで、ポカホンタスとジョン＝スミスが再会したとき、ポカホンタスは、開口一番、彼を「嘘つき！」と罵（ののし）っていること。
- そもそもこの話の「唯一の情報源（ソース）」はジョン＝スミスの発言のみで、しかも、彼は当時から「大ボラ吹き」で有名であったこと。

もう、すべてが「この逸話はうそ」であることを物語っています。

さて。

こうして、掠奪もうまくいかず、八方塞がり、ついにジェームズタウンの全員が餓死の危機に陥ったとき、なんと、あのポウハタン族がやってきて、大量のトウモロコシを恵んでくれます。

「お困りですか？　困ったときはお互い様です。このトウモロコシをどうぞ」

ハラヘッタ…
インディアンからの
略奪も失敗した…
もうダメだ…
困ったときは
お互いさまっ
ジェームズタウン

なんという、いたわりと友愛！！

このとき助けてあげた彼らが、この恩を「インディアン絶滅作戦（ジェノサイド）」という仇（あだ）で返してくるとは、ポウハタン族も夢にも思わなかったのでしょう。

ここで彼らを見棄てておきさえすれば！

ジェームズタウンもまた、あの「ロアノーク」と同じ運命を辿(たど)り、「第２の失われた植民地」となったであろうに。

内紛
飢餓
疫病
不労

もっとも、インディアンは平和と友愛を重んずる民族で、このときの白人は貪(どん)欲で残忍ですから、ここでジェームズタウンが全滅したところで、また、第３、第４の植民が行われ、遅かれ早かれ、インディアンは同じ運命を辿(たど)ることになったでしょうが。

こうして、インディアンたちが身をもって示した「民族・文化・宗教をも超越した隣人愛」は、モノの見事に、白人に踏みにじられることになります。

こののち、アメリカ大陸に定着を果たした白人たちは、インディアンたちにキリスト教を布教するようになります。

彼らは、インディアンたちに説教してこう言いました。

「偉大なる我が神は、隣人愛の大切さとその実践を説いておられます。

悔い改めなさい」

…………………。

誰しも、しばしの絶句のあと、ひとつの言葉がふつふつと湧(わ)きおこってくる衝動を抑えきれないのではないでしょうか。

「お・ま・え・が・ゆ・う・な！」

第1章 アメリカ13州の建設

第4幕

美談の真相

ジェームズタウンの建設

インディアンたちの手厚い援助・支援によって、ようやく彼らは根付きはじめた。すると彼らは、さっそくその「命の恩人」に対して誘拐・拉致・脅迫・殺戮・収奪の限りを尽くす。ポカホンタスも誘拐され、洗脳され、あろうことか、白人と結婚してしまう。彼女の全面支援によりタバコ農園が軌道に乗ると、彼女も用済みとなり…。

お父さま～～っ！
誘拐

酋長の娘
ポカホンタス

〈ジェームズタウンの建設〉

「我々は、あなたがたと笑って楽しく暮らしたいだけなのに」
「あなた方に無償で食べ物を提供している我々をなぜ滅ぼそうとするのか」
何度も命を助けてやったのに！恩を仇で返すとはまさにこのこと！
やかましいわ！てめ～らは黙って俺たちに食いモン運んでくりゃいいんだ！
ポウハタン族 酋長
ワフンセナカウ
c.1545 – c.1618
インディアンの殺戮
ぐわっ！火薬が暴発したっ！
Bang!
1609.08 火薬が暴発、負傷
.10 帰国
ヴァージニア植民請負人
ジョン＝スミス
1607 – 09
む…娘を返してくれ～～っ！
お父さま～～っ！
1613
誘拐
アイアイサー！
ポウハタン族 酋長
ワフンセナカウ
c.1545 – c.1618
酋長の娘
ポカホンタス
c.1595 – 1617
A
B
C
D
①
②
③

1608～19年

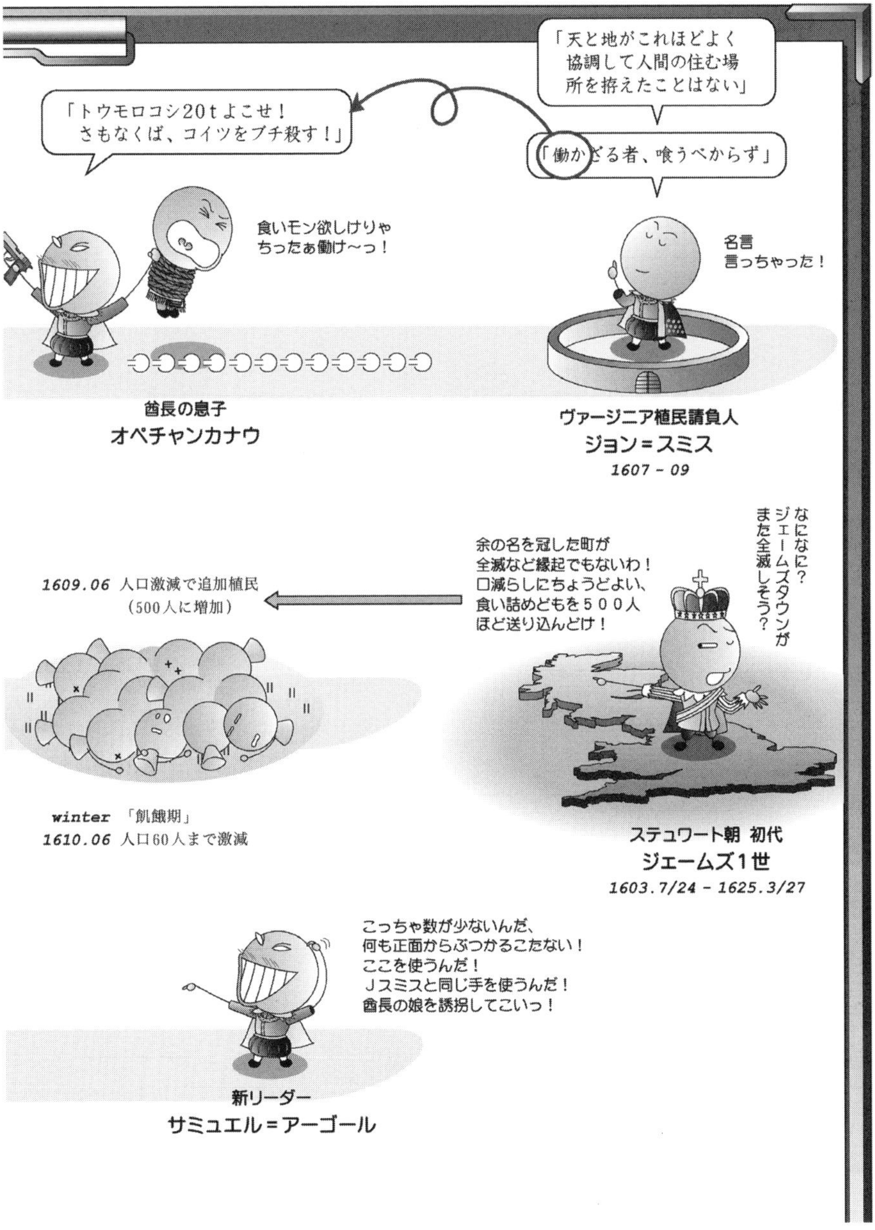
「天と地がこれほどよく協調して人間の住む場所を拵えたことはない」
「働かざる者、喰うべからず」
「トウモロコシ20ｔよこせ！さもなくば、コイツをブチ殺す！」
食いモン欲しけりゃちったぁ働け～っ！
名言言っちゃった！
酋長の息子
オペチャンカナウ
ヴァージニア植民請負人
ジョン＝スミス
1607 - 09
なになに？ジェームズタウンがまた全滅しそう？
余の名を冠した町が全滅など縁起でもないわ！口減らしにちょうどよい、食い詰めどもを５００人ほど送り込んどけ！
1609.06 人口激減で追加植民（500人に増加）
winter 「飢餓期」
1610.06 人口60人まで激減
ステュワート朝 初代
ジェームズ1世
1603.7/24 - 1625.3/27
こっちゃ数が少ないんだ、何も正面からぶつかるこたない！ここを使うんだ！Ｊスミスと同じ手を使うんだ！酋長の娘を誘拐してこいっ！
新リーダー
サミュエル＝アーゴール

③　④　⑤

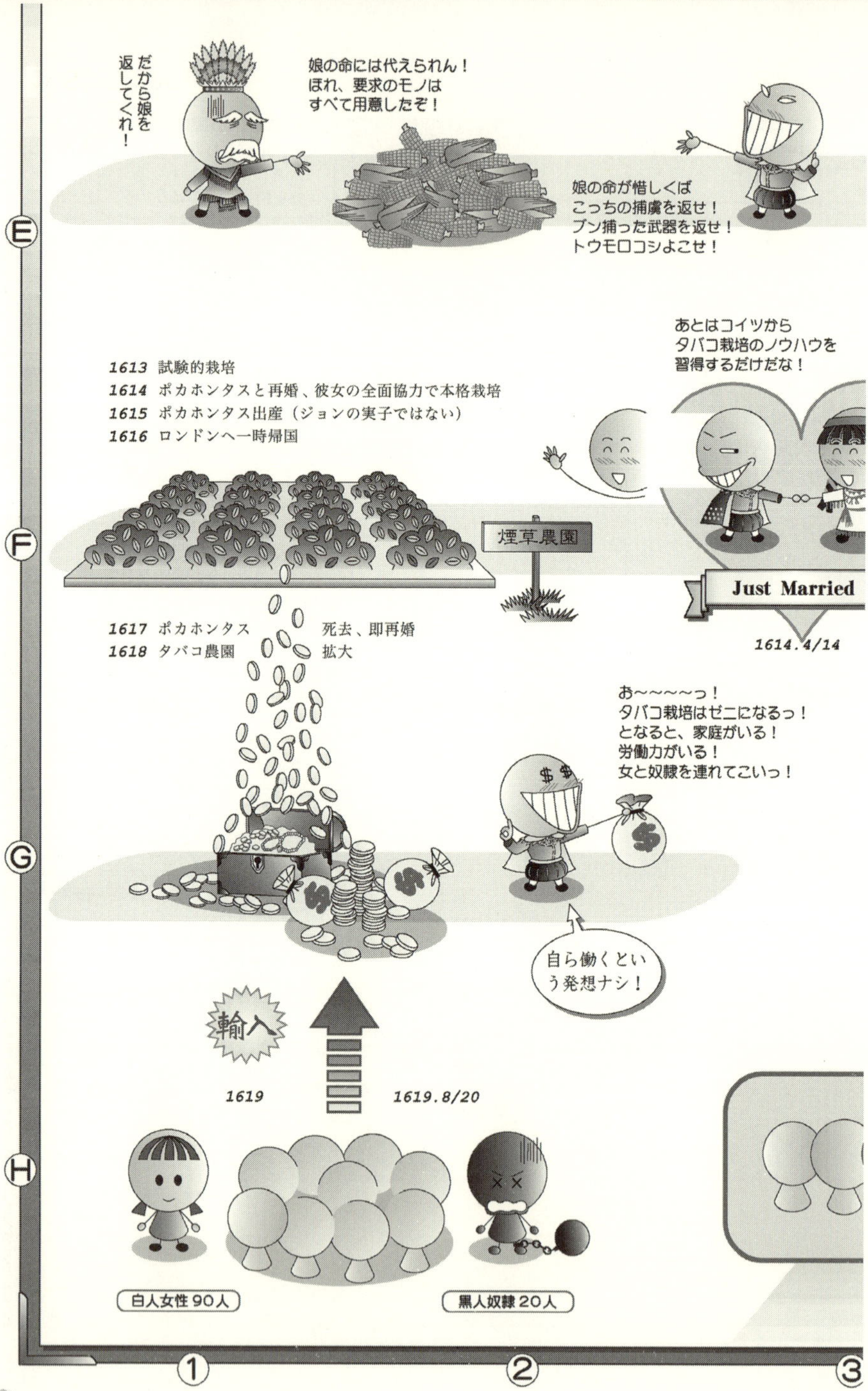
だから娘を返してくれ！
娘の命には代えられん！ほれ、要求のモノはすべて用意したぞ！
娘の命が惜しくばこっちの捕虜を返せ！ブン捕った武器を返せ！トウモロコシよこせ！
E
1613 試験的栽培
1614 ポカホンタスと再婚、彼女の全面協力で本格栽培
1615 ポカホンタス出産（ジョンの実子ではない）
1616 ロンドンへ一時帰国
あとはコイツからタバコ栽培のノウハウを習得するだけだな！
煙草農園
Just Married
1614.4/14
F
1617 ポカホンタス死去、即再婚
1618 タバコ農園拡大
お～～～～っ！タバコ栽培はゼニになるっ！となると、家庭がいる！労働力がいる！女と奴隷を連れてこいっ！
$ $
$
自ら働くという発想ナシ！
G
輸入
1619
1619.8/20
H
白人女性90人
黒人奴隷20人
①
②
③

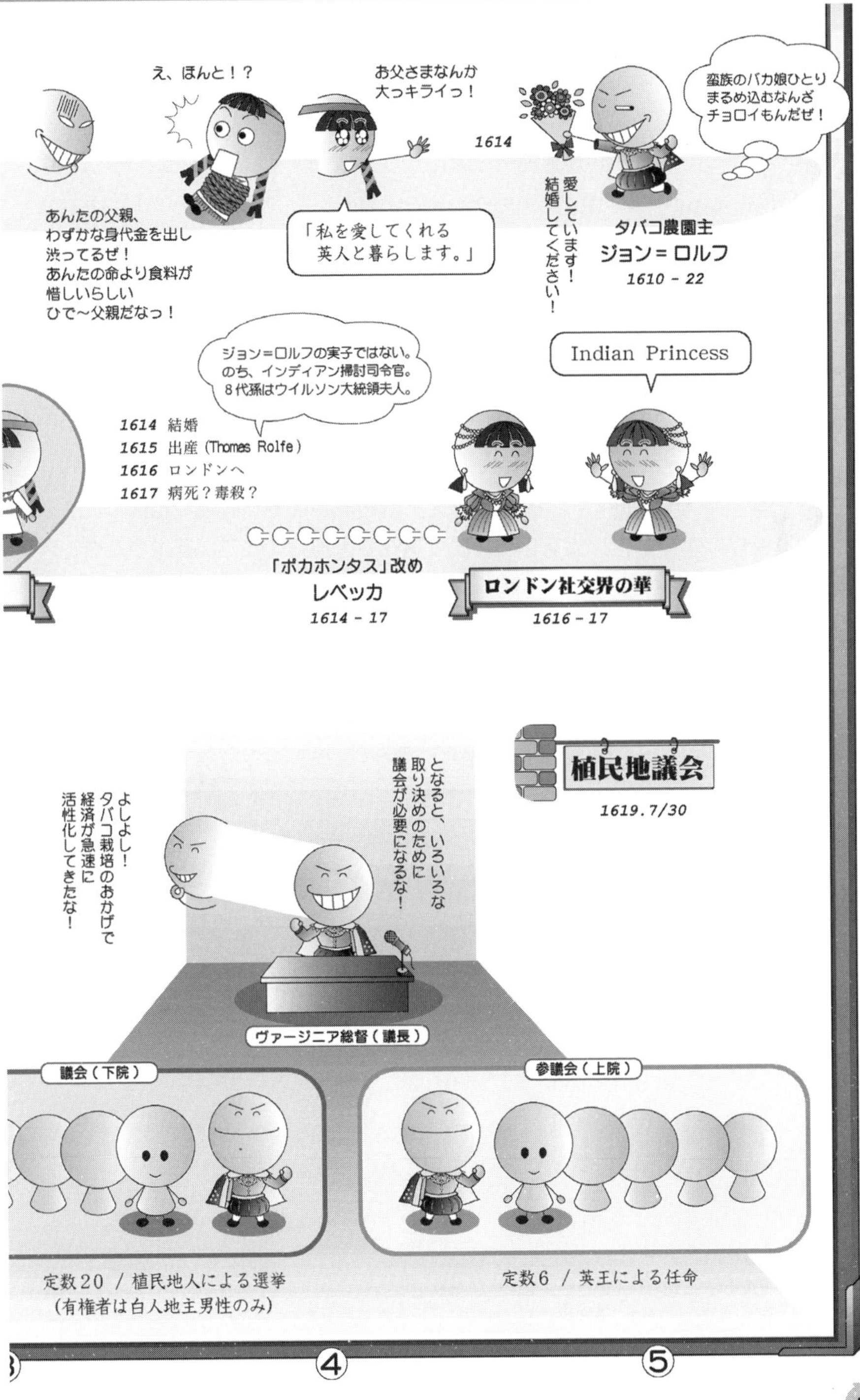

え、ほんと！？
お父さまなんか大っキライっ！
あんたの父親、わずかな身代金を出し渋ってるぜ！あんたの命より食料が惜しいらしいひで～父親だなっ！
「私を愛してくれる英人と暮らします。」
1614
蛮族のバカ娘ひとりまるめ込むなんざチョロイもんだぜ！
愛しています！結婚してください！
タバコ農園主
ジョン＝ロルフ
1610 － 22
ジョン＝ロルフの実子ではない。のち、インディアン掃討司令官。８代孫はウイルソン大統領夫人。
1614 結婚
1615 出産（Thomas Rolfe）
1616 ロンドンへ
1617 病死？毒殺？
Indian Princess
「ポカホンタス」改め
レベッカ
1614 － 17
ロンドン社交界の華
1616 － 17
植民地議会
1619.7/30
となると、いろいろな取り決めのために議会が必要になるな！
よしよし！タバコ栽培のおかげで経済が急速に活性化してきたな！
ヴァージニア総督（議長）
議会（下院）
参議会（上院）
定数20 ／ 植民地人による選挙
（有権者は白人地主男性のみ）
定数6 ／ 英王による任命
③
④
⑤

さて、ポウハタン族の支援・援助により、その場しのぎはできたものの、それでも彼らは、けっして働こうとしませんでした。

なんといっても、彼らが大海乗り越え、こんな「僻地（へき）」までやってきたのは、「（掠奪（りゃく）による）一攫千金」のためであって、「額に汗して働く」ためじゃありませんから。

働かなければ、当然、食糧はアッという間に底を突きます。

その後も、飢餓が襲うたびに、ポウハタン族からの定期的な「食糧の援助」はありましたが、ポウハタン族だって豊かではなく、自分たちも食べていかなければなりませんから、働きもしない白人たちの分まで十分に与えるわけにもいきませんでした。

すると、植民者らは、あろうことか、一時は絶滅の危機に陥った自分たちを救ってくれたポウハタン族を、そして今現在も恵んでくれているポウハタン族に対し、襲撃、掠奪（りゃく）、殺戮（りく）、誘拐、脅迫を繰り返すようになります。

犬畜生でも「三日の恩を一生忘れぬ」と言います。

しかし、彼らには「恩」という感情はまったくないかのようです。(＊01)

ジョン＝スミスは、「働かざる者、食うべからず！」(A-5)(＊02)などと殊勝なことを言っていますが、その舌の根も乾かぬうちに、その足で命の恩人のポウハタン族に出向き、そ

「働かざる者、喰うべからず」
名言
言っちゃった！

ヴァージニア植民請負人
ジョン＝スミス

(＊01) じつはあります。ただし、それは「白人同士」でしか通用しないものでしたが。

(＊02) 新約聖書「テサロニケ人への第二の書簡」の３章10節にある聖句を基にした慣用句。
ただし、聖句では「働きたくない者は食べてはならない」という表現であり、慣用句とは微妙に意味合いが違いますが。

の酋長の息子オペチャンカナウ(＊03)を拉致し、こう脅迫しています。(A-3/4)
「20 ｔのトウモロコシをよこせ！　さもなくば、こいつをブチ殺すぞ！」

「トウモロコシ20ｔよこせ！
さもなくば、コイツをブチ殺す！」
やかましいわ！
てめ～らは黙って
俺たちに食いモン
運んでくりゃいいんだ！
ポウハタン族 酋長
ワフンセナカウ
酋長の息子
オペチャンカナウ

どうやら彼ら白人にとって、「働く」とは「拉致・掠奪・殺戮」のことのようで。

20 ｔもの膨大なトウモロコシを奪われたら、今度は、ポウハタン族が餓死してしまいます。

しかし、そんなことは白人にとって、知ったこっちゃありません。

もし本当に、スミスがポカホンタスに命を救われたのなら、その「命の恩人」の「弟」を人質に、「父」を脅迫し、「一族」を絶滅に追い込もうとしたわけで、およそ「人間の所業」とは思えません。(＊04)

ポウハタン族酋長ワフンセナカウ(A/B-1)は嘆きます。
「あなた方に無償で食べ物を提供している我々をなぜ亡ぼそうとするのか」
「我々は、あなた方と笑って楽しく暮らしたいだけなのに」(A-1)

こうして、入植者たちとインディアンの関係は悪化し、対立するようになる

(＊03) 前幕でジョン＝スミスの命を救ったと伝えられるポカホンタスの弟に当たります。
(＊04) というより、文字通り、「悪魔の所業」と呼ぶべきでしょう。

と、やはり数に劣る白人側はなかなか掠奪行為がうまくいかず、ふたたび全滅の危機に陥ります。

これを知ったイギリス国王ジェームズ1世は、さらに500名の「追加植民」を行わせます。(B/C-5)(＊05)

しかし、やはりその年(1609年)の冬を越えることすらままならず、仲間の死肉まで喰いあさり、1年前まで500人だった人口は、翌年には60人まで減ってしまいました。(B/C-3/4)(＊06)

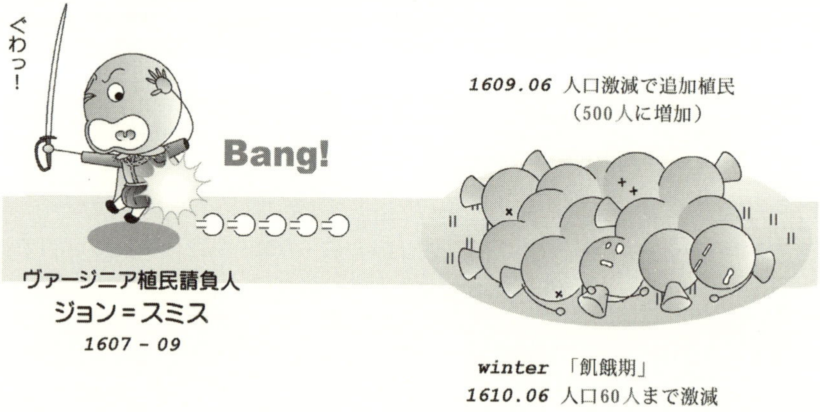
ぐわっ!
Bang!
1609.06 人口激減で追加植民
(500人に増加)
ヴァージニア植民請負人
ジョン＝スミス
1607 - 09
winter 「飢餓期」
1610.06 人口60人まで激減

その間に、あのジョン＝スミスは、インディアンへの掠奪行為の最中、大火傷を負い(B/C-2)、「飢餓期」が訪れる直前に帰国しています。(＊07)

(＊05)「追加植民」といえば聞こえがいいですが、内情は、国内の「食い詰めども」「ならず者ども」ばかり500人を集めた、体のよい「不穏分子の追放」でした。

(＊06) この1609～10年にまたがる冬は、のちに「飢餓期」と名付けられます。

(＊07) 彼の腰に結わえ付けられた火薬袋に引火した(B/C-2)といわれますが、そもそもなぜ引火したのか、その原因はよくわかっていません。一説に、部下の陰謀ともいわれます。

ジョン＝スミスに代わって、新たなリーダーとなったのがサミュエル＝アーゴール。(C/D-4)

アーゴールもまた、「掠奪(りゃく)」「殺戮」を繰り返しますが、いかんせん、多勢に無勢、掠奪もはかどりません。

「このままではジリ貧だ！　なんとかせねば！」

そこで、ジョン＝スミスに倣(なら)うことにし、今度は、酋長の娘ポカホンタスを拉致します。(C/D-2)

む…娘を
返してくれ～～っ！
1613
誘拐
お父さま～～っ！
ポウハタン族　酋長
ワフンセナカウ
酋長の娘
ポカホンタス

彼らのやることは、リーダーが何度代わっても、何ひとつ変わりません。

「娘を返して欲しくば、トウモロコシよこせ！！

それから、俺たちから奪った武器も、捕虜もぜんぶ返せ！！」

父親の愛は偉大です。

酋長ワフンセナカウは、この非道な取引を全面的に呑みます。

しかし。

にもかかわらず、娘は二度と戻ってくることはありませんでした。

「お前たちの要求はすべて呑んだぞ！？　娘は！？　娘を返してくれ！」

酋長ワフンセナカウの涙ながらの懇願(こんがん)に、彼らはこう答えます。

「あぁん？　そんなコト言われてもな～…。

あんたの娘が帰りたくないっつってんだから、しょ～がね～だろぉ？」

卑劣な手段を用い、無法な要求をし、それをこちらが全面的に呑んでもなお、約束は履行しない。

これが彼らの常套手段でした。(＊08)

じつは、彼らは、ポカホンタスに嘘八百を伝えていたのです。

「お前の父親は薄情だなぁ。

俺たちは、お前の身代金にちっとばかりのトウモロコシを要求しただけなのに、これをあっさり突っぱねやがったぞ？

娘のお前の命より、トウモロコシの方が大切なんだとさ！」(E-3/4)

ポカホンタスは、毅然として、

「お父様がそんなことをおっしゃるはずがありません！

私を欺そうとしてもムダですよ！」

…と答えるのかな？ と思いきや。

「え！？　ホント！？　お父様、ひどいっ！　ひどいわっ！！」

いともカンタンに、モノの見事に、欺されてしまいます。

娘の命が惜しくば
こっちの捕虜を返せ！
ブン捕った武器を返せ！
トウモロコシよこせ！
え、ほんと！？
あんたの父親、
わずかな身代金を出し
渋ってるぜ！
あんたの命より食料が
惜しいらしい
ひで～父親だなっ！

（＊08）中南米でも、スペイン人ピサロが、インカ帝国皇帝アタワルパの身代金として、莫大な金銀財宝を要求したことがあります。皇帝の命には替えられないと、インカ側はそれを満額支払いましたが、にもかかわらず、ピサロはアタワルパに火あぶりの刑を宣告しました。アタワルパが抗議すると、「じゃあ、キリスト教に改宗したら刑を変更してやろう」。そこで改宗すると、「よろしい。じゃ、くびり殺すだけで勘弁してやろう！」。

ポカホンタスはなぜ、残虐・非道の限りを尽くし、今また自分を拉致したならず者どもの言葉を、こうもあっさり信じてしまったのでしょうか。

なぜ、これまで自分のことを愛情いっぱい、大切に育ててくれた、実の父親のことを信じることができなかったのでしょうか。(＊09)

さらに、ダメ押しに、ジョン＝ロルフというタバコ農園主に、ポカホンタスを口説かせます。(D/E-5)

ポカホンタスは、彼のプロポーズを受け容れ、まもなく
「私を愛してくれるイギリス人といっしょに暮らします」(E-4)
…と言い残し、彼と結婚してしまいます。(F-3)

映画や小説なんかだと、ポカホンタスの物語は「美化」されていますので、「２人は真実の愛で結ばれていた」ことになっていたりしますが、もちろん現実には、ジョン＝ロルフには愛情などカケラもありませんでした。

すべては、「農園主」として成功するため。

「私を愛してくれる
英人と暮らします。」
1614
お父さまなんか
大ッキライっ！
愛しています！
結婚してください！
蛮族のバカ娘ひとり
まるめ込むなんざ
チョロイもんだぜ！
タバコ農園主
ジョン＝ロルフ

(＊09) 筆者の個人的な推測ですが、ポカホンタスが「ストックホルム症候群」にかかってしまっていた可能性が高いのではないか、と思います。
ちなみに、「ストックホルム症候群」の場合は、監禁状態が解かれると、たちまち「好意」が「憎悪」へと変化します。したがって、もし本当に彼女が「ストックホルム症候群」にかかっていたとすると、彼女の結婚生活は早々に破綻していたことでしょう。

彼は、タバコ農園で一旗揚げんと、アメリカまでやってきましたが、なかなか軌道に乗れず、行き詰まっていました。

そこで、タバコ栽培の知識が豊富なインディアンの娘と結婚することで、おいしいタバコの栽培ノウハウを得ようとしていたのです。

その企みは見事に当たり、ポカホンタスの献身的な指導のおかげで、彼のタバコ農園は、軌道に乗りはじめます。(F/G-1)

ポカホンタスは、結婚の翌年（1615年）には子を産み(＊10)、さらにその翌年には、海を渡り、ロンドン社交界にデビュー。(F-5)

「インディアン・プリンセス」としてもてはやされます。(＊11)

Indian Princess
「ポカホンタス」改め
レベッカ
ロンドン社交界の華

しかし、ロンドンで生活するようになってまもなく彼女は倒れます。

「どうせ死ぬなら、故郷の地で死にたい…」

(＊10) 息子の名はトーマス＝ロルフ。ただし、ジョン＝ロルフの子ではありません。
「飢餓期」のあとに入植し、ジェームズタウンの指導者のうちのひとりであった、トーマス＝デール卿の子ともいわれていますが、真偽のほどは定かではありません。

(＊11) もっとも、単に「プロパガンダ」として利用されていただけですが。
それに、彼女は「princess」ではありません。酋長は「君主」ではありませんので。

そこで、帰国の途につくことになり、ロンドンを出航しましたが、彼女の願いは叶わず、まだテムズ川を下りはじめたばかりの河口付近で、まもなく亡くなります。(＊12)

享年22歳（前後）。

このとき、夫のジョン＝ロルフは、ろくすっぽ妻の看病もせず、彼女が亡くなるや、葬式もそこそこ、息子（トーマス）はロンドンに置き去りにして、単身ジェームズタウンに戻り(＊13)、妻（ポカホンタス）が死んだその年のうちに即再婚しています。

さて。

タバコ農園が「ゼニになる！」ことがわかるや、入植者たちは目の色を変え、猫も杓子（しゃくし）も「タバコ農園経営」に乗り出すようになります。（G-2）

このタバコ農園の普及により、ヴァージニアの入植者はようやく生活基盤を

お～～～～っ！
タバコ栽培はゼニになるっ！
となると、家庭がいる！
労働力がいる！
女と奴隷を連れてこいっ！

（＊12）結核とも、天然痘とも、そして、夫ジョン＝ロルフによる毒殺ともいわれています。
すでにタバコ農園が軌道に乗った今、ロルフにとってポカホンタスは「用済み」でしたから、十分に考えられることではあります。

（＊13）このとき、まだ結婚3年目（子供はまだ2歳）の新婚でしたが、すでにこの冷酷さ。
ジョン＝ロルフが彼女になんの愛情も持ち合わせていなかったことが窺い知れます。

手に入れたのでした。(＊14)

さて、これからはタバコ農園で生計を立てることで方向性は定まった！

これがもし我々日本人なら、

「よぉし！　苦しい時代を乗り越え、ようやく生活基盤を手に入れたんだ。
これからは額に汗して、一生懸命働くぞぉ！！」

…と労働の歓びに打ち震えるところですが、白人というのは、根底から我々とは異なる価値観の民族。

「よぉし！　これからはここに有色人種（カラード）ども奴隷を投入して搾（さく）取するぞぉ！」

…と歓びます。

もう、発想からしてまったく違う。(＊15)

また、先にも触れましたように、農業をするにはどうしても「家庭」が、ひいては「女性」が必要になります。

そこで1619年、同じ年に、「黒人奴隷」20人と「白人女性」90人が、初

輸入
1619
白人女性90人
黒人奴隷20人

(＊14) 言い換えれば、経済基盤を得た白人は、ここから「インディアン駆逐」を本格化させるわけで、ポカホンタスこそが、これから起こるおぞましいインディアン大量虐殺の元凶だった、とも言えます。たとえ彼女に悪気はなかったとしても、結果論として。

(＊15) 何度も申し上げておりますように、当時は白人にとって「労働」とは奴隷の仕事。自分が額に汗して働くなど、もっての外です。

めて「輸入」されることになります。

当時、彼らにとって、白人女性と奴隷は同列。(＊16)

「愛しているから」結婚するのではない、奴隷同様、「農業に必要だから輸入」しただけ。(＊17)

さて。

外では奴隷を酷使し、家(うち)では女性に性処理・家事・出産を任せる。

そうして、子を産み、育て、いよいよ農業が安定するとなれば、これから急速に人口が増えることが予想されます。

そこで次に、秩序を統制する「議会」の必要に迫られます。

それこそが、1619年、アメリカ大陸初の「植民地議会」なのですが、これが非常に象徴的です。

植民地議会
1619.7/30
となると、いろいろな取り決めのために議会が必要になるな！
よしよし！タバコ栽培のおかげで経済が急速に活性化してきたな！
ヴァージニア総督（議長）

(＊16) 彼ら、キリスト教徒の聖典『聖書』にもそう書いてあります。
「男は女を支配する」「女は男を助けるために造られた」（創世記）

(＊17) ジョン＝ロルフのポカホンタスに対する仕打ちだけ見ますと、「なんてひどいヤツ！」と思いがちですが、当時の白人男性は、ほとんどジョン＝ロルフと似たり寄ったりで、白人の中では、ジョン＝ロルフだけが特別「悪い男」というわけでもありませんでした。

なんとなれば、民主主義の象徴たる「議会」が初めて生まれたのも1619年。
人間として最低最悪の所業たる「奴隷制」が導入されたのも、同じ1619年。
白人たちは、その口で「民主主義」を声高に叫びながら、同時に、その手で「奴隷」に鞭(むち)を打っていたわけです。
この事実を目の当たりにすると、我々日本人は、どうしても違和感を感じてしまいます。
しかし、この2つはまったく矛盾しません。
彼らにとって「民主主義」とは、「白人の中だけでしか通用しない」ものだからです。
つまり、白人社会では「民主主義」、有色人種(カラード)に対しては「奴隷制」、といった具合に、彼らの中では、両者はまったく問題なく共存するのです。
こうして、「実際に行われた、目を背けたくなるような数々の蛮行」をごまかすため、「ポカホンタスの美談」が利用され、さも、平和的に植民が進んでいったかのごとく、プロパガンダとされたのでした。
アメリカ人たちは、現在でも大半の人が「美談」を「史実」として信じています。

あとはコイツから
タバコ栽培のノウハウを
習得するだけだな！
Just Married
1614.4/14

第1章 アメリカ13州の建設

第5幕

きっかけは「離婚問題」

ピューリタンの分裂

ヘンリー8世が離婚を望んだことがキッカケであった。これを機にイギリスの宗教政策はカルヴァン派とカトリックとの間でブレにブレる。これに振り回されたカルヴァン派は、あくまでも国内で改革を推進しようとする「非分離派」と、もはや祖国を見棄て、新大陸で楽園を築かんとする「分離派」に分裂してしまう。

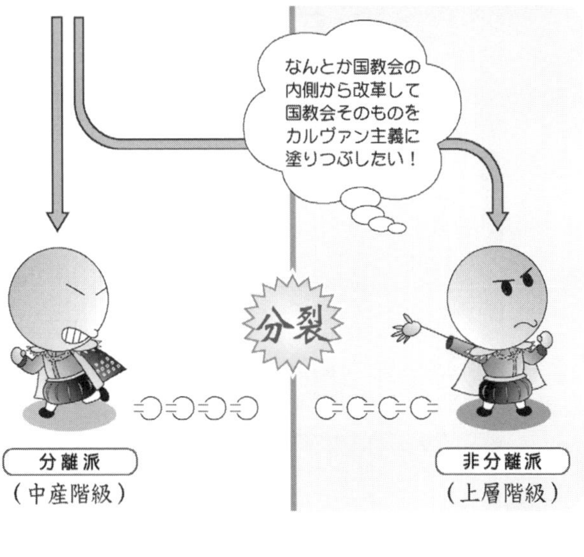
なんとか国教会の
内側から改革して
国教会そのものを
カルヴァン主義に
塗りつぶしたい！
分裂
分離派
（中産階級）
非分離派
（上層階級）

〈ピューリタンの分裂〉

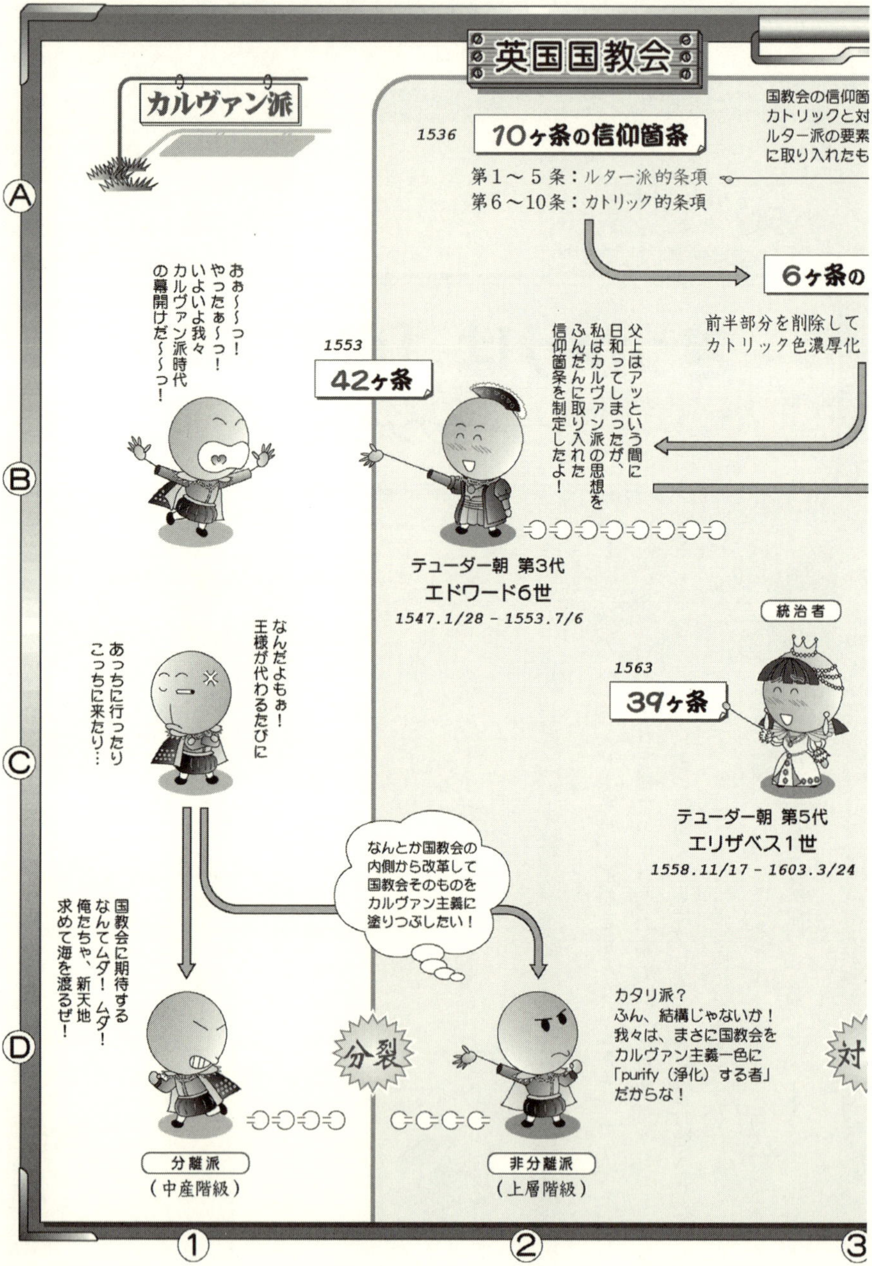

英国国教会
カルヴァン派
1536
10ヶ条の信仰箇条
第1～5条：ルター派的条項
第6～10条：カトリック的条項
国教会の信仰箇
カトリックと対
ルター派の要素
に取り入れたも
6ヶ条の
前半部分を削除して
カトリック色濃厚化
おぉ～～っ！
やったぁ～っ！
いよいよ我々
カルヴァン派時代
の幕開けだ～～っ！
1553
42ヶ条
父上はアッという間に
日和ってしまったが、
私はカルヴァン派の思想を
ふんだんに取り入れた
信仰箇条を制定したよ！
テューダー朝 第3代
エドワード6世
1547.1/28 - 1553.7/6
統治者
1563
39ヶ条
テューダー朝 第5代
エリザベス1世
1558.11/17 - 1603.3/24
なんだよもぉ！
王様が代わるたびに
あっちに行ったり
こっちに来たり…
なんとか国教会の
内側から改革して
国教会そのものを
カルヴァン主義に
塗りつぶしたい！
国教会に期待する
なんてムダ！ムダ！
俺たちゃ、新天地
求めて海を渡るぜ！
分裂
カタリ派？
ふん、結構じゃないか！
我々は、まさに国教会を
カルヴァン主義一色に
「purify（浄化）する者」
だからな！
対
分離派
（中産階級）
非分離派
（上層階級）
A
B
C
D
1
2
3

16 世紀～ 17 世紀初頭

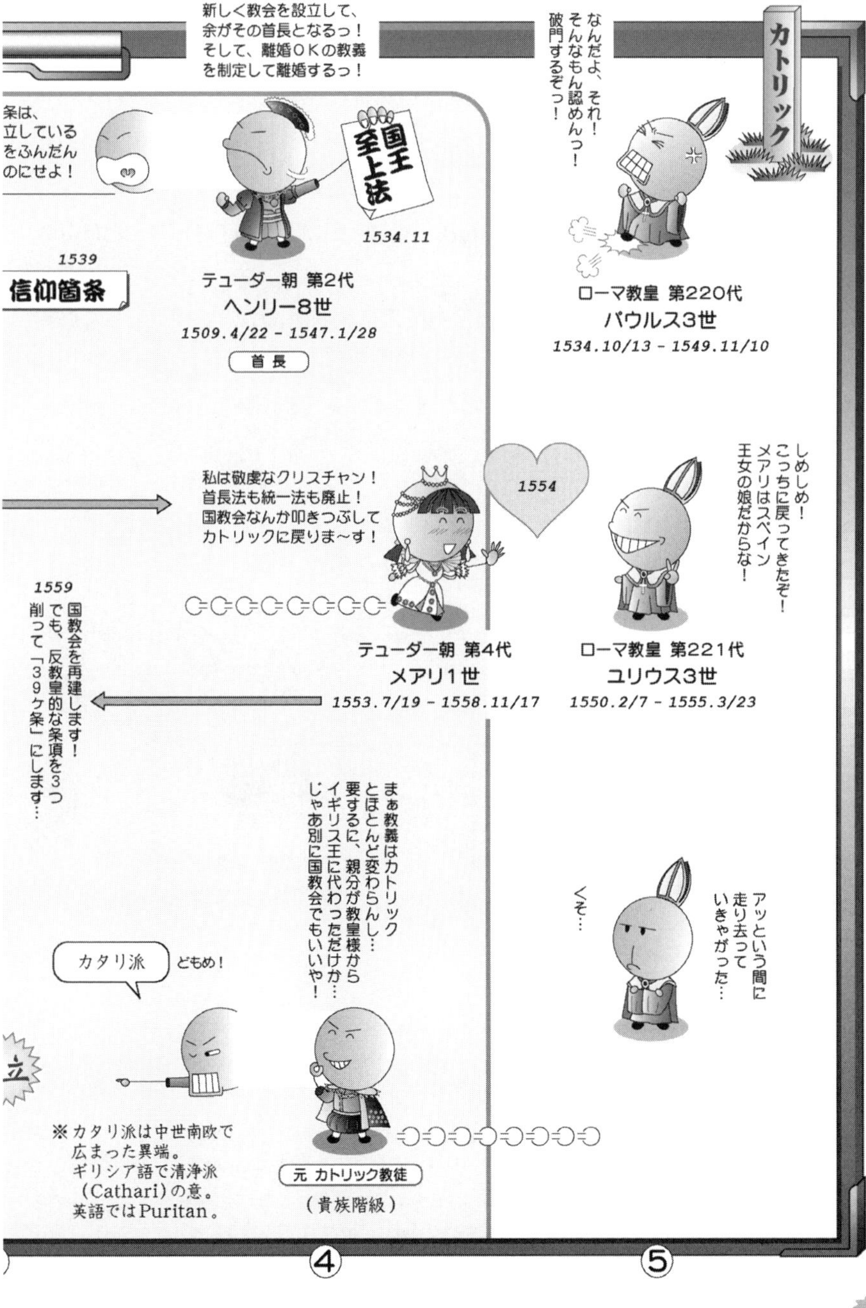
離婚認めてくんないなら
新しく教会を設立して、
余がその首長となるっ！
そして、離婚ＯＫの教義
を制定して離婚するっ！
なんだよ、それ！
そんなもん認めんっ！
破門するぞっ！
カトリック
条は、
立している
をふんだん
のにせよ！
国王至上法
1534.11
1539
信仰箇条
テューダー朝 第2代
ヘンリー8世
1509.4/22 - 1547.1/28
首長
ローマ教皇 第220代
パウルス3世
1534.10/13 - 1549.11/10
私は敬虔なクリスチャン！
首長法も統一法も廃止！
国教会なんか叩きつぶして
カトリックに戻りま～す！
1554
しめしめ！
こっちに戻ってきたぞ！
メアリはスペイン
王女の娘だからな！
1559
国教会を再建します！
でも、反教皇的な条項を３つ
削って「３９ケ条」にします…
テューダー朝 第4代
メアリ１世
1553.7/19 - 1558.11/17
ローマ教皇 第221代
ユリウス3世
1550.2/7 - 1555.3/23
まぁ教義はカトリック
とほとんど変わらんし…
要するに、親分が教皇様から
イギリス王に代わっただけか…
じゃあ別に国教会でもいいや！
アッという間に
走り去って
いきゃがった…
くそ…
カタリ派 どもめ！
立
※カタリ派は中世南欧で
広まった異端。
ギリシア語で清浄派
(Cathari)の意。
英語ではPuritan。
元 カトリック教徒
（貴族階級）
④
⑤

第1章 アメリカ13州の建設
第2章 アメリカ独立革命前夜
第3章 アメリカ独立革命
第4章 合衆国憲法の成立

現在のアメリカ合衆国の歴史は、北米の東海岸に現れた「13州」から始まったものですが、その「13州」は、「3つの植民活動の中心」から生まれたものです。

ひとつが「ヴァージニア植民地」から枝分かれした5州[＊01]、もうひとつが「ニューイングランド植民地」から生まれた4州[＊02]、そして最後に、現在のニューヨーク州を中心として、そこから派生した残りの4州です。

では、そもそもなぜ、イギリスの植民活動は「3つの中心」を持つことになったのでしょうか。

そのことを知るためには、イギリス本国の宗教問題について知っておく必要があります。

そこで本幕では、イギリス本国の動きを見ていくことにいたします。[＊03]

離婚認めてくんないなら
新しく教会を設立して、
余がその首長となるっ！
そして、離婚ＯＫの教義
を制定して離婚するっ！
国王至上法
1534.11
テューダー朝 第2代
ヘンリー8世
なんだよ、それ！
そんなもん認めんっ！
破門するぞっ！
カトリック
ローマ教皇 第220代
パウルス3世

（＊01）具体的には、メリーランド州、ヴァージニア州、ノースカロライナ州、サウスカロライナ州、ジョージア州の5州。

（＊02）具体的には、マサチューセッツ州、ニューハンプシャー州、ロードアイランド州、コネチカット州の4州。地図が頭に描けない方は、本章 第11幕のパネル地図を参照のこと。

（＊03）本幕パネルでは、真ん中の薄く塗りつぶしてあるエリアに「イギリス国教会」、左側に「カルヴァン派」、右側に「カトリック教会」の動きが描かれております。

さて、本章第１幕でもチラリと登場いたしましたヘンリー８世。(A-4)

彼は当初、当時の教皇(＊04)パウルス３世(A-5)から「信仰擁護者(護教家)」という称号が与えられるほど、カトリック教会とは親密な仲でした。

ところが、ヘンリー８世が「王妃キャサリンと離婚したい」(＊05)と教皇に願い出たことから歯車が狂い始めます。

教皇は、どうしてもこれを認めてくれません。

すでに固く離婚を決意していたヘンリー８世は、ついに教皇と決裂、1534年、「国王至上法(首長令)」を発布します。

これは、イギリス臣民をカトリック教会から離脱させ、新たに「イギリス国教会(A-2)」という新教会を立ち上げ、その「新教会の首長(トップ)」には、イギリス国王自身が就任する、というものです。

そして、このイギリス国教会において「離婚ＯＫ」という教義を制定すれば、晴れて国王は王妃(キャサリン)と離婚できる、というわけです。

これは「イギリス国内においては、イギリス国王が“王”として政治権力を揮(ふる)い、“首長”として宗教権力を掌握する！」と宣言したものであり、教皇と完全に袂(たもと)を分かったことを意味しました。

さて。

新しい教会を創ったとなると、どうしても、新しい教会に則(そく)した新しい「信仰箇条(＊06)」を作らねばなりません。

「信仰箇条」というのは、国家で譬(たと)えるなら「憲法」のようなものです。

立憲国家が「憲法」に基づいて統治されるように、教会は「信仰箇条」に基づいて運営され、通常、異なる国家同士でまったく同じ憲法を持つことがないよ

(＊04)「教皇」というのは、カトリック教会の頂点に君臨している人のことです。
日本政府はこれを「法王」と呼び、新聞などもこれに追従していますが、当のカトリック教会自身は「教皇と呼べ！」と要求していますので、本書はこれに準じています。

(＊05) 王の愛人アン＝ブーリンが、王に強硬に結婚を迫ったため、といわれています。

(＊06) 縮めて「信条」とも言います。

うに、異なる教会で同じ「信仰箇条」を持つことはありません。

そこで、ヘンリー８世は、新たに「10ヶ条の信仰箇条」（A-2）を制定、当時ヨーロッパで教皇と対立していたルター派の信条を多く取り入れます。(＊07)「敵の敵は味方」というわけです。

さて。

まもなく彼ヘンリー８世が亡くなりますと、その跡を継いだのが、息子のエドワード6世（B-2）。

彼の御世（みよ）では、信仰箇条を再編して、「42ヶ条」とし、国内の新教（プロテスタント）で幅を利かせていたカルヴァン派（A-1）(＊08)の教義を多数取り入れます。

カルヴァン派
おぉ〜〜っ！
やったぁ〜っ！
いよいよ我々
カルヴァン派時代
の幕開けだ〜〜っ！
1553
42ヶ条
父上はアッという間に
日和ってしまったが、
私はカルヴァン派の思想を
ふんだんに取り入れた
信仰箇条を制定したよ！
テューダー朝 第3代
エドワード6世

（＊07）こうして、一時の感情で「ルター派条項」を多く取り入れてみたものの、やっぱりヘンリー8世の心は「カトリック教徒」だったため、離婚問題が解決して落ち着きを取り戻すと、すぐに「10ヶ条」からルター派条項ばかりを削除し、「6ヶ条」（A/B-3）として再編、カトリック教会の信仰箇条とウリ二つのものにしてしまいます。

（＊08）のちの「ピューリタン」。イギリスでは、ルター派よりカルヴァン派が浸透しました。

イギリス国内のカルヴァン派は大歓(よろこ)び。（B-1）

しかし、その歓びも束の間、エドワード６世が治世６年、わずか15歳の若さで身罷(みまか)られるや（＊09）、次のメアリ１世（B-4）は、生粋(きっすい)のカトリックであったため、あっさりとイギリス国教会を叩きつぶし、カトリックに舞い戻ってしまいます。

カトリック

私は敬虔なクリスチャン！
首長法も統一法も廃止！
国教会なんか叩きつぶして
カトリックに戻りま～す！
1554
しめしめ！
こっちに戻ってきたぞ！
メアリはスペイン
王女の娘だからな！
テューダー朝 第4代
メアリ1世
ローマ教皇 第221代
ユリウス3世

ヘンリー８世が「国王至上法」を発してから、ちょうど20年後のことで、ヘンリー８世・エドワード６世と、２代20年にわたる努力は、これで水の泡。

メアリ１世は、反対する国内のプロテスタントを大弾圧、女性や子供すら容赦なしに片っ端から処刑していったため、「血まみれメアリ(ブラッディ)（＊10）」と陰口叩かれるようにすらなります。

しかし、そのメアリ１世も、治世わずか５年で逝去。（＊11）

（＊09）あまりにも若かったこともあり、一部、毒殺説も囁かれましたが、もともと病弱でしたし、その他諸々の状況などを鑑みても、おそらくは単なる病死（結核？）です。

（＊10）トマトをベースとした真っ赤なカクテルに「ブラッディマリー」というのがありますが、彼女が由来だといわれています。

（＊11）彼女の命日は、以後200年にわたり「祝日」として祝われました。

統治者
39ヶ条
国教会を再建します！
でも、反教皇的な条項を3つ
削って「39ヶ条」にします…
テューダー朝 第5代
エリザベス1世

彼女の跡を継いで即位したのが、その妹で、本書でもすでに登場している、あの「処女王（Virgin Queen）」こと、エリザベス1世（C-3）です。

彼女は、即位するや、ただちにイギリス国教会を再建し、信仰箇条を「39ヶ条」にして再編し、ふたたびカルヴァン派色を濃厚にしていきます。

しかし、このとき、カルヴァン派の人たちの反応は複雑でした。（C-1）

それはそうでしょう。カルヴァン派にしてみれば、

- ついこの間、ヘンリー8世がカトリックと袂（たもと）を分かったかと思ったら、
- その舌の根も乾かぬうちに、すぐにカトリックに日和（ひよ）り、
- エドワード6世の御世（みよ）になって、こちら側にすり寄ってきたかと思ったら、
- メアリ1世が立った途端、女子供を問わず大弾圧を受け、
- 今また、エリザベス女王がこちら側にすり寄ってきている。

この政府の右往左往ぶりには、カルヴァン派の中でも意見が分かれます。

「これは、すなおに喜んでいいのか？
　警戒すべきなのか？」

カルヴァン派の中でも、とくに中産階級の人たちは、早々に国教会に見切りをつけます。

なんだよもぉ！
王様が代わるたびに
あっちに行ったり
こっちに来たり…

「ふん！　やつらに期待するだけムダだ！
ついこの間、イタイ目を見たばかりじゃないか！
どうせまた、やつらの都合ひとつで、俺たちは虐殺されるに決まっている！
そもそも国教会を改革しようなど、土台ムリなのだ！
それより、今、何かと話題のアメリカとやらに行って、そこにプロテスタントの楽園を作ろうではないか！」

しかし、カルヴァン派の中でも上流階級の人たちは、未練タラタラ。

「だが、１度や２度イタイ目を見たくらいで、すぐに諦めるのはどうか。
せっかく向こうからすり寄ってきているのに、これを利用しない手はない。
なんとしても国教会を改革し、カルヴァン派勢力を伸ばすのだ！」

こうして、イギリス国内のカルヴァン派は、

- 国教会の改革に望みをかける上流階級を中心とした「非分離派」（D-2）と、
- 国教会の改革に絶望し、当時、話題になっていた新天地（アメリカ大陸など）にプロテスタントの理想郷を打ち建てようとする中産階級を中心とした「分離派」（D-1）

…に分かれていくことになりました。

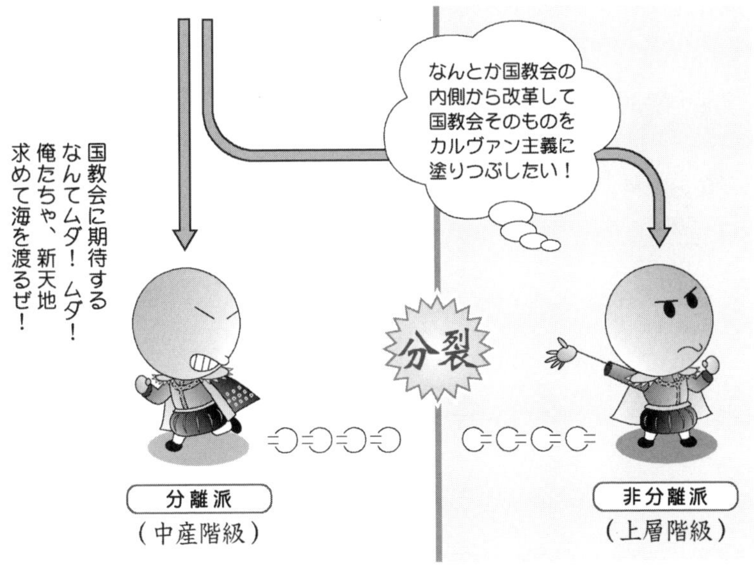
国教会に期待するなんてムダ！ ムダ！
俺たちゃ、新天地求めて海を渡るぜ！
なんとか国教会の内側から改革して国教会そのものをカルヴァン主義に塗りつぶしたい！
分裂
分離派
（中産階級）
非分離派
（上層階級）

ちなみに、このような過程で、同じ「イギリス国教会」という屋根の下で「カルヴァン派（D-2）」と「元カトリック教徒（D-4）」が、自らの勢力を伸ばそうと、鎬（しのぎ）を削ることになります。

当然、対立関係（D-3）にあるわけで、このような場合、いつの時代でも、どこの国でも、相手方を蔑（べっ）称で呼ぶようになるものです。

「元カトリック教徒」側は、中世南欧で広まったことのある異端「カタリ派」になぞらえて、カルヴァン派のことを「カタリ」と呼ぶようになります。

「この異端（カタリ）どもめ！」という意味（ニュアンス）を込めて。

ところが、その蔑称を耳にしたカルヴァン派側は、むしろ、

「Cathari（カタリ）、大いに結構じゃないか！

そもそも“Cathari”というのはギリシア語で“清浄”という意味だ。

我々は“（国教会を）清浄化（ピューリファイ）する者”なのだから、“清教徒（ピューリタン）”と名乗ろう！」

…と、むしろ、これを進んで自称するようになります。

これが、イギリスのカルヴァン派のことをとくに「清教徒（ピューリタン）」と呼ぶ、由来となったのでした。

カタリ派 どもめ！
カタリ派？
ふん、結構じゃないか！
我々は、まさに国教会を
カルヴァン主義一色に
「purify（浄化）する者」
だからな！
対立
非分離派
（上層階級）
元 カトリック教徒
（貴族階級）

第1章 アメリカ13州の建設

第6幕

メイフラワー号で“楽園”を求めて

プリマス植民地の建設

メイフラワー号は出航した。「巡礼始祖（ピルグリムファーザーズ）」と自称する分離派たちを乗せて。しかし、時化（しけ）に遭（あ）い、目的地よりかなり北方の地に漂着してしまう。ところが、上陸してみると、そこにインディアンの姿はない。白人のもたらした疫病のために全滅していたのだ。彼らは神に祈る。「神が疫病を遣わし清浄し給うた。アーメン」

ヴァージニアの植民が成功してるそうじゃないか！
よし！まだ植民の進んでいないヴァージニア最北の地にピューリタンの楽園を築き上げるぞぉ！
メイフラワー号

〈プリマス植民地の建設〉

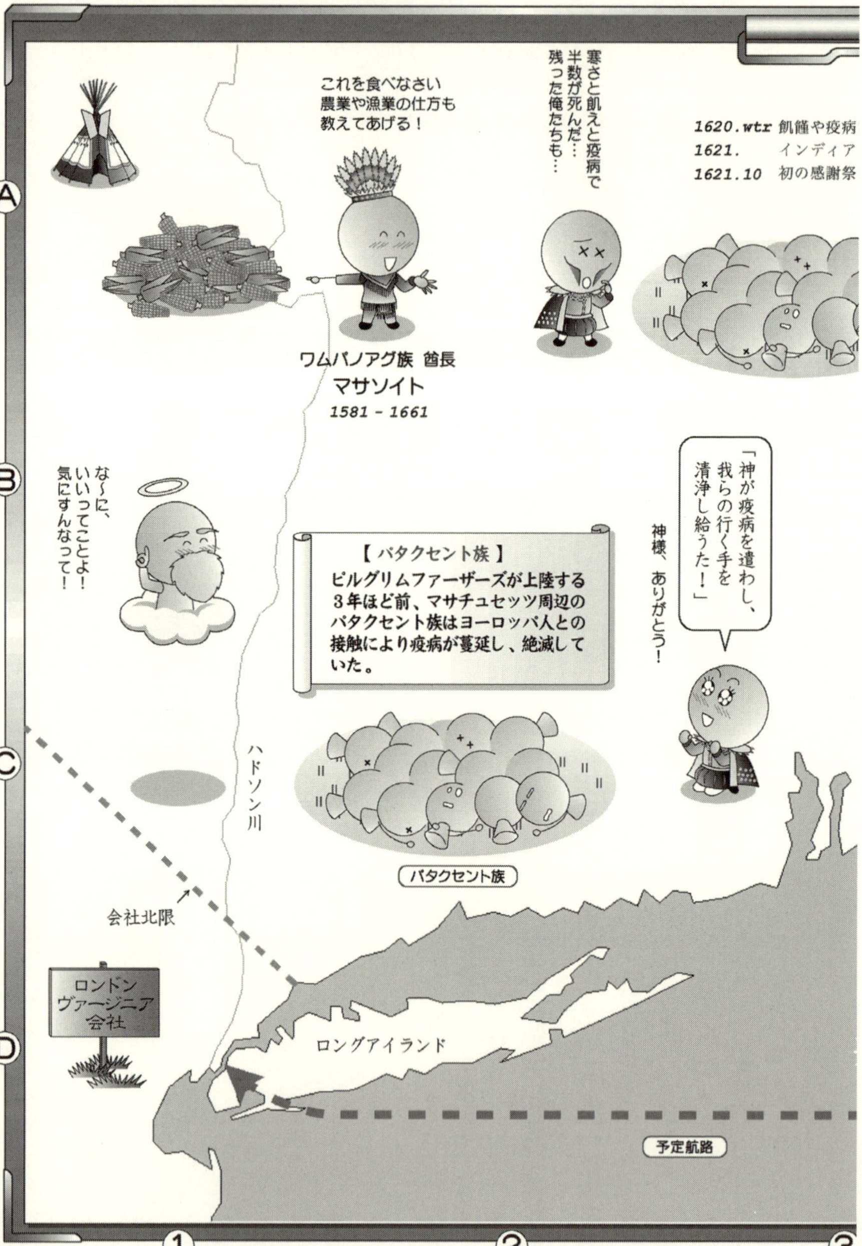

これを食べなさい
農業や漁業の仕方も
教えてあげる！
ワムパノアグ族 酋長
マサソイト
1581 - 1661
寒さと飢えと疫病で
半数が死んだ…
残った俺たちも…
1620.wtr 飢饉や疫病
1621. インディア
1621.10 初の感謝祭
な〜に、
いいってことよ！
気にすんなって！
「神が疫病を遣わし、
我らの行く手を
清浄し給うた！」
神様、ありがとう！
ハドソン川
パタクセント族
会社北限
ロンドン
ヴァージニア
会社
ロングアイランド
予定航路
A
B
C
D
1
2
3

【パタクセント族】
ピルグリムファーザーズが上陸する3年ほど前、マサチュセッツ周辺のパタクセント族はヨーロッパ人との接触により疫病が蔓延し、絶滅していた。

1620 ～ 21 年

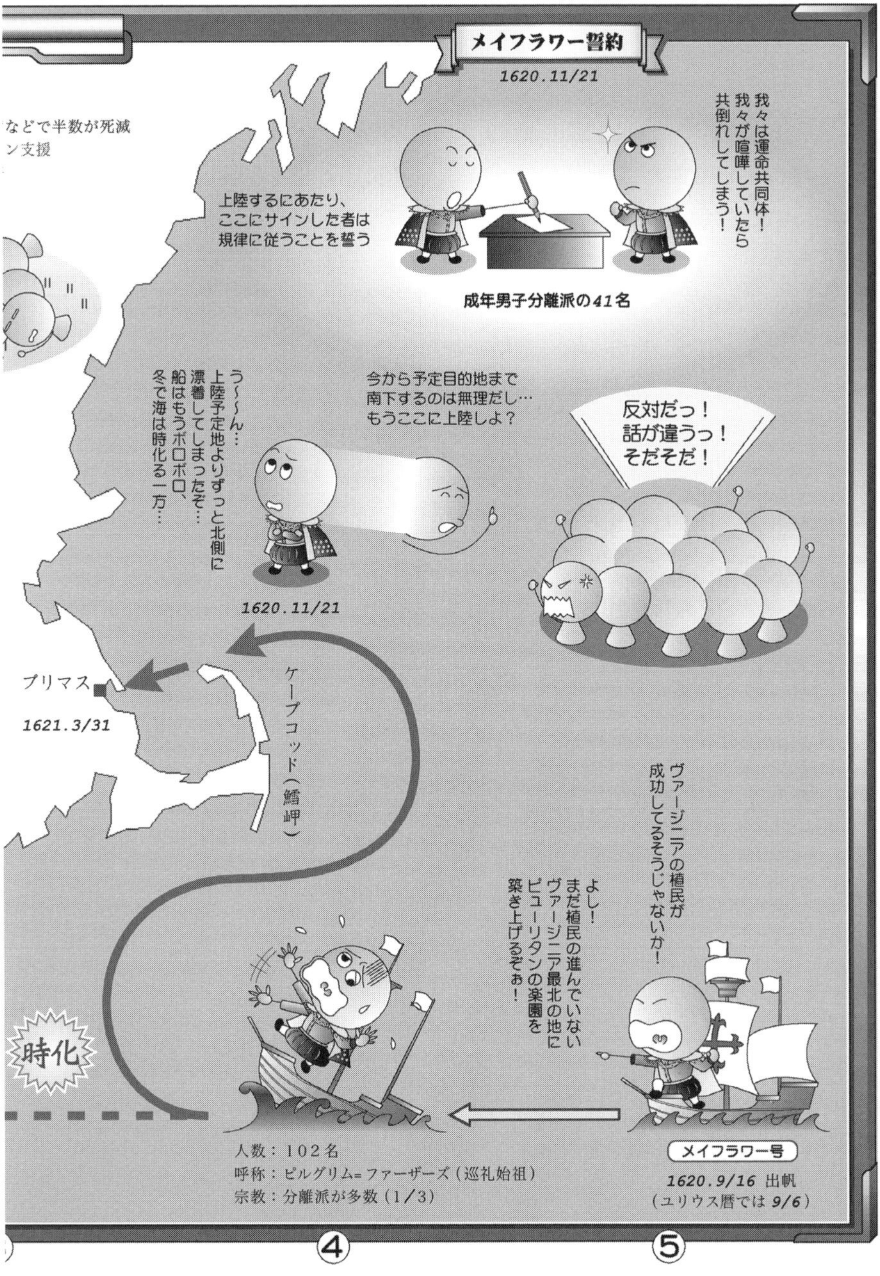
メイフラワー誓約
1620.11/21
我々は運命共同体！
我々が喧嘩していたら
共倒れしてしまう！
上陸するにあたり、
ここにサインした者は
規律に従うことを誓う
成年男子分離派の41名
などで半数が死滅
ン支援
う～～ん…
上陸予定地よりずっと北側に
漂着してしまったぞ…
船はもうボロボロ、
冬で海は時化る一方…
今から予定目的地まで
南下するのは無理だし…
もうここに上陸しよ？
反対だっ！
話が違うっ！
そだそだ！
1620.11/21
プリマス
1621.3/31
ケープコッド（鱈岬）
ヴァージニアの植民が
成功してるそうじゃないか！
よし！
まだ植民の進んでいない
ヴァージニア最北の地に
ピューリタンの楽園を
築き上げるぞぉ！
時化
人数：１０２名
呼称：ピルグリム＝ファーザーズ（巡礼始祖）
宗教：分離派が多数（1/3）
メイフラワー号
1620.9/16 出帆
（ユリウス暦では 9/6）
④
⑤

こうして、ピューリタンたちは、「分離派」と「非分離派」に分かれてしまいましたが、それでもエリザベス１世の時代には、分離派にあまり大きな動きはありませんでした。

エリザベス１世がピューリタン弾圧をしなかったため、わざわざ祖国を棄て、危険を冒してまで新天地を切り拓く必要もなかったからです。

しかし、1603年、半世紀近くにわたって英王として君臨したエリザベス１世もついに亡くなられ(＊01)、その遠い親戚のスコットランド王ジェームズ６世が、ジェームズ１世として即位すると、状況は一変します。

「案の定」というべきか、「懸念したとおり」というべきか、新王ジェームズ１世が、ピューリタンたちの弾圧を始めたからです。

そこで、彼ら「分離派」は、早々に故国イギリスを棄て、目と鼻の先にあるオランダのライデン(＊02)というところへ移住します。

…が、この植民はうまくいきませんでした。

そんな、手詰まり状態となっていた1619年のこと。

海の向こうから、“吉報”が舞い込んできます。

「ヴァージニア植民地がついに軌道に乗ったそうだ！」

“1619年”といえば。

ヴァージニア植民地において、ちょうどタバコ農園が軌道に乗り、白人女性と黒人奴隷を輸入しはじめた年、そして、「植民地議会」を初めて開催した年だ、ということはすでにお話しいたしました。

「なに！！　そうか！
ならば、俺たちもここは諦めて、“ピューリタンの楽園”をヴァージニアに建設してみるとするか！？」

(＊01) 治世44年、享年69歳でした。

(＊02) ホラント州の都市で、当時は、アムステルダムに次ぐ人口を抱える大きな都市。織維業で繁栄していました。

こうして「分離派」は、いったん故国(イギリス)に帰国して、プリマス・ヴァージニア会社から特許状を得（＊03）ました。そして、「メイフラワー号」という船（＊04）に102名もの人たちが乗り込み、自ら「巡礼始祖(ピルグリムファーザーズ)」と称し、ヴァージニア（＊05）を目指してプリマス港を出港することにしました。（D-5）

時、1620年の、秋も深まる９月16日のことです。

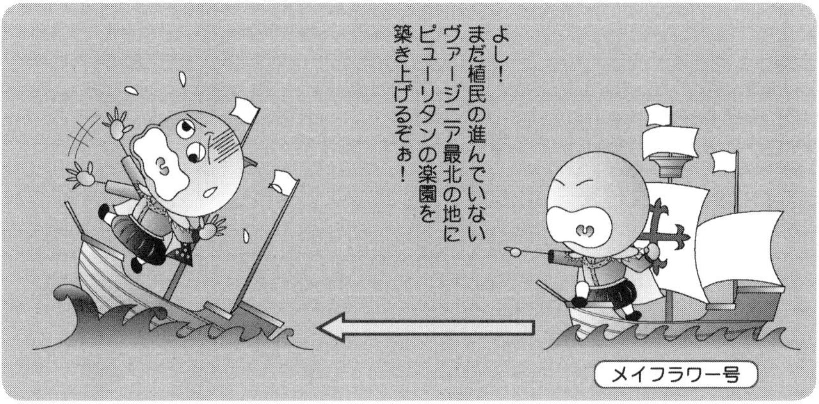
よし！
まだ植民の進んでいない
ヴァージニア最北の地に
ピューリタンの楽園を
築き上げるぞぉ！
メイフラワー号

しかし、その航海途上、思わぬ大時化(しけ)に遭(あ)ってしまいます。（D-4）

船は満身創痍(ボロボロ)となりながらも、なんとか東海岸まで辿(たど)りつきましたが、航路が大幅に逸(そ)れたため、目的地のニューヨーク（＊05）のあたりではなく、それよりかなり北方の鱈岬(ケープコッド)（C-4）に着いたのでした。

そのとき、すでに出港から66日が経ち、季節は冬（11月）。

（＊03）当時、北米東海岸（ヴァージニア）へ植民するためには、「ロンドン」と「プリマス」の２つの「ヴァージニア会社」どちらかから特許状を得る必要がありました。

（＊04）たいへん有名な船ですが、じつは、排水量180ｔ程度の、小さな貨物船でした。

（＊05）当時は、北米東海岸全体（正確には、現在のメーン州から南はノースカロライナ州のあたりまで）を「ヴァージニア」と呼んでいました。
したがって、このときのピルグリム・ファーザーズが目指したのは、「ヴァージニア」といっても、現在の「ヴァージニア州」ではなく、「ニューヨーク州」のあたり（D-1）でした。

冬の荒れる海を、満身創痍（ボロボロ）になった小船が本来の目的地（ニューヨーク）まで南下するのは、もはや不可能と思えました。そこで、

「当初の目的地とは違うが、事ここに至っては致し方ない。
　もうここに上陸しようではないか！」

…という話が持ち上がります（B-4）が、これには、

「それでは話が違う！」

「俺たちはこんな北の僻地（へきち）に来るためにこの船に乗り込んだんじゃない！」

「断固として、本来の目的地へ向かうべきだ！」（B-5）

…と、意見が真っ二つに割れてしまいます。

メイフラワー誓約
1620.11/21
我々は運命共同体！
我々が喧嘩していたら
共倒れしてしまう！
上陸するにあたり、
ここにサインした者は
規律に従うことを誓う
成年男子分離派の41名

「むむぅ、これはまずい！
　このままでは、多数決での決定も守らない者が現れる勢いだ。
　我々は運命共同体。一致団結して事に当たらねば共倒れになってしまう！
　多数決での決定には、全員従うという誓約を交わしておかねば！」
　そうして生まれたのが「メイフラワー誓約」(＊06)です。（A-4/5）

（＊06）もっとも、これに署名したのはたった41名だけでしたが。

　こうして、彼らは船を降りてケープコッドに上陸することにはなりましたが、船を降りるにあたって懸念材料がひとつ。

　陸に砦を完成させるまで、インディアンの襲撃からどう身を護るのか。(＊07)

　インディアンの襲撃が恐くて、船から降りようとしない者が続出し、結局、その年の越冬で人員（102人）の半数を失います。

寒さと飢えと疫病で
半数が死んだ…
残った俺たちも…
1620.wtr 飢饉や疫病などで半数が死滅
1621. インディアン支援
1621.10 初の感謝祭

　まったくラチが明かない！

　翌春（3月）、ついに覚悟を決め、ケープコッド対岸のプリマス(＊08)に上陸することになります。

　ところが、いざ上陸してみると、このあたりには人っ子ひとりいません。

(＊07) 日本の歴史に譬えるなら、「美濃（斎藤氏）の攻略にあたって、その橋頭堡となる墨俣に砦を完成させるまで、美濃の攻撃をどうやってかわすか」に頭を悩ませた柴田勝家の心境でしょうか。

(＊08)「プリマス会社」から特許状を得、「プリマス港」を出港した彼らが、時化に遭ってたまたま上陸することになった港が、よりによって「プリマス」。なんという偶然。

「あれ？　このあたりのインディアンどもは？」

じつは、彼らが入植するすこし前（7年ほど前の1614年）に、ジョン＝スミスがこのあたりを探険（＊09）しており、以後、白人と接触するようになっていたパタクセント族は、白人が保菌していた伝染病（＊10）をうつされ、この3年ほど前に死滅していたのでした。（C-2）

そのことを知った彼らは、天を仰いで神に祈りを捧げます。

その祈りの言葉は、

「おお、神よ！　亡くなったパタクセント族たちに祝福を！」

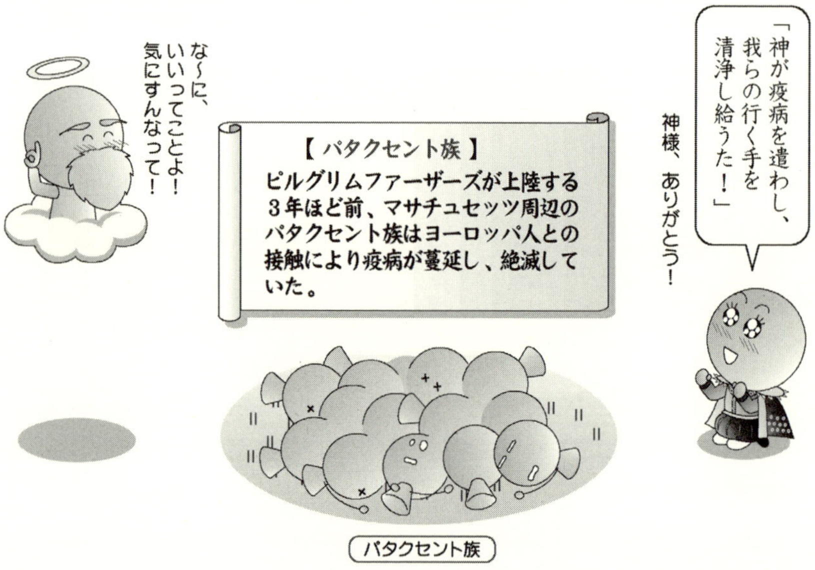
「神が疫病を遣わし、我らの行く手を清浄し給うた！」
神様、ありがとう！
【パタクセント族】
ピルグリムファーザーズが上陸する3年ほど前、マサチュセッツ周辺のパタクセント族はヨーロッパ人との接触により疫病が蔓延し、絶滅していた。
な〜に、いいってことよ！気にすんなって！
パタクセント族

（＊09）「ポカホンタスの美談」を捏造し、大火傷を負って一時帰国していた、あのジョン＝スミスです。彼は、傷が癒えたあと、ふたたびアメリカに渡り、このあたりを探険しています。そのときに、彼がここを「新プリマス」と命名していました。

（＊10）それが「ペスト」なのか「天然痘」なのかは判然としません。インディアンは、ヨーロッパの疫病の免疫を持っていなかったため、発病しやすく、また重病化しやすかったのです。

…ではなく、

「神がパタクセント族どもに疫病を遣(つか)わし、やつらを皆殺しにし、我らの行く手を清浄(ピューリファイ)してくだされた！（B-2/3）　神よ！　感謝いたします！」

…でした。

これを食べなさい
農業や漁業の仕方も
教えてあげる！

彼らキリスト教徒にとって、キリスト信者だけが神の祝福を受ける存在であり、異教徒(インディアン)どもなど、地獄(ゲヘナ)へ落とされるべき存在にすぎないのですから。

ひとしきり神に感謝したあと、彼らは、近隣のインディアン・ワムパノアグ族（A-1/2）に接触し、彼らに農業の仕方を教わり、種籾(たねもみ)を分けてもらい、全滅したパタクセント族の畑にそれを蒔(ま)きます。

おかげで、その年（1621年）の秋の収穫は豊作で、ここに、インディアンを招いての「感謝祭」が催されました。

これこそが、現代まで北米で行われている「感謝祭(サンクスギビング)」の始まりだ、ともいわれています。(＊11)

（＊11）ただし、この「感謝祭起源説」には異論もあります。
アメリカ合衆国の建国の歴史は、ただただ一方的なインディアンへの殺戮・虐殺・掠奪・駆逐など、白人の悪虐ぶりや残忍性を示す出来事ばかりのため、「インディアンとは友好的で円満なこともあった」というプロパガンダとして、この話を捏造したにすぎない、という主張もあります。「ポカホンタスの美談」と同じです。

Column キリスト教の離婚是非

ヘンリー８世のときにも懸案となりましたが、そもそもキリスト教の教義では「離婚」はしてもよいのでしょうか、いけないのでしょうか。

じつは、聖書を紐解(ひもと)きますと、「絶対してはいけない」ようでもあり、「別にしてもいい」ようでもあります。

新約聖書『マタイ伝』（19章９節）には、イエス自身の言葉として、「妻と離婚し、他の女と結婚する者は、姦(かん)淫の罪を犯すことになる」…とあります。

ところで、『レビ記』（20章10節）に、「姦淫」は「死刑に相当する大罪」とありますから、つまり、「離婚は死刑」ということになります。

ところが、この発言に対して、「それではあまりにもひどい！」と、信者たちからブーイングを受けるや、イエスはただちに前言撤回。

「うん、確かにこれは誰にでも受け容れられるコトじゃないよね。

これを受け容れられる人だけでいいよ」（マタイ伝 19：11〜12）

あれ？

「離婚は死刑に相当する大罪である！」と言った、その舌の根も乾かないうちに「別に離婚したきゃしてもいいよ」だって!?

さようなわけで、同じキリスト教徒でも、前者の聖句を根拠にして「離婚はダメ！」と言う者もあれば、後者の聖句を根拠にして「いや、離婚ＯＫ！」と言う者もいます。

もっとも、教皇がヘンリー８世の離婚に反対した本当の理由は、そんなことではなくて、離婚される立場の王妃キャサリンが、元々スペインの王女様だったこと。

当時、教皇とスペイン王室は蜜月。

教皇がこの離婚を認めれば、メンツ丸つぶれになるスペイン王室を怒らせることになりますから、教皇は困った立場に立たされる、という純粋に政治的な損得勘定から発言していただけなのでした。

政治家の発言がつねにご都合主義なのはいつの世も変わらないようで。

第1章 アメリカ13州の建設

第7幕

失望のエクソダス

ピューリタンの再分裂

祖国に残った非分離派は、新王チャールズ1世に期待をかけた。しかし、チャールズ1世は父君に負けず劣らずの暴君。権利請願も握りつぶされ、非分離派の中に絶望感が拡がる。彼らもまた「我らも新大陸へ！」と雪崩打つ結果に。それでも国内改革に望みをかける者たちは、以降、「議会派」と呼ばれるようになった。

1622 インディアン殺戮の酋長
マサチュセッツ族酋長4人謀殺
以後20年間さらし首
ぎゃははははっ！
見せしめにさらし首にしとくか！
マサチュセッツ族

〈ピューリタンの再分裂〉

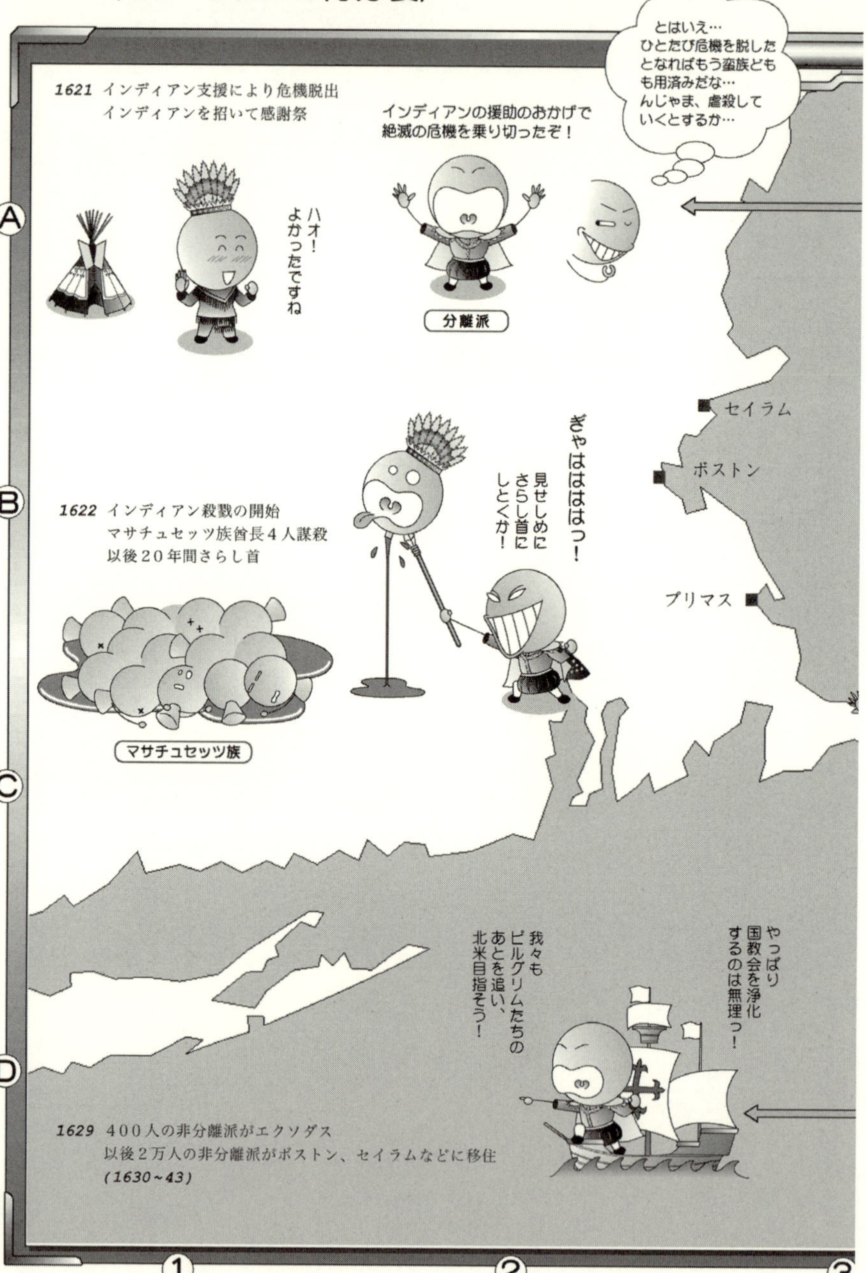
1621 インディアン支援により危機脱出
インディアンを招いて感謝祭
ハオ！よかったですね
インディアンの援助のおかげで
絶滅の危機を乗り切ったぞ！
分離派
とはいえ…
ひとたび危機を脱した
となればもう蛮族ども
も用済みだな…
んじゃま、虐殺して
いくとするか…
セイラム
ボストン
プリマス
1622 インディアン殺戮の開始
マサチュセッツ族酋長4人謀殺
以後20年間さらし首
ぎゃはははっ！
見せしめにさらし首にしとくか！
マサチュセッツ族
やっぱり国教会を浄化するのは無理っ！
我々もピルグリムたちのあとを追い、北米目指そう！
1629 400人の非分離派がエクソダス
以後2万人の非分離派がボストン、セイラムなどに移住
(1630~43)
A
B
C
D
1
2
3

1620年代

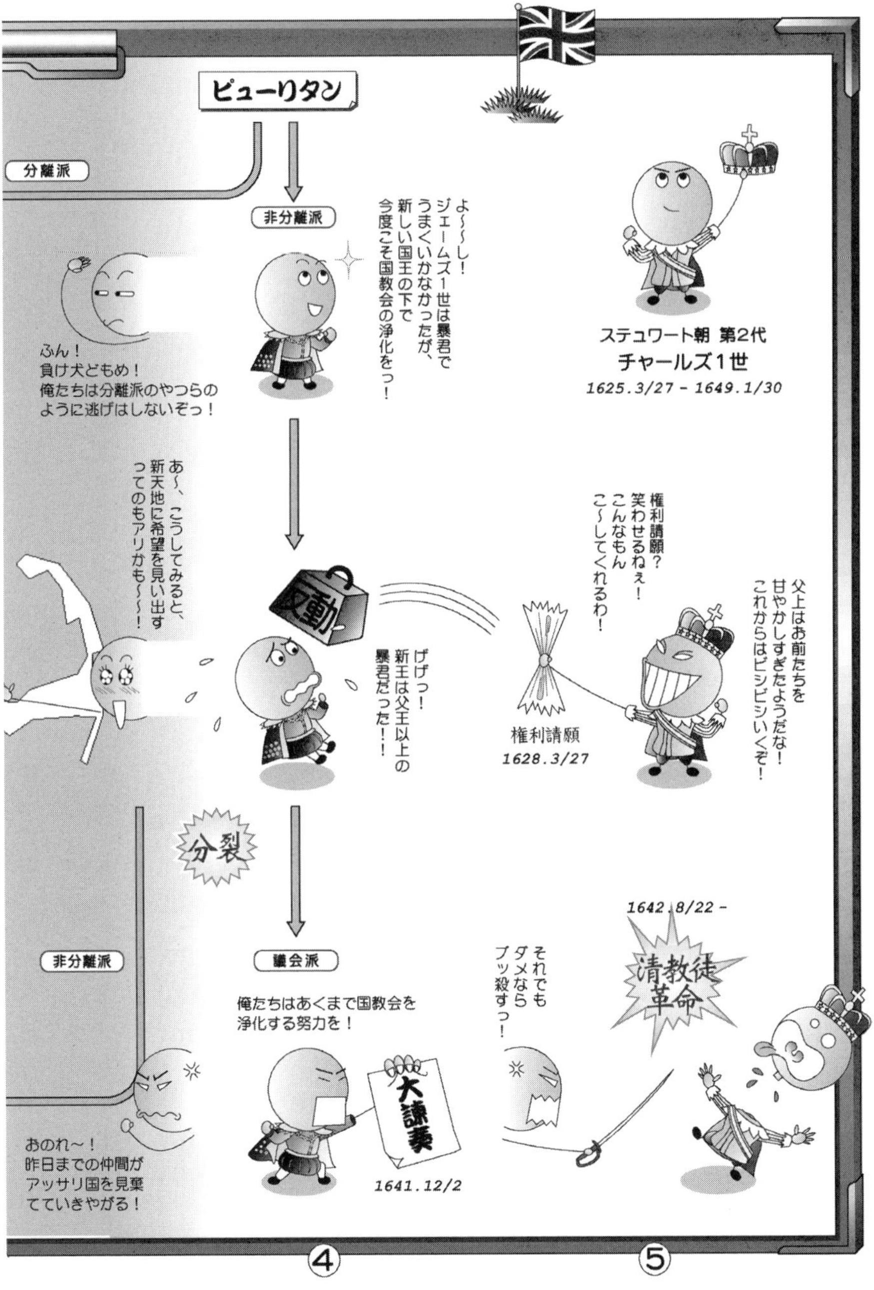
ピューリタン
分離派
非分離派
よ〜〜し！ジェームズ1世は暴君でうまくいかなかったが、新しい国王の下で今度こそ国教会の浄化をっ！
ふん！負け犬どもめ！俺たちは分離派のやつらのように逃げはしないぞっ！
ステュワート朝 第2代
チャールズ1世
1625.3/27 - 1649.1/30
あ〜、こうしてみると、新天地に希望を見い出すってのもアリかも〜〜！
反動
げげっ！新王は父王以上の暴君だった！
権利請願？笑わせるねぇ！こんなもんこ〜してくれるわ！
父上はお前たちを甘やかしすぎたようだな！これからはビシビシいくぞ！
権利請願
1628.3/27
分裂
非分離派
議会派
俺たちはあくまで国教会を浄化する努力を！
大諫奏
1641.12/2
1642.8/22 -
清教徒革命
それでもダメならブッ殺すっ！
おのれ〜！昨日までの仲間がアッサリ国を見棄てていきやがる！
④
⑤

前幕では、分裂したピューリタン左派の「分離派」（A-2）の動きを見てまいりましたが、それでは、ちょうどそのころのピューリタン右派の「非分離派」（A-4）の人たちは何をしていたのでしょうか。

本幕では、その「非分離派」の動きを見てまいりましょう。

じつは、非分離派の人たちは、分離派のように祖国（イギリス）を見棄てることなく、イギリス国教会を浄化（ピューリファイ）すること（＊01）に努めましたが、彼らの置かれた状況は悪くなる一方でした。

時の国王ジェームズ1世は、即位早々、「王権神授説（＊02）」を唱え、国内の清教徒（ピューリタン）を弾圧してきたからです。

「ここは堪（た）えろ！

ジェームズ1世ももうトシだ。もう少し堪（こら）えていれば、やつは死ぬ。

次におやさしい王様が現れるまで、ここは堪え忍ぶのだ！」

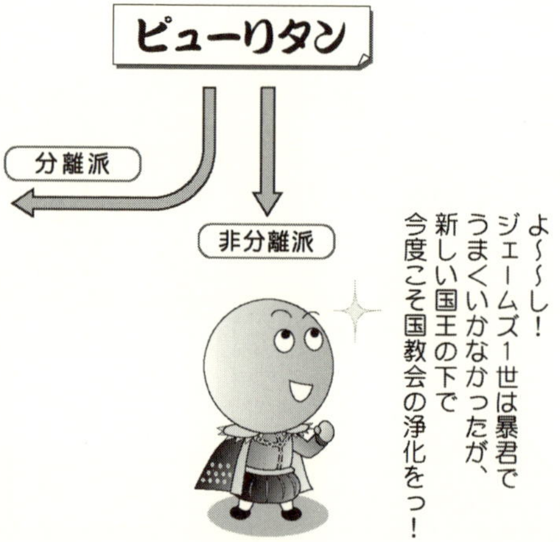
ピューリタン
分離派
非分離派
よ〜〜し！
ジェームズ1世は暴君で
うまくいかなかったが、
新しい国王の下で
今度こそ国教会の浄化をっ！

ステュワート朝 第2代
チャールズ1世

（＊01）イギリス国教会をカルヴァン主義で塗りつぶそうとする努力を、彼らはこう呼びました。

（＊02）「国王の権力は、神により授けられたものである。王はすべての臣民の裁き手であり、神以外の何者にも責任を負わない」という考え方。絶対主義国家を支える理論であり、イギリスの王権神授説論文『自由なる君主国の真の法』は、ジェームズ1世のご宸筆。タイトルの「自由なる」は、「君主が無制限に権力を振るうことができる自由」という意味。

こうして堪(た)え忍ぶこと20余年、ついにジェームズ１世が亡くなり、息子のチャールズ１世（A-5）が即位します（1625年）。

しかし、残念なことに、新王(チャールズ)は父親(ジェームズ)に輪をかけたような「暴君」。

落胆する非分離派たち。

「チャールズ１世はまだ若い。また次の王まで堪え忍ぶ、といっても…。

ヘタしたら半世紀以上堪え忍ばねばならなくなるぞ！？」

そんな折、海の向こうから、「分離派たちの植民が順調（＊03）に進んでいる」との情報が入ってきます。

「感謝祭」が催された翌年には、早くもインディアンから受けた恩もすっかり忘れ（＊04）、インディアン絶滅作戦が開始されていました。

これにより、マサチュセッツ族は虐殺され、その酋長４人も謀殺され、その首は、以後20年にわたって晒(さら)し首となっています。（B/C-1/2）

彼らの植民は、まさに「順調」でした。

1622 インディアン殺戮の開始
マサチュセッツ族酋長４人謀殺
以後20年間さらし首
ぎゃはははっ！
見せしめにさらし首にしとくか！
マサチュセッツ族

（＊03）白人にとって「植民が順調」というのは、裏を返せば、「インディアンの殺戮と掠奪と駆逐が順調」と言えなくもありません。

（＊04）当座の食料を恵んでもらい、農業のやり方を教えてもらい、種籾をもらった「恩」は、１回ポッキリの「感謝祭」でチャラになったと考えたのか、そもそもハナから「恩」など微塵も感じていなかったのか。白人の忘恩ぶりには、閉口させられます。

非分離派たちは、自分たちの不遇と、分離派たちの躍進を見較べて、
「やつら分離派が祖国を棄てて海に渡っていったときには、“売国奴”だの“負け犬”だのと、見下していたが…。
こうしてみると、新天地で“ピューリタンの楽園”を築く、という選択肢もアリかも…」
…と、動揺します。(B/C-3/4)
そんな中の1628年、チャールズ1世の横暴に堪りかね、議会が『権利請願』(＊05)を王に提出するも、握りつぶされ、失望感が拡がります。(B/C-4/5)

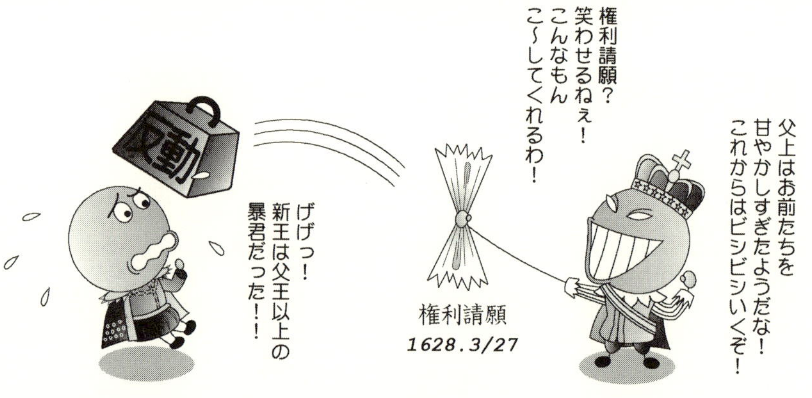
父上はお前たちを
甘やかしすぎたようだな！
これからはビシビシいくぞ！
権利請願？
笑わせるねぇ！
こんなもん
こ～してくれるわ！
げげっ！
新王は父王以上の
暴君だった！！
反動
権利請願
1628.3/27

これを契機として、非分離派の人たちの中からも、
「こんな暴君の下では、国教会を浄化するのなんか、ムリだ！
我々も分離派につづき、北米に“ピューリタンの楽園”を建設しよう！」

(＊05) 絶対主義体制であった当時、王が議会の意向を無視して、勝手に課税・増税、反抗する者は理由なく逮捕・投獄する、などということは平然と行われていました。
しかし、これは司法上は違法であり、「承認なき課税に関する法」(エドワード1世)、「マグナカルタ」(ジョン)などにより禁止されていたため、王にこれを遵守するよう「請願」したものが「権利請願(1628年)」です。

…と考える者が現れるようになります。

『権利請願』が失敗に終わった翌年（1629年）以降、国を棄(す)て、新天地アメリカに向かう「非分離派」の人たちが続出するようになります。(＊06)

この年だけでも400人、ピューリタン革命が起こったころまで数えれば、以降２万人もの人たちが、ぞくぞくとボストンやセイラム（B-2/3）に植民していきました。（D-2/3）(＊07)

しかし。

それでも、祖国を棄てることが忍びなく、断固として自分たちの信念を貫き通す道を選んだ者たちもいました。

彼らは、「議会派」（D-4）と呼ばれるようになり、やがてチャールズ１世をギロチン台に送る「清教徒(ピューリタン)革命」（D-5）を引き起こすことになるのですが…。

そこから先のお話は、また別の機会に。

1642.8/22 -
清教徒革命
それでもダメならブッ殺すっ！
俺たちはあくまで国教会を浄化する努力を！
大諫奏
1641.12/2

（＊06）この、非分離派ピューリタンたちがぞくぞくと国を棄て、アメリカに向かった動きのことを「ピューリタン・エクソダス（離国）」と言います。

（＊07）したがって、同じピューリタンが築いた町といっても、プリマスは「分離派」を中心とした街、ボストン・セイラムは「非分離派」を中心とした町ということになります。

Column ルター派とカルヴァン派

同じ新教（プロテスタント）といっても、「ルター派とカルヴァン派の違い」とは何でしょうか。

じつは、ほんの１ページでこれに答えるのはほとんど不可能です。

M（マルティン）．ルターは、ボヘミアのJ（ヤン）．フスの思想的影響を受け、J（ジャン）．カルヴァンは、そのルターから思想的影響を受けましたから、思想内容はうり二つだからです。

カトリック教会を公然と批判し、これに立ち向かった点も同じ。

聖書主義、信仰義認説、予定説、万人司祭説、職業召命観…などなど、その主張内容もほとんど同じ。

しかしながら、そのひとつひとつの主張が、ルター派は保守的・右寄り・日和（ひよ）り気味で、カルヴァン派は急進的・左寄りの傾向を示します。

たとえば、有名な予定説。

予定説とは、「救われるか救われないかは、信仰心があろうがなかろうが、善行を積もうが積むまいが、いっさい関係なく、神の御意志のみによって定められる」という考え方です。

じつは、ほとんどのキリスト神学者は、この予定説に気づいていましたが、これを認めてしまうと、教会やキリスト教という宗教そのものの存在意義がなくなってしまうため、ほとんどの神学者たちは、これを「気がつかなかったこと」にしていました。

ルターは「予定説」を唱えつつも、必死にこれを誤魔化（ごまか）そうとします。

しかし、カルヴァンはキリスト教史上初めて、堂々とこれを主張し、まったく曲げませんでした。

そして、こうしたカルヴァンの考え方こそが、やがて「資本主義の精神」を産み、「近世」の社会・経済を育んでいったのだ、と考えた社会学者が、あの有名なM（マックス）．ウェーバーです。

もし、彼の学説が正しいとすると、「カルヴァン」というたったひとりの人物がいなければ、「近世」が生まれていなかったことになります。

第1章 アメリカ13州の建設

第8幕

ピークォートの虐殺

ニューイングランド、4邦に分裂

「分離派」の後を追うように続々とやってきた「非分離派」たちは、先の「分離派」たちとともに、「ニューイングランド植民地」を建設する。基盤を得た彼らはいよいよインディアンの殺戮と収奪と駆逐を本格化させてゆく。女性・赤子・老人を問わず、村ごと虐殺されたピークォート族の惨劇はこのような中で起こった。

ピークォート戦争
絶滅作戦
ピークォート族
無抵抗の女子供を含む600人

〈ニューイングランド、4邦に分裂〉

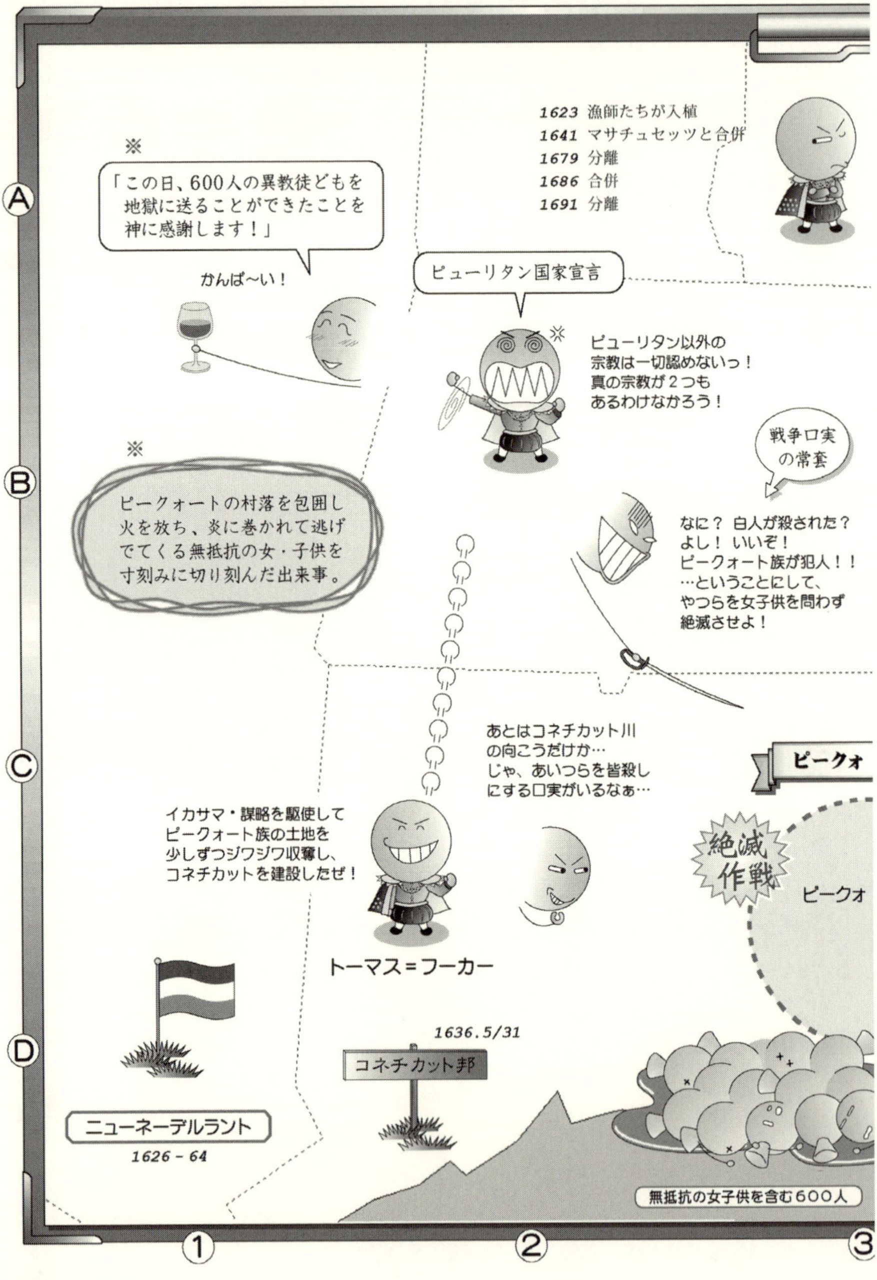
1623 漁師たちが入植
1641 マサチュセッツと合併
1679 分離
1686 合併
1691 分離
※
「この日、600人の異教徒どもを地獄に送ることができたことを神に感謝します！」
かんぱ〜い！
ピューリタン国家宣言
※
ピューリタン以外の宗教は一切認めないっ！真の宗教が２つもあるわけなかろう！
戦争口実の常套
※
ピークォートの村落を包囲し火を放ち、炎に巻かれて逃げでてくる無抵抗の女・子供を寸刻みに切り刻んだ出来事。
なに？ 白人が殺された？よし！ いいぞ！ピークォート族が犯人！！…ということにして、やつらを女子供を問わず絶滅させよ！
あとはコネチカット川の向こうだけか…じゃ、あいつらを皆殺しにする口実がいるなぁ…
ピークォ
イカサマ・謀略を駆使してピークォート族の土地を少しずつジワジワ収奪し、コネチカットを建設したぜ！
絶滅作戦
ピークォ
トーマス＝フーカー
1636.5/31
コネチカット邦
ニューネーデルラント
1626 - 64
無抵抗の女子供を含む600人
A
B
C
D
1
2
3

1630 年代

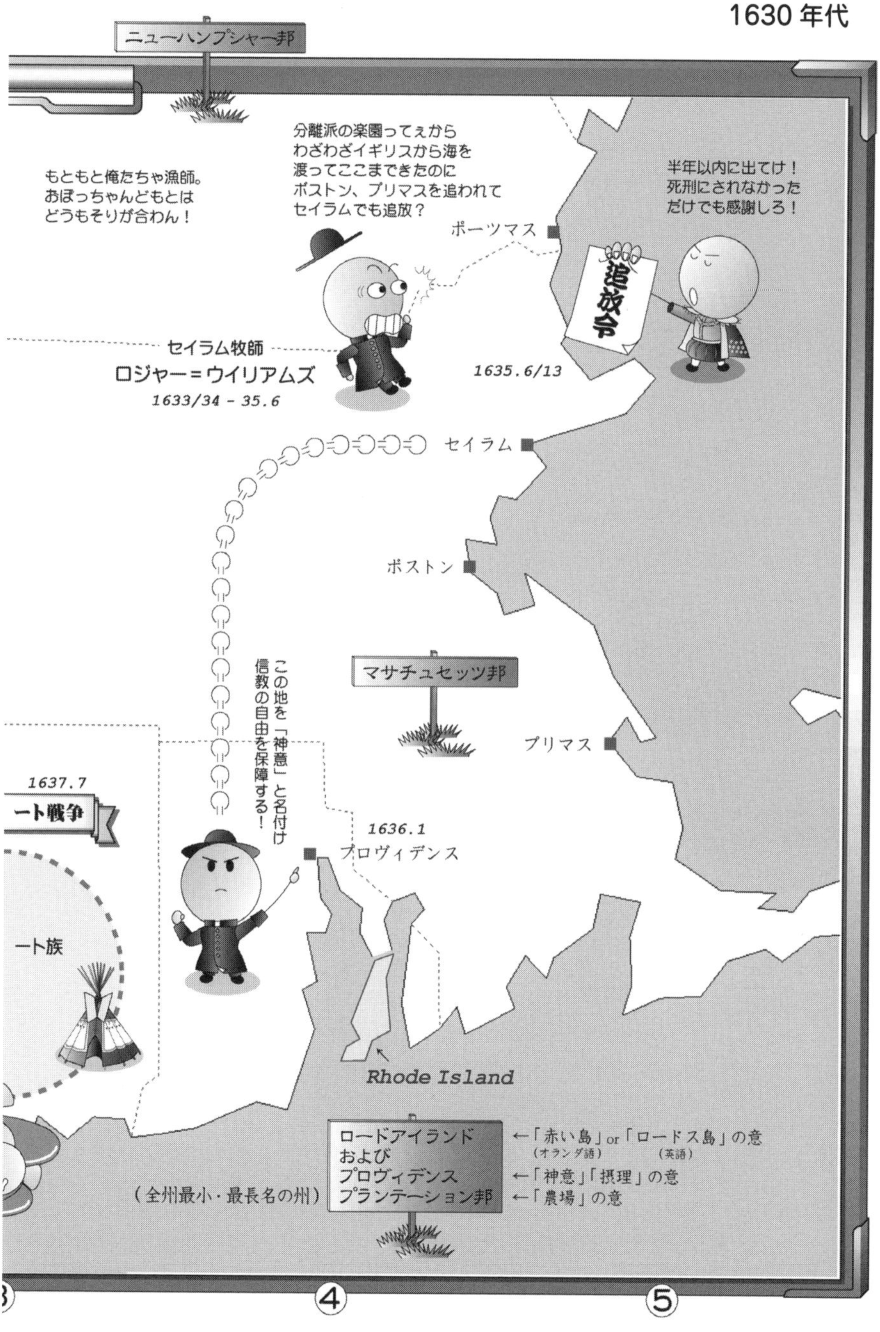
ニューハンプシャー邦
もともと俺たちゃ漁師。
おぼっちゃんどもとは
どうもそりが合わん！
分離派の楽園ってぇから
わざわざイギリスから海を
渡ってここまできたのに
ボストン、プリマスを追われて
セイラムでも追放？
半年以内に出てけ！
死刑にされなかった
だけでも感謝しろ！
ポーツマス
追放令
セイラム牧師
ロジャー＝ウイリアムズ
1633/34 - 35.6
1635.6/13
セイラム
ボストン
マサチュセッツ邦
プリマス
この地を「神意」と名付け
信教の自由を保障する！
1637.7
ート戦争
1636.1
プロヴィデンス
ート族
Rhode Island
ロードアイランド
および
プロヴィデンス
プランテーション邦
（全州最小・最長名の州）
←「赤い島」or「ロードス島」の意
（オランダ語）
（英語）
←「神意」「摂理」の意
←「農場」の意
3
4
5

さて、このようにして、現在のマサチュセッツ州の東海岸のあたりにピューリタンたちが大量に入植してきました。

やがてこの一帯を、「ニューイングランド植民地」と呼ぶようになります。

彼らは、宗教弾圧を受け、祖国（イギリス）を棄ててここにやってきた者たちです。

そんな、宗教弾圧を受ける者の苦しさ、ツラさを骨身に染みて理解している彼らがここに新しい国造りを始めたのですから、当然、「信教の自由」を高らかに謳（うた）った国家建設を目指すんだよね？

…と思いきや。

ただちに「ピューリタン国家宣言」を発しています。(A/B-2)

ピューリタン国家宣言
ピューリタン以外の
宗教は一切認めないっ！
真の宗教が２つも
あるわけなかろう！

「清教徒（ピューリタン）以外は一切認めない！

真に正しい宗教が２つもあるわけがなかろう！」(＊01) と。

つい先ほど、宗教弾圧されて、這々（ほうほう）の体でここに逃げてきたことはすっかりお忘れのようで。

(＊01)「正しいものはひとつ」「自分以外の他者はいっさい認めない！」という発想がいかにも「一神教」のキリスト教徒らしい。
そこに、多神教のおおらかさ、柔軟性、相手に対する理解、が微塵も見受けられない。
彼らには、「正しいものは相対的だったり、複数あったり、ひとつもなかったりする」という発想はありません。つねに「ひとつ」だと盲信します。

しかし、いつの時代も心ある者はおります。

先の「ピューリタン離国（エクソダス）」をした者の中に、ロジャー＝ウィリアムズ（A-4）という牧師がいたのですが、彼はこう主張します。

「そもそも我々は、宗教迫害を受けてここに逃げてきた者ではないか。

そんな我々が宗教迫害をするなどもっての外！

政教は厳に分離させるべきである！」

至極ごもっとも。まったくの正論。

ただ、「正論だからまかり通る」とも限らないのが世の常。

「水清ければ魚棲（す）まず」と申します。

彼もまた、正論を主張したゆえに、皆から疎（うと）まれてプリマスを追われ、憎まれてボストンも追放され、最後にセイラムに逃げてまいりましたが、ここでも追放令を科されてしまいます。（A-5）

分離派の楽園ってぇから
わざわざイギリスから海を
渡ってここまできたのに
ボストン、プリマスを追われて
セイラムでも追放？
半年以内に出てけ！
死刑にされなかった
だけでも感謝しろ！
追放令
1635.6/13
セイラム牧師
ロジャー＝ウイリアムズ
セイラム

当時、ニューイングランドの入植地は、プリマス・ボストン・セイラムの３つだけ。

この３つすべてから追放されてしまいますと、もはや行く当てがありません。

彼は、雪の吹きすさぶ中、セイラムから南へ南へと歩いていき、やがて海岸に辿りつきます。

彼はそこに落ち着くことを決め、「神の御意志によって辿りついた地」という意味で「プロヴィデンス（神意）」と名づけました。（C-4）

これこそが、現在のロードアイランド州（D-4）の元となります。（＊02）

ところが、そのちょうど同じ年（1636年）、コネチカット川右岸（C/D-2）のあたりにも、同じく宗教的見解の対立から南下してきたトーマス＝フーカーらが、イカサマ・謀略を駆使して、このあたりのインディアン（ピークォート族）の土地を掠(かす)め取り、「コネチカット植民地」を建設したことで、ピークォート族が危機に陥ります。

あとはコネチカット川
の向こうだけか…
じゃ、あいつらを皆殺し
にする口実がいるなぁ…

トーマス＝フーカー

地図をご覧いただきますとおわかりになりますように、ピークォート族（C/D-3）は、東はロードアイランド、北はマサチュセッツ、西はコネチカットに完全に包囲される形になってしまったからです。

白人がこの態勢(チャンス)を見逃すはずもありません。

まずは、彼ら(ピークォート)を亡ぼすための口実探しですが、これはカンタンでした。

どこにでもコロがっているありふれた殺人事件をひとつ引っぱり出してきて、「犯人はピークォート族だ！」と決めつければいいだけでした。

もちろん、証拠などまったくありません。

（＊02）ちなみに、この「ロードアイランド州」は、アメリカ合衆国の現50州の中で、もっとも小さい州で、もっとも名前が長い州です。
「ロードアイランド州」というのは通称で、正式名称は、「ロードアイランドおよびプロヴィデンス・プランテーション州」と言います。（D-4）
ロードアイランドの名前の由来はよくわかっていません。（D-5）

あるはずもありません。

なにせ、その殺人事件の犯人は白人だったのですから。

しかし、「真実」がどうであるか、そんなことは白人にとってどうでもいいことでした。

そもそもが、単なるチンピラまがいの「インネン」なのですから。

こうして、白人はピークォート族を族滅（ジェノサイド）する「正当性」を得ました。(＊03)

これで堂々と、インディアンを皆殺しにできます。

彼らは、闇夜にまぎれて、ピークォートの村を包囲するや、四方から一斉に火を放ちます。

炎に巻かれて逃げまどう村人を見つけては、これをことごとく惨（ざん）殺していきました。

これにより、ピークォート族は一夜にして潰（かい）滅してしまいます。

これを、アメリカ人は「ピークォート戦争（War）」と呼んでいますが、しかし、事実はとても「戦争」と呼べるようなシロモノではありません。

炎に巻かれて逃げま

ピークォート戦争
絶滅作戦
ピークォート族
無抵抗の女子供を含む６００人

（＊03）「たかが小さな殺人事件（しかも濡れ衣）が、民族絶滅の正当性になるかっ！」とツッコみたくなるでしょうが、有色人種を人間扱いしない彼ら白人にとっては「なる」と考えます。

どう村人のほとんどは、まったく無抵抗の女性・子供・老人であり、しかも、それを「ただ殺す」のではない、「寸刻みに切り刻んで惨殺」したのですから。

これは単に、一方的な「虐(ぎゃく)殺」「殺戮(りく)」「鏖(おう)殺」「なぶり殺し」であり、「ピークォート大虐殺事件」と呼ぶべきものです。

これこそが、アジア人にはない、白人特有の概念「民族絶滅作戦(ジェノサイド)」。

もはや、殺戮そのものを楽しんでいるとしか思えません。[(*04)]

作戦成功の報を聞いたピューリタンたちは、その日、祝杯をあげています。

「600人の異教徒(インディアン)どもを地獄に送ることができたことを神に感謝いたします。

乾杯！！」(A-1)[(*05)]

「この日、600人の異教徒どもを地獄に送ることができたことを神に感謝します！」
かんぱ〜い！

こうして、ピークォート族の土地は、ことごとく「コネチカット」に併呑されることになりました。

(*04) これだけの残虐行為になんら痛痒も感じないのは、彼ら白人がもともと「狩猟民族」だったことに起因するのかもしれません。彼らにとって、「人間を捕らえ、寸刻みに惨殺」するのも、「動物を狩り、それを屠殺・解体」するのも同等だったのでしょう。

(*05)「地獄に堕ちるのはどっちだ！」とツッコみたい衝動に駆られるのは、おそらく筆者だけではないでしょう。

最後に。

プリマス植民者たちのインディアン殺戮が軌道に乗りはじめたころ、ポーツマス（A-5）のあたりに漁師たちが植民するようになりました。

彼らは初め、マサチュセッツといっしょにやっていこうとしましたが、如何せん、彼らは漁師、マサチュセッツの植民者は商工業者。

価値観・行動規範がまったく違うため、うまくいかず、合併と分離を繰り返しましたが、結局は分離の道を選ぶことになります。（A-2/3）

これが現在の「ニューハンプシャー州」になります。

1623 漁師たちが入植
1641 マサチュセッツと合併
1679 分離
1686 合併
1691 分離

もともと俺たちゃ漁師。
おぼっちゃんどもとは
どうもそりが合わん！

こうして、ニューイングランドは、本体のマサチュセッツから、ロードアイランド、コネチカット、ニューハンプシャーが分離し、４邦に分裂することになったのです。

第1章　アメリカ13州の建設
第2章　アメリカ独立革命前夜
第3章　アメリカ独立革命
第4章　合衆国憲法の成立

Column 開戦合図の「リメンバー」

本文でも触れましたように、アメリカ人は、ピークォート族を駆逐しようと決意したとき、「殺人事件」という小さな事件を口実として、「民族絶滅作戦（ジェノサイド）」を仕掛けてきました。

このアメリカの「本性」は現在まで、まったく変わっていません。

19世紀末、アメリカがスペインとの戦争を欲していたとき、たまたま米艦メイン号が爆沈する事件が起こりました。

すると、ピークォート大虐殺のときと同じく、何の証拠もなく、

「明らかにスペインの陰謀である！」と決めつけ、

「リメンバー・メイン！（メイン号の悲劇を忘れるな！）」

…と国民を煽動（せんどう）し、米西戦争を仕掛けています。

あとで、メイン号事件は「単なる事故」だと判明しましたが。

こうして、アメリカは、つねに自国を「正義」と位置づけるために、敵対する国を「悪の帝国」「破落戸（ならずもの）国家」と呼んでプロパガンダを張り、証拠なき事件の黒幕を敵国と決めつけたり（メイン号事件など）、事件が起こるように演出したり（真珠湾事件など）、まったく存在しない事件を捏造（ねつぞう）したり（トンキン湾事件など）して、戦争を仕掛けてきます。

「どっちが破落戸（ならずもの）国家だよ！？」とツッコみたくなりますが、そのときのスローガンが「何とかのひとつ覚え」のように、いつもいつも「リメンバー某（なにがし）」です。

メキシコ戦争では、「リメンバー・アラモ！」

第一次世界大戦では、「リメンバー・ルシタニア！」

太平洋戦争では、「リメンバー・パールハーバー！」

ベトナム戦争では、「リメンバー・トンキン！」

イラク戦争では、「リメンバー・911！」

将来アメリカが「悪の帝国」「破落戸（ならずもの）国家」「リメンバー某（なにがし）」と叫びはじめたら、これらの「アメリカの過去」を思い起こすだけで、「ああ、またアメリカが陰謀を巡らせているな」と理解できるようになります。

第1章 アメリカ13州の建設

第9幕

オランダ商人が“買った”土地

ニューネーデルラントの建設

北ではニューイングランド植民地が建設されはじめ、南ではオペチャンカナウの蜂起が起こっていたころ、そのちょうど真ん中あたりのニューヨークに、オランダ商人たちが目をつけていた。彼らは、25ドル程度のガラス玉でインディアンから同地を騙し取り、「ニューネーデルラント植民地」をつくり勢力を拡大していく。

このマンハッタン島を
この美しい宝石と交換
してくれないか？
そこに住みたいんですか？
いいですよ！
土地はみんなのもの、
誰のものでもないんですから。
それは友好の証ですか？
$25程度のガラス玉

〈ニューネーデルラントの建設〉

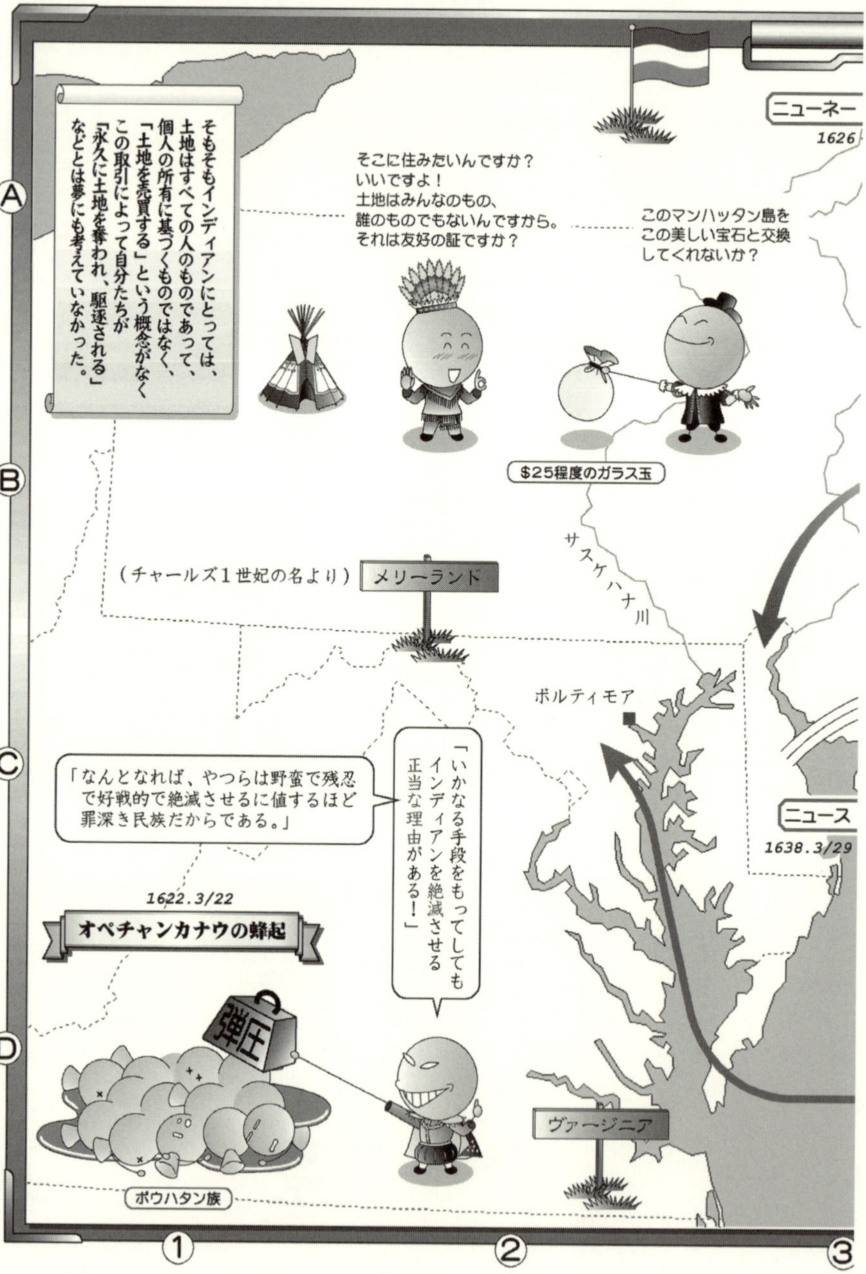

ニューネー
1626
そもそもインディアンにとっては、
土地はすべての人のものであって、
個人の所有に基づくものではなく、
「土地を売買する」という概念がなく
この取引によって自分たちが
「永久に土地を奪われ、駆逐される」
などとは夢にも考えていなかった。
そこに住みたいんですか？
いいですよ！
土地はみんなのもの、
誰のものでもないんですから。
それは友好の証ですか？
このマンハッタン島を
この美しい宝石と交換
してくれないか？
$25程度のガラス玉
（チャールズ1世妃の名より）
メリーランド
サスケハナ川
ボルティモア
ニュース
1638.3/29
「なんとなれば、やつらは野蛮で残忍で好戦的で絶滅させるに値するほど罪深き民族だからである。」
「いかなる手段をもってしても
インディアンを絶滅させる
正当な理由がある！」
1622.3/22
オペチャンカナウの蜂起
弾圧
ヴァージニア
ポウハタン族
A
B
C
D
①
②
③

1620 ～ 30 年代

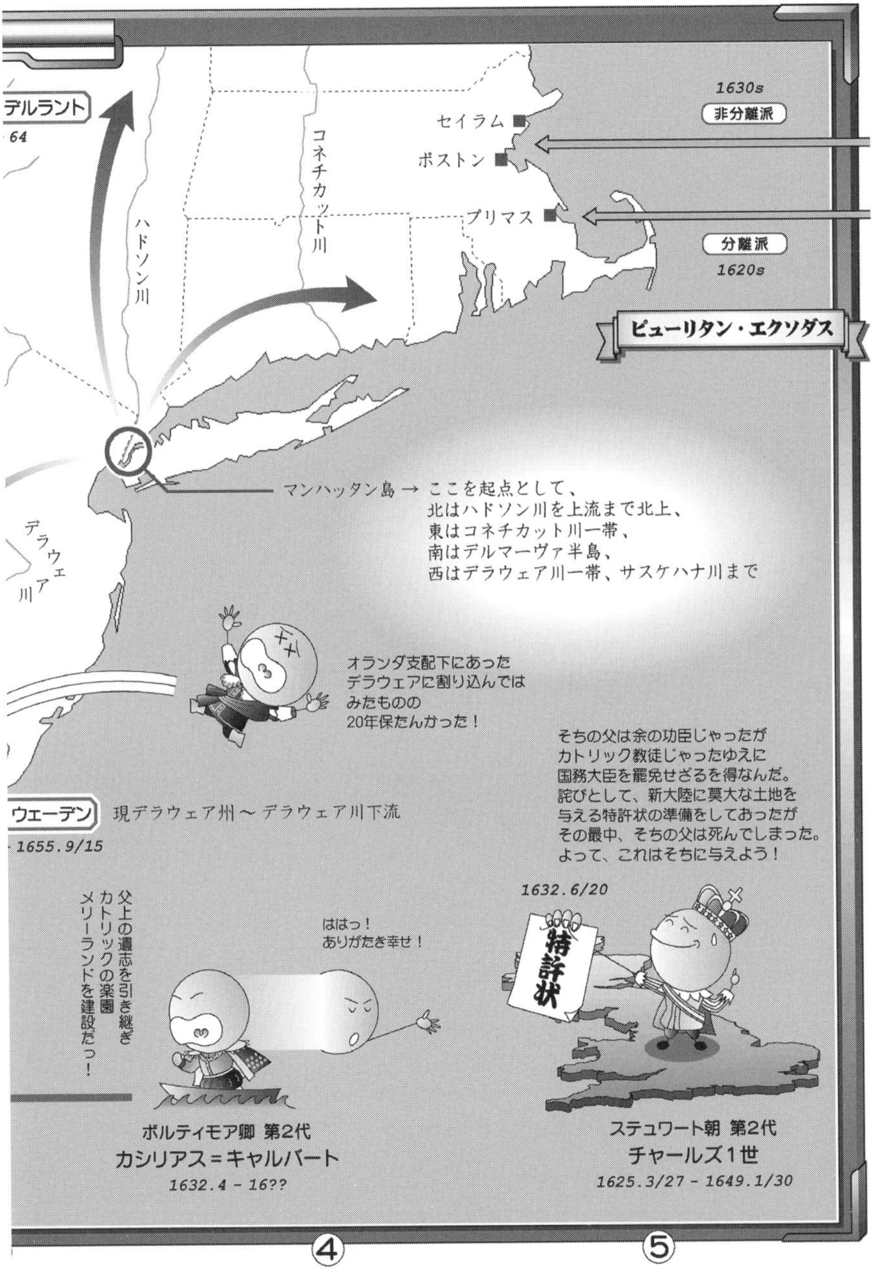
デルラント
64
コネチカット川
セイラム
ボストン
プリマス
ハドソン川
1630s
非分離派
分離派
1620s
ピューリタン・エクソダス
マンハッタン島 → ここを起点として、
北はハドソン川を上流まで北上、
東はコネチカット川一帯、
南はデルマーヴァ半島、
西はデラウェア川一帯、サスケハナ川まで
デラウェア川
オランダ支配下にあった
デラウェアに割り込んではみたものの
20年保たんかった！
そちの父は余の功臣じゃったが
カトリック教徒じゃったゆえに
国務大臣を罷免せざるを得なんだ。
詫びとして、新大陸に莫大な土地を
与える特許状の準備をしておったが
その最中、そちの父は死んでしまった。
よって、これはそちに与えよう！
ウェーデン
現デラウェア州 ～ デラウェア川下流
- 1655.9/15
父上の遺志を引き継ぎ
カトリックの楽園
メリーランドを建設だっ！
ははっ！
ありがたき幸せ！
1632.6/20
特許状
ボルティモア卿 第2代
カシリアス＝キャルバート
1632.4 - 16??
ステュワート朝 第2代
チャールズ１世
1625.3/27 - 1649.1/30
④
⑤

さて、プリマス植民が一時壊滅の危機にあり、インディアンの全面的支援で全滅を免(まぬが)れることができたのが1621年でした。

その年の秋には、インディアンを招いての「感謝祭」まで催されましたが、「喉元(のど)すぎれば」なんとやら、翌1622年には、インディアン殺戮(りく)を開始したことはすでに述べました。

じつは、まさにその年、もうひとつの植民活動の中心「ヴァージニア」の方でも白人とインディアンの大きな衝突が起こっていました。

それが「オペチャンカナウ(＊01)の蜂起」(D-1)です。

積年の恨(うら)み辛(つら)みがとうとう爆発し、一斉蜂起したのでした。

しかし、この蜂起は中途半端なものに終わります。

347人の白人を殺したものの、残りの白人は難を逃れることに成功します。

なぜ襲撃が失敗したのか。

じつは、同じインディアンの中に、白人に通ずる者がいて、その者たち(＊02)が、逐一(ちくいち)、情報を漏らしていたからでした。

これにより、この襲撃は、単に白人たちの怒りを買うだけに終わってしまいます。

「いかなる手段をもってしてもインディアンを絶滅させる正当な理由がある！」

ひとつの民族を「絶滅させる」のに、どんな「正当な理由」があるのか。

彼らは堂々とその理由を明示します。

「なんとなれば、やつらは野蛮で残忍で好戦的で、絶滅させるに値する罪深き民族だからである！」(C/D-1/2)

ふぅむ…。

(＊01) 本章 第4幕 に登場したポウハタン族のワフンセナカウの息子。若いころ、ジョン＝スミスに誘拐されたことがありました。蜂起時は、父の跡を継いで、ポウハタン族の酋長。

(＊02) いわゆる広い意味での「ライスクリスチャン」。
アフリカでもアジアでも、彼らが白人の手先となって働き、自民族を亡ぼしていきました。
まさに「売国奴」ですが、当の本人にはその自覚はありません。

「なんとなれば、やつらは野蛮で残忍で好戦的で絶滅させるに値するほど罪深き民族だからである」
「いかなる手段をもってしてもインディアンを絶滅させる正当な理由がある！」
1622.3/22
オペチャンカナウの蜂起
弾圧
ヴァージニア
ポウハタン族

「開いた口が塞（ふさ）がらない」とはこのことか。
　短い言葉の中に、ツッコミどころ満載です。
「野蛮で残忍で好戦的」なのはどっちか。
　それをもって、「絶滅させるに値する罪深さ」というのなら、この地球上から絶滅されるべき民族はどちらなのか。
　インディアンはつねに「友好的」でありつづけました。
　それをここまで追い詰めておいて、いざ蜂起したら、自分たちの今までしでかしたことには見向きもせず、蜂起を徹底的に糾弾する。
　じつは、これこそが、植民時代より現在に至るまでのアメリカの伝統。(＊03)

(＊03) 詳しくは、本幕コラムを参照のこと。

閑話休題(ところで)。

かように、ヴァージニアやニューイングランドで、盛んにインディアン殺戮作戦が行われていたちょうどそのころ(1626年)、その真ん中あたり(大西洋岸中部(＊04))には、オランダ商人たちがやってきていました。

彼らは、マンハッタン島を指さし、当地のインディアンと交渉を始めます。

「あの島をこの宝石で売ってほしい」(A/B-2)

しかし、当時、インディアンたちには「土地を売買する」という発想がありませんでしたので、白人の言っている意味が理解できませんでした。(＊05)

「土地を売ってほしい？　どういうこと???」

「だ～か～ら～！

この土地を売ってほしいわけ。わかんない？

要するに、この島を俺たちに自由に使わせてほしいの！」

インディアンにとって、土地は誰のものでもありませんから、誰も使ってい

そこに住みたいんですか？
いいですよ！
土地はみんなのもの、
誰のものでもないんですから。
それは友好の証ですか？
このマンハッタン島を
この美しい宝石と交換
してくれないか？
$25程度のガラス玉

(＊04) 南北に細長い北米東海岸を大きく3つに分けて考える場合、北部を「ニューイングランド」地方、中部を「大西洋岸中部」地方、南部を「大西洋岸南部」地方と呼びます。

(＊05) インディアンにとって、土地は誰のものでもなく、ましてや売買するものではありませんでした。(A-1)　我々の感覚で近いものを譬えるなら、「空気」です。
突然、我々の前に現れた異邦人に、「空気を売ってくれ！」と言われたようなものです。

ない土地なら、自分たちに許可を得ずとも、自由に使えばいい。

わざわざ自分たちに許可を取りに来ること自体がインディアンたちには理解できません。

「土地を使いたい？　ならば、我々に許可を得ずとも勝手に使えばよい」

「売ってもらえる！？　ダンキュ（ありがと）、ダンキュ（ありがと）。

これは代金の宝石だ。どうか受け取ってくれ」

そうして手渡された“宝石”もインディアンたちは「土地の売買代金」とは認識せず、「友好の証（引越の粗品）」程度にしか思っていませんでした。

まさか、こんな「粗品」ごときで、永久かつ排他的に土地を占有され、ましてや、そこを拠点に自分たちが駆逐（くちく）されていく、などとは夢にも。(＊06)

拠点を手に入れたオランダは、ここを「ニューネーデルラント」（A-3）とし、まさに東西南北に拡大していきます。

少し遅れて（1638年）、スウェーデンがデルマーヴァ半島（C-3）(＊07)の北東部に入植し、「ニュースウェーデン」を築いていましたが、ほどなくこのオランダに駆逐され（B/C-4）、東はコネチカット川周辺（A-4）、北はハドソン川周辺（A-3/4）、西はサスケハナ川周辺（B-2/3）、南はデルマーヴァ半島北東部（B-3）のあたりまで勢力を伸ばしていきます。(＊08)

ちなみに、ちょうどこのころ、ニューネーデルラントとヴァージニアの間に、チャールズ１世（D-5）から特許状を得たボルティモア卿（D-4）が、“カトリックの楽園”を築くべく、「メリーランド」（B/C-2）を建設しています。

州の名前は、チャールズ１世のお妃様に、州都の名前（ボルティモア）は彼の家名に因（ちな）んでいます。

（＊06）しかも、受け取った「宝石」が本当に価値の高いものならまだしも、じつは宝石を模した安物の「ガラス玉」（25＄相当）でした。本当に、どこまで汚いのか。

（＊07）現デラウエア州にほぼ一致します。

（＊08）現在の州で言うと、ニューヨーク州を中心として、東はコネチカット州、西はペンシルヴァニア州東部、南はニュージャージー州・デラウエア州のあたりです。

Column 歴史は繰り返す

オペチャンカナウ蜂起は、なぜ起こったのか。

皆まで言わずとも、もうおわかりでしょう。

いじめられて、いじめられて、いじめ抜かれて、何もかも身ぐるみ剝(は)ぎ取られ、吸い尽くされ、どんなに抗議してもせせら笑われるのみ。

そんなオペチャンカナウらの怒りがついに爆発し、自分たちがやられたことの十分の一、百分の一をやり返しただけ。

それこそが「オペチャンカナウ蜂起」です。

ところが、ここぞとばかり、「この残忍な野蛮人どもめ！」「見ろ！　この罪もなく殺された人々を！」と喧伝し、「ヤツらを滅ぼす正当性を得た！」と、その千倍万倍の殺戮(りく)行為を「報復」として仕掛けてくる。

こうしたアメリカのやり口は、現在に至るまで何ら変わっていません。

これを繰り返しながら、アメリカは大国になってきたのですから。

9·11などは、まさに「オペチャンカナウ蜂起」の再現です。

アメリカはただちに「アメリカは被害者！」「イスラームはおそろしいテロ集団！」というキャンペーンを張ります。

「そもそもなぜイスラームがそうしなければならなかったのか」

「そこまでイスラームを追い詰めたのは誰か」

…という、もっとも重要で根本的原因にはそっとフタをして。

すると、多くの人々がそれをマに受け、「イスラームはなんてひどいことをする連中なんだ！」「おそろしい宗教だ！」と思い込まされます。

歴史は繰り返す。

歴史を学べば、アメリカが建国以来、同じ手を使って、繰り返し繰り返し、「オペチャンカナウ蜂起」を鎮圧していることがわかります。

それでは、他にどんな「オペチャンカナウの蜂起」が繰り返されてきたのか、そして、アメリカ合衆国がそれをどう「喧伝」し、どう「鎮圧」してきたのか。これらを知ることは、我々日本人にとっても、たいへん重要な意味を持ちます。

第1章 アメリカ13州の建設

第10幕

借金返済がために

ニューヨーク植民地の建設

破産寸前に陥っていたヨーク公ジェームズ（英王実弟）は、「ニューネーデルラント植民地」を奪うことで、これを財源に充てようと試みた。これが国益とも合致し、「第２次英蘭戦争」へと発展していく。こうしてオランダから奪い取った地に「ニューヨーク」「ニュージャージー」「ペンシルヴァニア」が生まれる。

1664.8/27
ニューヨーク
ニューネーデルラント

〈ニューヨーク植民地の建設〉

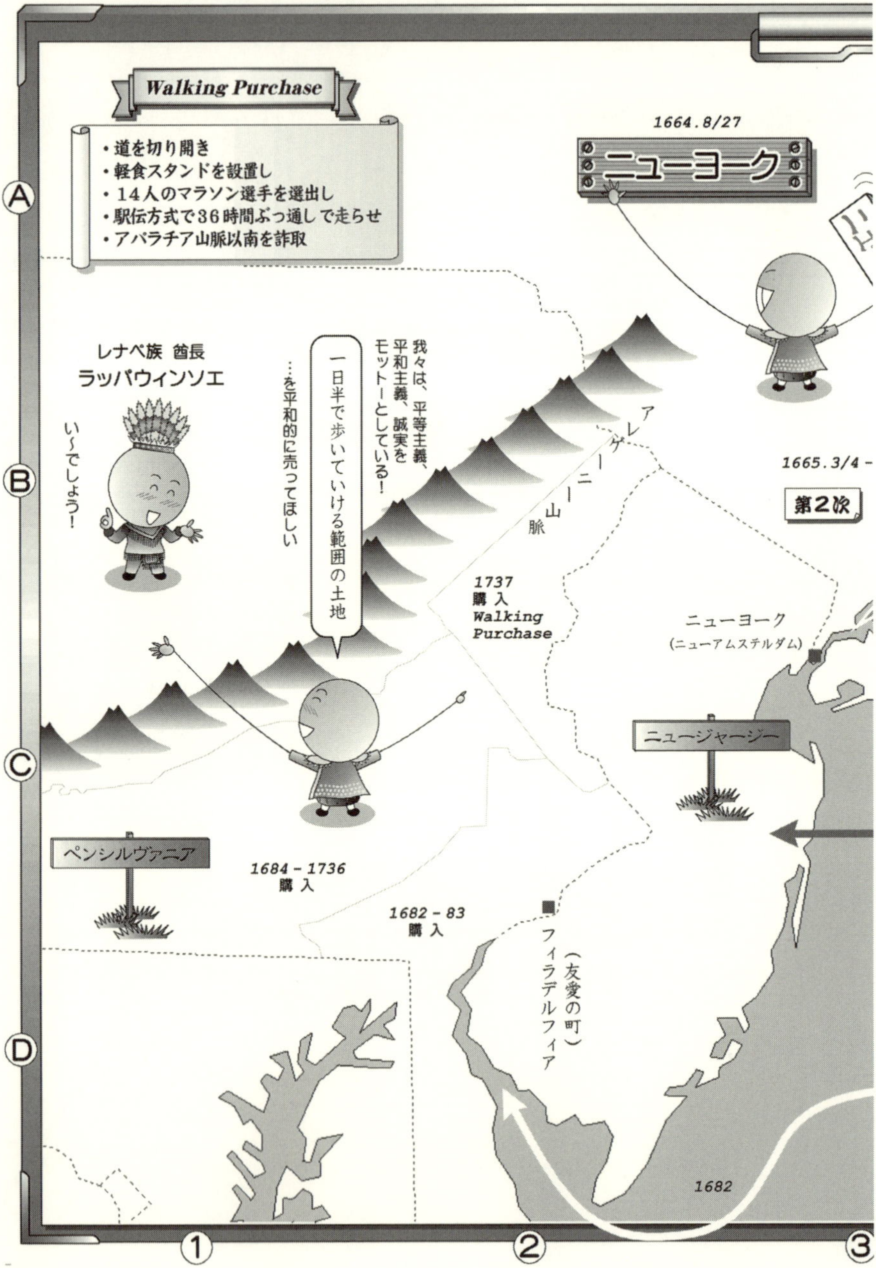

Walking Purchase
・道を切り開き
・軽食スタンドを設置し
・14人のマラソン選手を選出し
・駅伝方式で36時間ぶっ通しで走らせ
・アパラチア山脈以南を詐取
レナペ族 酋長
ラッパウィンソエ
い～でしょう！
…を平和的に売ってほしい
一日半で歩いていける範囲の土地
我々は、平等主義、平和主義、誠実をモットーとしている！
1664.8/27
ニューヨーク
アレゲーニー山脈
1665.3/4 -
第2次
1737
購入
Walking Purchase
ニューヨーク
(ニューアムステルダム)
ニュージャージー
ペンシルヴァニア
1684 - 1736
購入
1682 - 83
購入
フィラデルフィア
(友愛の町)
1682
A
B
C
D
1
2
3

17世紀後半

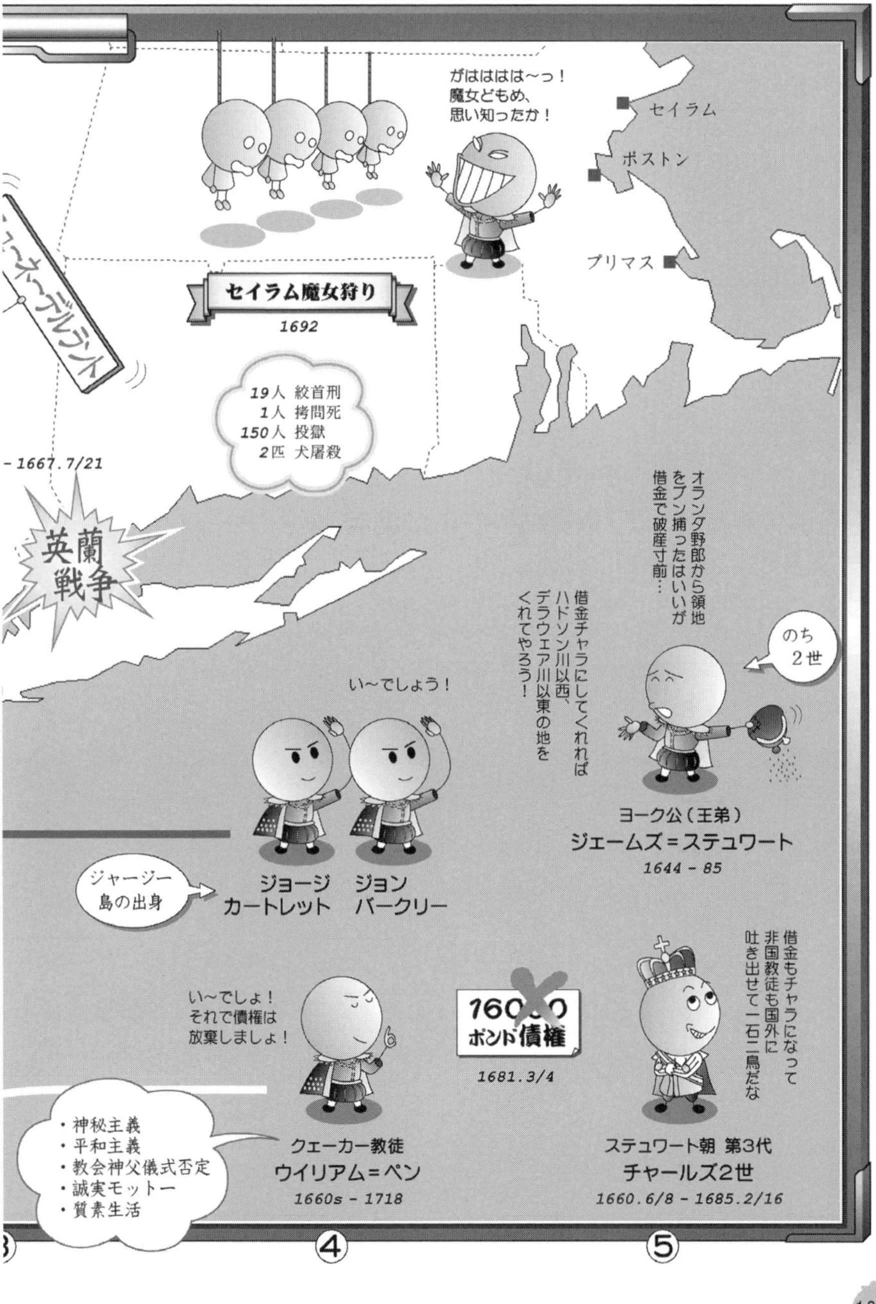

がはははは～っ！
魔女どもめ、
思い知ったか！
セイラム
ボストン
プリマス
セイラム魔女狩り
1692
19人 絞首刑
1人 拷問死
150人 投獄
2匹 犬屠殺
– 1667.7/21
英蘭戦争
オランダ野郎から領地をブン捕ったはいいが借金で破産寸前…
借金チャラにしてくれればハドソン川以西、デラウェア川以東の地をくれてやろう！
のち2世
い～でしょう！
ヨーク公（王弟）
ジェームズ＝ステュワート
1644 - 85
ジャージー島の出身
ジョージ
カートレット
ジョン
バークリー
借金もチャラになって非国教徒も国外に吐き出せて一石二鳥だな
い～でしょ！
それで債権は
放棄しましょ！
16000
ポンド債権
1681.3/4
・神秘主義
・平和主義
・教会神父儀式否定
・誠実モットー
・質素生活
クエーカー教徒
ウイリアム＝ペン
1660s - 1718
ステュワート朝 第3代
チャールズ2世
1660.6/8 - 1685.2/16
④
⑤

こうして、1630年代以降、北米東海岸は、大きく北部・中部・南部に分かれていきました。

- 北部（プリマス系）　　　　　　：イギリス植民圏
- 中部（ニューネーデルラント）：オランダ植民圏
- 南部（ヴァージニア系）　　　　：イギリス植民圏

この勢力図は、しばらくは小康を保っていましたが、そんな折も折、イギリス本国では、ヨーク公ジェームズ（C-5）(＊01)が、破産寸前に追い込まれていました。

そこで、ヨーク公ジェームズは、債権者のカートレットとバークリー（C-4）の2人を呼びつけ、こう提案します。

「借金返済のことだが、ハッキリ言って、返済のメドはまったく立たぬ。
そこでどうだろう？　北米のハドソン川・デラウエア川間の土地をくれてやるから、それでチャラにしてもらえないだろうか？」

この提案はなんとか了解を得たものの、問題がひとつ。

前幕でもご説明いたしましたように、そもそもその地は「ニューネーデルラント」のものであって、ヨーク公のものではなかった、ということ。(＊02)

い～でしょう！
借金チャラにしてくれればハドソン川以西、デラウエア川以東の地をくれてやろう！
のち2世
ジョージ
カートレット
ジョン
バークリー
ヨーク公（王弟）
ジェームズ＝ステュワート

（＊01）当時の国王チャールズ2世（1660～85）の弟で、のちのジェームズ2世（1685～88）。

（＊02）「他人の土地を勝手に取引材料にする」というのは、白人社会ではよくあることでした。

そこでさっそく、ヨーク公は、3隻のフリゲート艦を率いてニューアムステルダム(B/C-3)(＊03)を急襲します。

つまり、本(もと)を糺(ただ)せば、「ヨーク公の個人的な借金返済のために始まった戦争」とも言えましたが、そもそもイギリスにしてみれば、南北2つのイギリス植民地(＊04)の間に、ドンと敵国(オランダ)の植民地が居座っているのが気に入らなかったので、今回の軍事行動はイギリスの国策とも合致しました。

ニューネーデルラントは、ほとんど抵抗らしい抵抗もないまま「住民の生命・財産・自由の保証」を条件に、降伏します。(＊05)

1664.8/27
ニューヨーク
ニューネーデルラント

ただちに「ニューネーデルラント」および「ニューアムステルダム」は、「新しいヨーク公の町」という意味で「ニューヨーク」に改められます。(A-2/3)

さらに、これがキッカケとなって、第2次英蘭戦争(B-3)(＊06)に突入して

(＊03) 当時、マンハッタン島に置かれていた市。戦後、「ニューヨーク」と改名されます。

(＊04)「ニューイングランド植民地」と「ヴァージニア植民地」のこと。

(＊05) 当時のニューネーデルラントは国内問題が山積していて、とても戦えるような状態にありませんでした。

(＊06) 第1次(1652～54年)、第2次(1665～67年)、第3次(1672～74年)。

いくことになりますが、その後の展開については、また別の機会に。

こうして「ニューヨーク」を手に入れたヨーク公は、約束どおり、ハドソン川以西をカートレットらに譲り、カートレットがジャージー島出身だったところから、この地は「ニュージャージー」(C-2/3)と呼ばれるようになります。

さて。

このうまい借金返済方法を見ていた国王チャールズ2世(D-5)も弟(ジェームズ)(C-5)に倣(なら)い、債権者ウィリアム＝ペン(D-4)を呼びつけます。

借金もチャラになって非国教徒も国外に吐き出せて一石二鳥だな
16000ポンド債権
1681.3/4
い〜でしょ！それで債権は放棄しましょ！
クェーカー教徒
ウイリアム＝ペン
ステュワート朝 第3代
チャールズ2世

「そちから借りておる16000ポンド(＊07)じゃが、どうも返せそうにもない。
そこで提案じゃが、そちにはニュージャージーより西の地を与えよう。
これで借金をチャラにしてもらえぬだろうか。
そちはクェーカー教徒じゃ。ここは何かと住みにくかろう？
どうじゃ、あっちで“クェーカーの楽園”を創ることもできるぞ？」(＊08)

(＊07) 試算によって大きく変動がありますが、たとえば、当時の労働者の年収が4ポンドでしたから、現在の貨幣価値に換算すると、160億円ほどでしょうか。

(＊08) 当時のイギリスは「カトリック政策」を推進し、信仰宗派で、教会・牧師・儀式の存在を認めないクェーカーを抑圧していたので、この提案は借金弁済と同時に、体のよい「クェーカー教徒の国外追放」という意味合いもありました。

ウィリアム＝ペンは、この提案を受け容れると、さっそく、デラウエア川を遡(そ)上し、「クェーカーの楽園」を創るべく、町を建設しはじめます。

ちなみに、「クェーカー」というのは、ちょうどこのころ生まれたばかりで、「神は教会・聖職者・儀式を介せず、すべての人の前に直接降臨なされる（神秘主義思想）」と説く新宗派。

儀式の最中、彼らがぷるぷると震えたため、それを見た外部の者たちがこれを奇異(きい)に思い、「震える者(クェーカー)」と呼ぶようになります。

極端な平等主義(＊09)、平和主義(＊10)で、質素な生活を送り、誠実をモットーとします。

そんな彼らが、ここに「クェーカーの楽園」を創ろうというのです。

町は、「争いごとのない、平等で、平和な、誠実をモットーとした友愛の町」にしたいと「フィラデルフィア(＊11)」と名付けられ、そして、このあたり一帯は深い森林地帯(シルヴァニア)だったので、「ペンシルヴァニア」と名付けられます。

さて。

そんな彼らが、これからどうやって領地を広げていくのでしょうか。

もちろん、平和を愛し、誠実をモットーとする彼らですもの、他の植民者たちのように、インディアンの殺戮(りく)、虐(ぎゃく)殺、殲滅(せんめつ)を繰り返す…なんてことはしません。

彼らはインディアンに対しても、「話し合いで」「平和的に」土地を購入(パーチェス)していきます。（C-1/2）

もちろん、先ほども申しましたとおり、インディアンには「土地の売買」という観念はありませんので、クェーカー教徒が「購入(パーチェス)したつもり」でも、インディ

（＊09）たとえば、古い英語にさかのぼれば「you」にはもともと「貴殿」という敬称の意味が込められていました。ところが、「これでは平等とは言えない」と、敬称の意味のない「thou（汝）」を古語から引っぱり出してきて、信者にわざわざこれを使わせるほどでした。

（＊10）アメリカの兵役拒否者、反戦運動家、非暴力運動家は、クェーカーであることが多い。

（＊11）ギリシア語で、フィロス＝愛、アデルフォス＝兄弟、ア＝都市名につく接尾辞。

アンは「売ったつもりはない」という齟齬(そご)はありましたが。

それにしても、「命を助けられた恩も顧(かえり)みず、問答無用で殺戮と虐殺の限りを尽くす」ということがない分、他の植民地よりはずいぶん「平和的」だったことは確かでしょう。

しかし！！

そこはそのほれ、所詮は「肌の色で人種差別をする」という価値観が何よりも優先する白人ですから、どんなにキレイゴトで言い繕(つくろ)ってみても、すぐにボロが出ます。

「また少し土地を売ってほしいんだが」

—— え〜？ またですかぁ？ これ以上はちょっと…（難色）

「いやいや、心配めされるな。今度はたいした広さじゃないんだ。

今回は、人が一日半歩いて行ける範囲の土地でいいから！」

先にも触れましたように、このあたりは奥深い森林地帯(シルヴァニア)です。

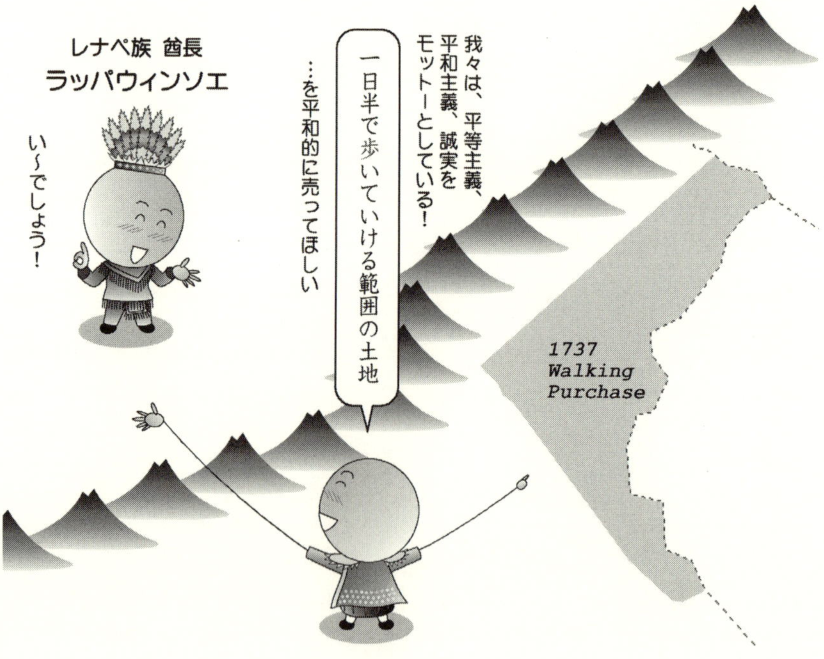

我々は、平等主義、平和主義、誠実をモットーとしている！
一日半で歩いていける範囲の土地
…を平和的に売ってほしい
レナペ族 酋長
ラッパウィンソエ
い〜でしょう！
1737
Walking
Purchase

　そんな森の中を人が歩いていける距離など、たかが知れています。
――あ、なんだ、たったそれだけ？　それならまぁ…。
　ところが。
　彼らは、森林を切り拓かせ、まっすぐな整地された道を造成し、一定距離ごとに飲食スタンドを設け、14人もの韋駄天(＊12)をかき集め、彼らにリレーさせるという駅伝方式で、36時間、休まずブッ通しで走らせます。
　こうして、膨大な土地（左ページ参照）をゴッソリ奪うや、
「さあ、約束どおり、“人が1日半歩いて”得た土地だ。
　本日ただいまより、この土地は我々のものだ。
　おまえらインディアンは、即刻この土地から出てゆけ！」
　こうして、アレゲーニー山脈（B-2）以南の土地は、ことごとく白人に奪われてしまいます。(＊13)
　もちろん、インディアン側（レナペ族）も抗議はしましたが、それには武力制圧をもって応え、インディアンは虐殺され、駆逐されていきます。
　あれ？
　彼らのモットーは何だったっけ？
　平等主義は？　誠実は？　平和主義は？
　この行動のどこにそれがある？
　ネタをバラせば、彼らのモットーが通用するのは、すべて「白人同士」間だけだからです。
　インディアンは適用外。
　最初だけ、インディアンに対しても、ちょっと体裁を整えてみたものの、それもうまくいかなくなり、すぐに化けの皮が剥がれただけのことでした。

(＊12) 足の速い人のこと。「韋駄天」はヒンドゥー教由来の神様で、足が速い神様として有名。

(＊13) この1737年の購入は「Walking Purchase」と呼ばれ、ブリタニカ百科事典の「土地取引の詐欺」項目に掲載されているほど、有名な詐欺事件となります。

ところで、まさにペンシルヴァニアで「購入」が繰り返されていた、ちょうどそのころ、ニューイングランドのセイラムでも惨劇が起こっていました。

事の起こりは、思春期の女の子が興味本位に「降霊術」を行ったことによります。

もちろん、こんなことをしても「霊」など降りてきませんが、集団催眠によって「集団ヒステリー」を起こすことは古今東西、よくあります。

ここでも、集団ヒステリーが発生して、つぎつぎと痙攣を起こしてしまいました。

あとはもう、大の大人たちがやってきて、「悪魔が憑いた！」「ブードゥーの呪いだ！」「犯人は黒人奴隷に違いない！」と騒ぎ立てます。

ヒステリーを起こした娘たちを詰問し、拷問にかけ、つぎつぎと「犯人」の名を挙げさせます。

あとは「犯人」を捕まえては、つぎつぎと拷問、“自白”を強要します。

まさに「魔女狩り」の始まりです。

これで、頑として罪を認めないひとりは拷問死を遂げ、150人もの人たちが投獄され、5人が獄死。牢屋がいっぱいになると、人減らしのために、有罪となった順につぎつぎと絞首刑（19人）にしていきました。

口を開けば、インディアンを「野蛮人どもめ！」と罵る白人は、17世紀になっても、このような蛮行を繰り返していたのでした。

がはははは～っ！
魔女どもめ、
思い知ったか！
19人 絞首刑
1人 拷問死
150人 投獄
2匹 犬屠殺
セイラム魔女狩り

第1章 アメリカ13州の建設

第11幕

分裂と合併の末の「13州」

南部植民地の建設

こうして、北部の「ニューイングランド植民地」も、中部の「ニューヨーク植民地」もそれぞれ4邦ずつに分かれていった。そして、南部の「ヴァージニア植民地」はこれから5邦に分かれていく。本幕では、その動きについて見ていくことにする。

これで「13邦」が出揃うことになった。

のちの初代大統領
ジョージ＝ワシントン

〈アメリカ 13 州の全体地図〉

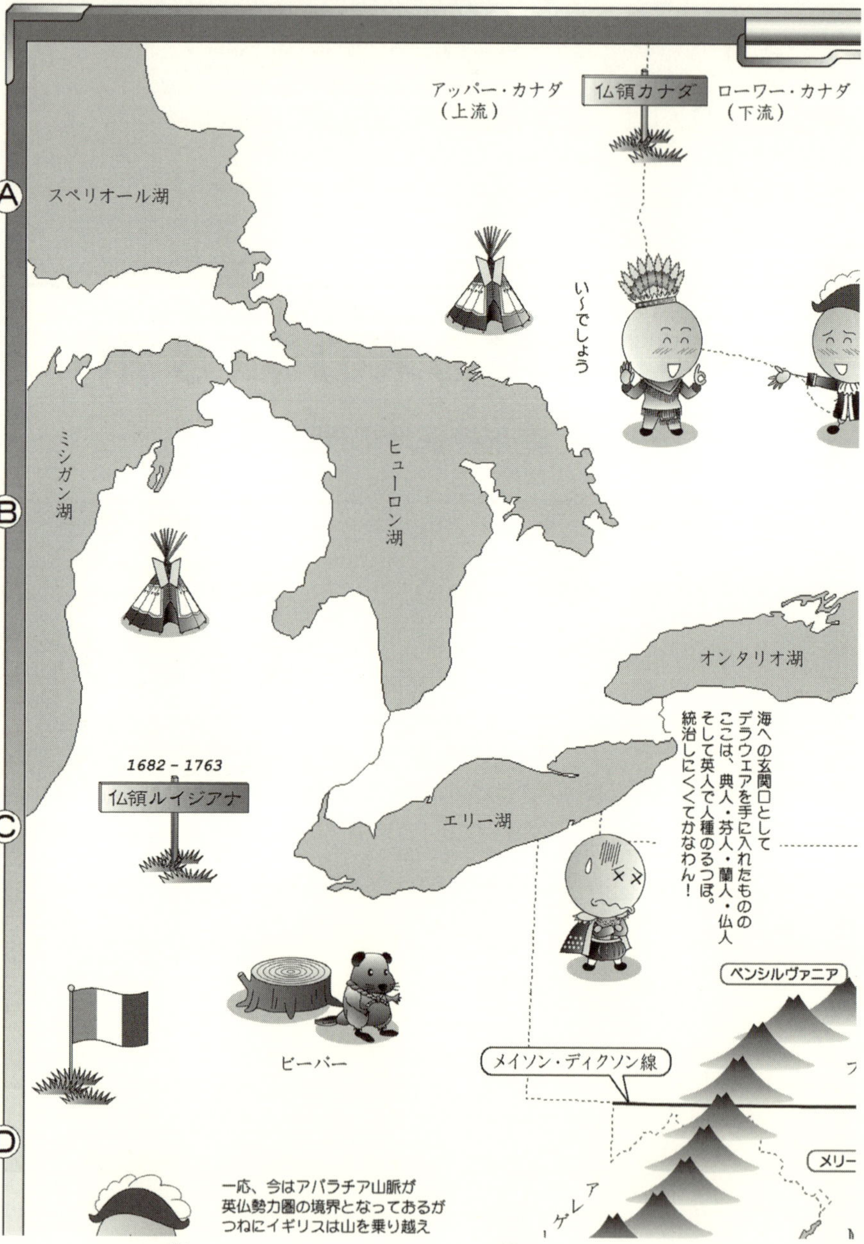

仏領カナダ
アッパー・カナダ
（上流）
ローワー・カナダ
（下流）
スペリオール湖
ミシガン湖
ヒューロン湖
オンタリオ湖
エリー湖
い〜でしょう
1682 – 1763
仏領ルイジアナ
海への玄関口として
デラウェアを手に入れたものの
ここは、典人・芬人・蘭人・仏人
そして英人で人種のるつぼ。
統治しにくくてかなわん！
ペンシルヴァニア
メイソン・ディクソン線
ビーバー
メリー
ゲレア
一応、今はアパラチア山脈が
英仏勢力圏の境界となっておるが
つねにイギリスは山を乗り越え
A
B
C
D
①
②
③

17 世紀後半～ 1732 年

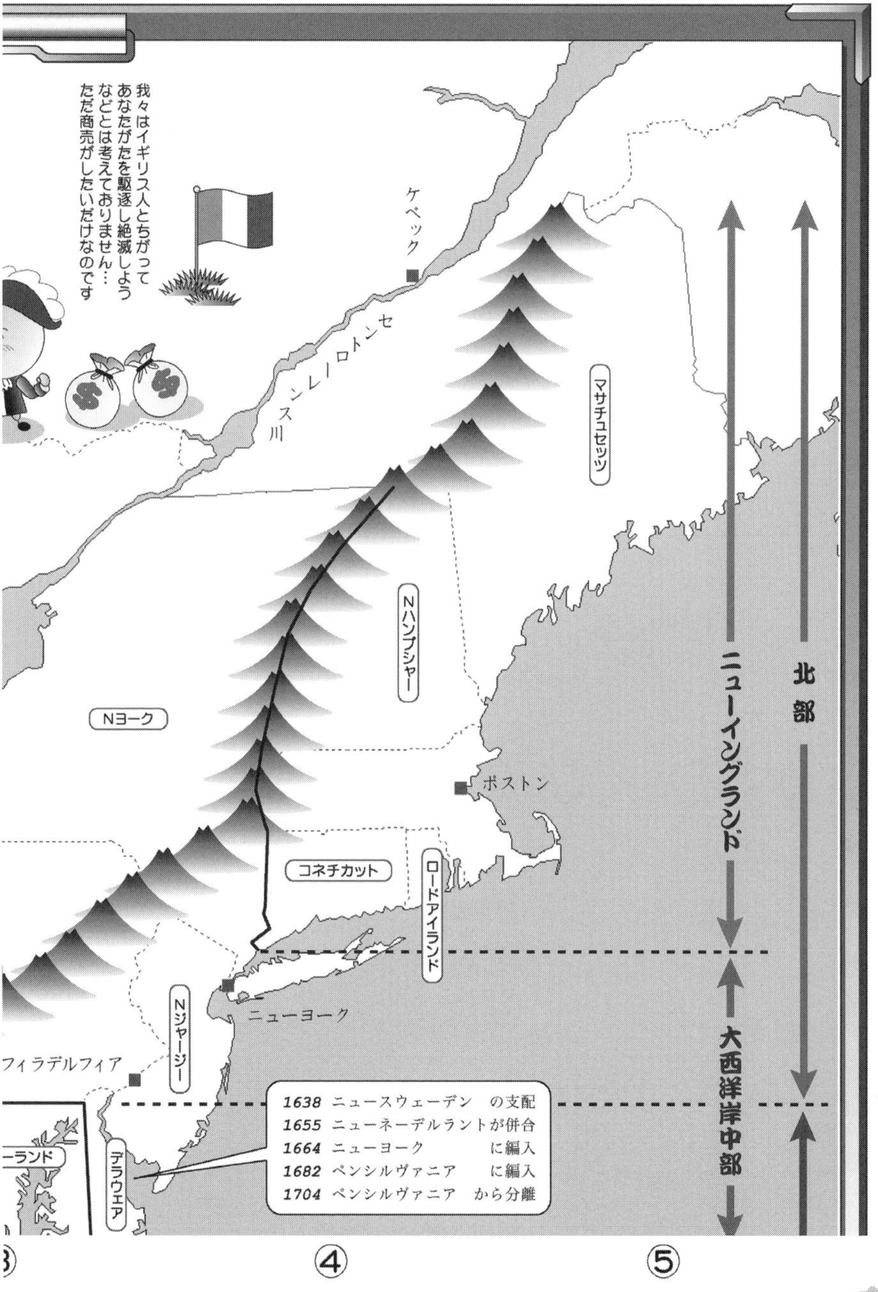
我々はイギリス人とちがって
あなたがたを駆逐し絶滅しよう
などとは考えておりません…
ただ商売がしたいだけなのです
ケベック
セントロレンス川
マサチュセッツ
Nハンプシャー
Nヨーク
ボストン
コネチカット
ロードアイランド
ニューヨーク
Nジャージー
フィラデルフィア
デラウェア
ーランド
ニューイングランド
北部
大西洋岸中部
1638 ニュースウェーデン　の支配
1655 ニューネーデルラントが併合
1664 ニューヨーク　に編入
1682 ペンシルヴァニア　に編入
1704 ペンシルヴァニア　から分離
③
④
⑤

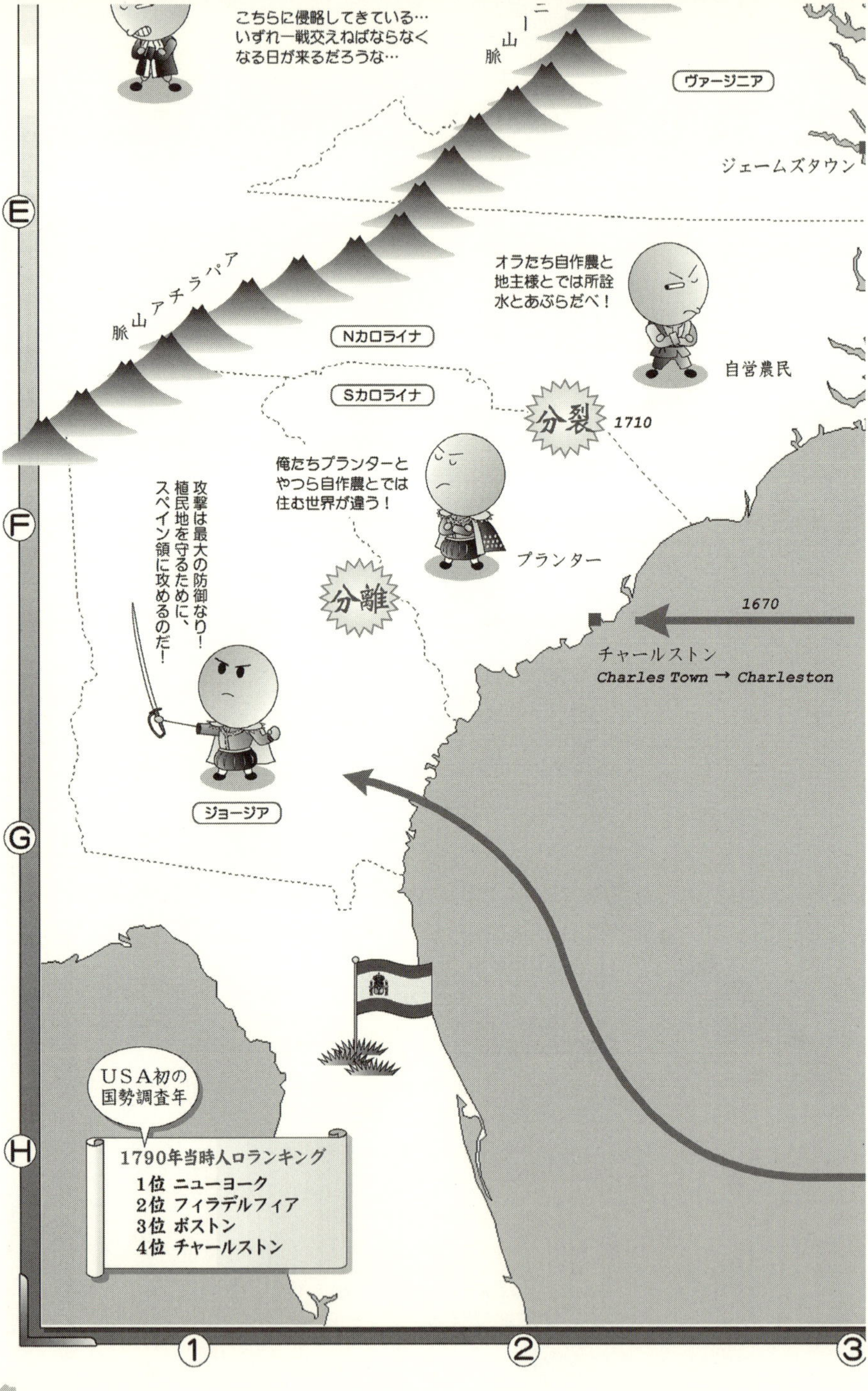

こちらに侵略してきている…
いずれ一戦交えねばならなく
なる日が来るだろうな…
ニ
ー
山
脈
ヴァージニア
ジェームズタウン
E
アパラチア山脈
オラたち自作農と
地主様とでは所詮
水とあぶらだべ！
自営農民
Nカロライナ
Sカロライナ
分裂
1710
俺たちプランターと
やつら自作農とでは
住む世界が違う！
攻撃は最大の防御なり！
植民地を守るために、
スペイン領に攻めるのだ！
F
プランター
分離
1670
チャールストン
Charles Town → Charleston
ジョージア
G
USA初の
国勢調査年
H
1790年当時人口ランキング
1位 ニューヨーク
2位 フィラデルフィア
3位 ボストン
4位 チャールストン
1
2
3

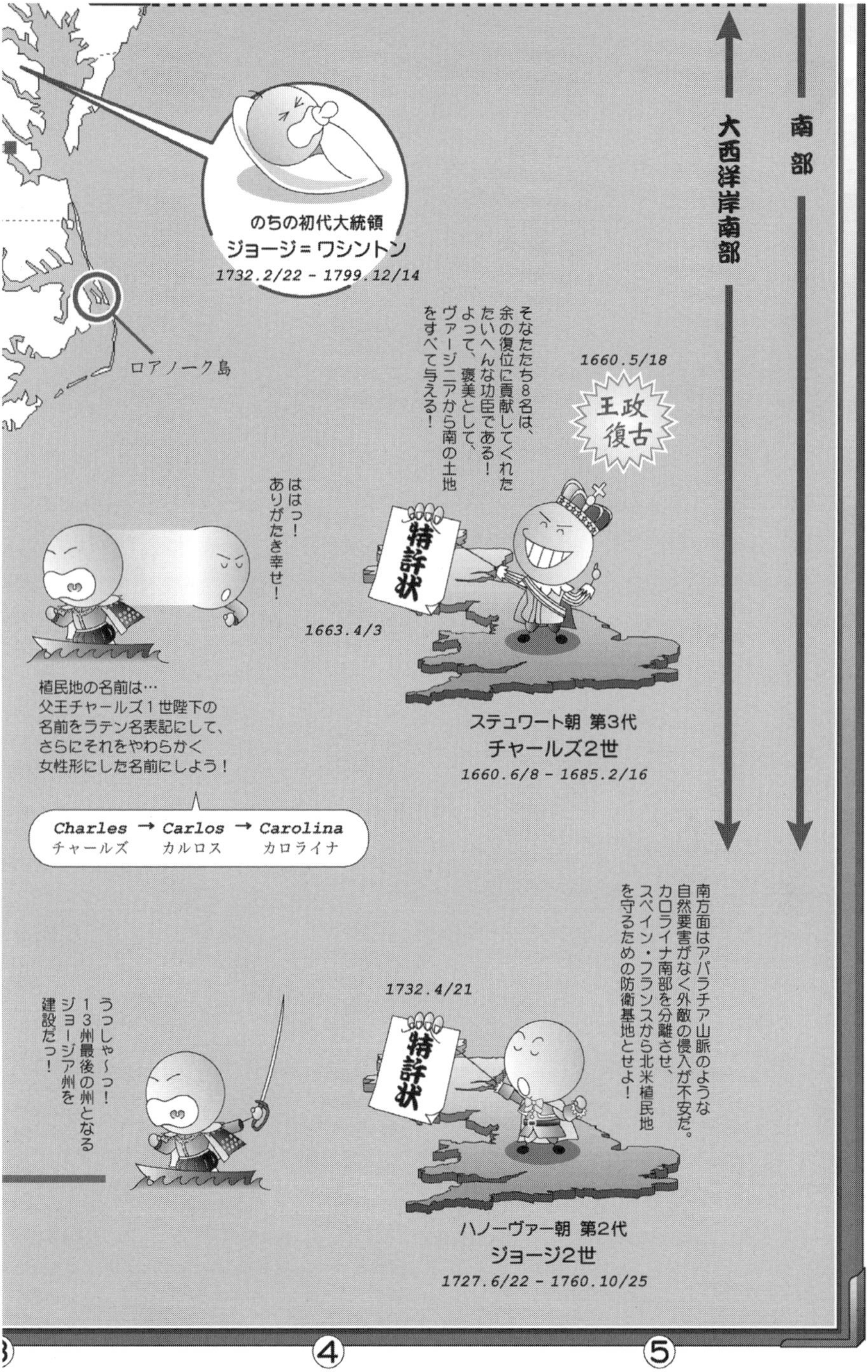
南部
大西洋岸南部
のちの初代大統領
ジョージ＝ワシントン
1732.2/22 - 1799.12/14
ロアノーク島
1660.5/18
王政復古
そなたたち8名は、余の復位に貢献してくれたたいへんな功臣である！よって、褒美として、ヴァージニアから南の土地をすべて与える！
ははっ！ありがたき幸せ！
特許状
1663.4/3
ステュワート朝 第3代
チャールズ2世
1660.6/8 - 1685.2/16
植民地の名前は…
父王チャールズ１世陛下の
名前をラテン名表記にして、
さらにそれをやわらかく
女性形にした名前にしよう！
Charles → Carlos → Carolina
チャールズ　カルロス　カロライナ
南方面はアパラチア山脈のような自然要害がなく外敵の侵入が不安だ。カロライナ南部を分離させ、スペイン・フランスから北米植民地を守るための防衛基地とせよ！
1732.4/21
特許状
うつしゃ～っ！１３州最後の州となるジョージア州を建設だっ！
ハノーヴァー朝 第2代
ジョージ2世
1727.6/22 - 1760.10/25
③
④
⑤

それでは、本幕では、アメリカ東海岸に生まれた「13植民地」の中で、これまで見てきた植民地の確認と、いまだに触れられていない植民地を解説し、「13植民地」のすべてを確認していくことにします。

前幕で、東海岸は大きく3つに分けることができることはすでに触れました。

- 北部（　プリマス　　系）… 正確には「ニューイングランド」地方（A/C-5）
- 中部（ニューヨーク系）… 正確には「大西洋岸中部」　　　地方（　D　-5）
- 南部（ヴァージニア系）… 正確には「大西洋岸南部」　　　地方（E/G-5）

北から順番に確認していきましょう。

まず、もっとも北方のニューイングランドでは、マサチュセッツ(＊01)から、ロードアイランド(C-4)、コネチカット(C-4)、ニューハンプシャー(B-4)がつぎつぎと分離独立し、4邦に分裂したことはすでにご説明いたしました。

次に、大西洋岸中部を見てまいりますと、ニューヨーク(B/C-3/4)から、ニュージャージー(C/D-3/4)、ペンシルヴァニア(C/D-3)が枝分かれしていったところまでご説明いたしました。

しかし、もうひとつ、さらにペンシルヴァニアから分離した植民地があります。

それが「デラウエア」(D-3/4)です。

じつは、ここデルマーヴァ半島の北東部は、これまで見てまいりましたように、たいへん複雑な歴史を歩んできました。

まず、ここに目をつけたのがスウェーデンでしたね。

スウェーデン人やフィンランド人が入植してきて「ニュースウェーデン」が建

(＊01) パネル地図を現在の地図と見較べますと「あれ？　マサチュセッツの位置が違うのでは？」と思われる方もおられるかもしれませんので、少し詳しく説明いたしますと、じつは当時、ニューハンプシャーが分離したことで、マサチュセッツは、北部(A/B-5)と南部(C-4)に分断されていました。
その後の歴史のうねりの中で、北部が現在「メーン州」となっています。

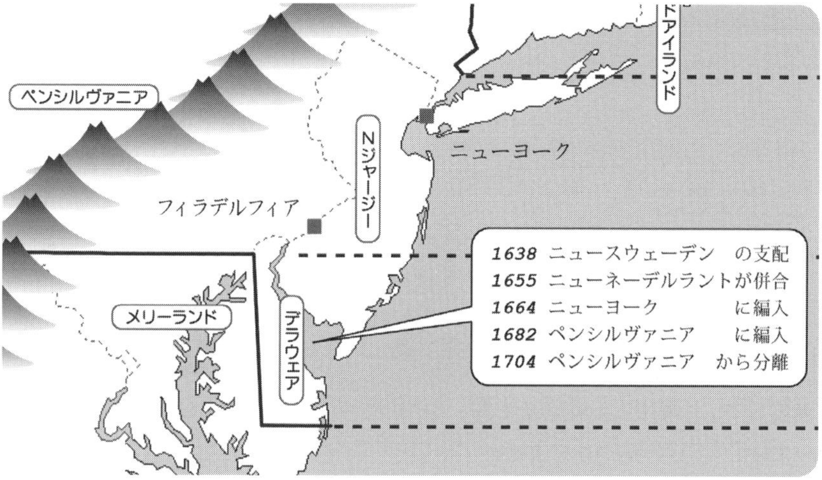
ドアイランド
ペンシルヴァニア
Nジャージー
ニューヨーク
フィラデルフィア
メリーランド
デラウェア
1638 ニュースウェーデン　の支配
1655 ニューネーデルラントが併合
1664 ニューヨーク　に編入
1682 ペンシルヴァニア　に編入
1704 ペンシルヴァニア　から分離

設されましたが、ほどなく「ニューネーデルラント」に併呑され、今度はオランダ人や商売相手のフランス人が入植してきました。

しかし、それも 10 年と経たないうちに、イギリスに取られ、「ニューヨーク」に編入されることになったのは、これまで見てきたとおり。

その結果、ここは、スウェーデン系・フィンランド系（＊02）・オランダ系・フランス系・イギリス系が入り乱れた人種の坩堝（るつぼ）状態に。

ニューヨークから、ペンシルヴァニアが分離したときに、じつはこのあたりはペンシルヴァニアに編入されたのですが、「人種の坩堝（るつぼ）」であるがゆえに、統治しにくいことこの上なし！

そこでとうとう、ペンシルヴァニアはここを切り離します。

これが「デラウエア」です。

（＊02）「なぜフィンランド人が？」と思われた方へ。
当時のスウェーデンはフィンランドを支配していました。
そのため、スウェーデンの植民地にフィンランド人もたくさん入植してきていました。

ちなみに、このペンシルヴァニアとメリーランドは壮絶な州境争いを繰り広げておりましたが、ようやく決着をつけたのが、「メイソン・ディクソン線」（D-2/3）。

のちに、「北部」と「南部」の境界線となり、その意味で歴史的意義の深いラインとなります。

それでは、大西洋岸南部では、どのような展開があったのでしょうか。

じつは、前幕でもチャールズ２世（F/G-4/5）は、借金をチャラにするために、特許状を発行してペンシルヴァニア（C/D-3）を与えたことがありましたが、ここでも王政復古（F-5）に尽力してくれた功臣８名（F-3/4）に対して特許状を発行し、褒賞としてヴァージニア南部を切り離して、これを与えます。

それこそが「カロライナ」（E/F-2）(＊03)でした。

彼らが入植した町は「チャールストン」（F-2）(＊04)と名付けられ、アメリカ

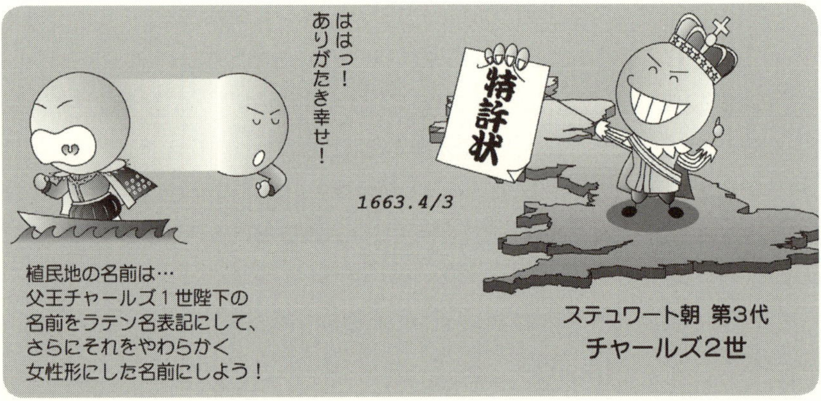
ははっ！
ありがたき幸せ！
特許状
1663.4/3
植民地の名前は…
父王チャールズ１世陛下の
名前をラテン名表記にして、
さらにそれをやわらかく
女性形にした名前にしよう！
ステュワート朝 第3代
チャールズ2世

（＊03）父王チャールズ１世の名をラテン語化すると「カルロス」。
それをさらに女性形にしたものが「カロライナ」。

（＊04）「国王チャールズの町」という意味。

合衆国建国時までに、全国第 4 位の人口を擁する大都市に発展していくことになります。(H-1)

しかしながら、「カロライナ」は、その北部には自営農民が、南部に大地主（プランター）が多く入植したため、まもなく利害対立し、「ノースカロライナ」(E/F-3) と「サウスカロライナ」(F-2) に分裂してしまいます。

さらに、時代が下って、ジョージ 2 世 (H-4/5) の御世（みよ）になると、最南端のサウスカロライナは、南 (フロリダ) (H-1/2) にスペイン、西にフランスとの脅威に接しながら、アパラチア山脈 (E/F-1) のような自然要害がなかったため、防衛が不安視されるようになります。

そこで、ジョージ 2 世は特許状を発行し、サウスカロライナ南部を切り離して、南端の最前線防衛基地として王の名に因（ちな）んだ新しい植民地を建設させます。

これこそが「13 植民地」の最後、「ジョージア植民地」(F/G-1) であり、これで、ようやく「13 植民地」が出揃いました。1732 年のことです。

うっしゃ～っ！
13州最後の州となる
ジョージア州を
建設だっ！
特許状
ハノーヴァー朝 第2代
ジョージ2世

こうして、「13 植民地」は北米東海岸にへばりつくように南北に拡がっていきましたが、アレゲーニー山脈 (D/E-2/3) ないしはアパラチア山脈 (E/F-1) に阻（はば）まれていたため、植民地は内陸へはなかなか拡がることができませんでした。

そしてじつは、その山脈以北は、「ヌーヴェルフランス」と呼ばれるフランスの植民地がありました。

すでにご説明いたしましたように、フランスはセントローレンス川（A/B-4）から入ってケベック（A-4/5）を建設し、そこを拠点として植民地を拡げていたのです。

「ヌーヴェルフランス」は、セントローレンス川から五大湖(＊05)ラインで２つに分け、以北を「仏領カナダ」（A-2/3）、以南を「仏領ルイジアナ」（C-1）と言います。

さらに、仏領カナダは東西に分け、東部を「ローワー・カナダ」（A-3）、西部を「アッパー・カナダ」（A-2）と呼んで区別します。(＊06)

つまり、この山脈を挟んで、海岸側がイギリス、内陸側がフランス、といった具合にきれいに分かれていたのですが、その決定的な違いは、「インディアンへの対応」でした。

これまで、イギリスの植民政策を見てもらってもおわかりになりますように、イギリス人には、「インディアンと共存しよう」というつもりがサラサラありません。

ただただ、殺し、奪い、駆逐し、自分たちの領土を増やしていくのみ。

たとえば、中南米のスペイン植民地でも、イギリス同様、インディアンに対するおぞましい虐殺・殺戮が繰り返されましたが、それでも、原住民（インディアン）との混血は進みました。(＊07)

ところが、イギリスの植民地では、混血すらほとんど発生しません。(＊08)

イギリス人にとって、インディアンとは、まったく純粋に「駆除する対象」でしかなかったからです。

「やつらと混血なんて、とんでもない！」

（＊05）西から順番に、スペリオール湖（A-1）・ミシガン湖（B-1）・ヒューロン湖（B-2）・エリー湖（C-2）・オンタリオ湖（B/C-3）。

（＊06）「ローワー」「アッパー」は、セントローレンス川の「下流」「上流」の意。

（＊07）スペイン人とインディアンとの混血を「メスティーソ」と言います。

（＊08）ポカホンタスの結婚は、政略結婚のうえ、プロパガンダに利用するための例外事例です。

　これに対して、フランスは違います。
　彼らはインディアンに対して、殺戮・収奪すら、ほとんどしませんでした。
「我々フランスは、あなた方の生命、財産、地位、名誉、権利、土地を奪ったりするつもりはありません。
　ただ、あなたがたと貿易がしたいだけです。
　共存共栄（ウィン＝ウィン）で仲良くやっていきましょう！」

我々はイギリス人とちがって
あなたがたを駆逐し絶滅しよう
などとは考えておりません…
ただ商売がしたいだけなのです
い〜でしょう

　じつは、このあたりでは、当時ビーバー（C/D-1/2）がたくさん獲れたのですが、その毛皮がヨーロッパでは飛ぶように売れたため、フランス人商人は、これを手に入れたかっただけでした。（＊09）
　さようなわけで、イギリスと比べ、ここフランスの植民地では、インディアンとの友好が比較的保たれていたのでした。

（＊09）とくにビーバーの毛皮で作った帽子は「ビーバー帽」と呼ばれ、当時のヨーロッパでは大流行していました。ちなみに、のちにアメリカ独立革命が起こったとき、支援要請のためフランスに渡ったB.フランクリンはこの「ビーバー帽」をかぶっていきました。
ビーバー帽をつねに目の前にチラつかせることで 「独立軍に協力してくれた暁には、フランスの手に戻るであろう特権（ビーバー貿易）」を思い起こさせるために。

ところで。
「13植民地」が出揃った、記念すべき「1732年」は、もうひとつ、重要な意味を持つ年でもありました。
イギリス本国は知らなかった。
知る由もなかった。
まさに「13植民地」が完成し、イギリス本国が祝い喜んでいたちょうどそのころ、ヴァージニア(D/E-3)では、やがてイギリス本国に牙をむく“反逆者”の赤ん坊が生まれていたことを。
この赤ん坊こそ、イギリスが永年苦労して創りあげた「13植民地」を、いともあっさりともぎ取っていくジョージ＝ワシントン(E-4)(＊10)その人でした。
「13植民地」が完成したまさにその年、のちの初代アメリカ合衆国大統領となる人が生まれていたのですから、「13植民地」は、まさに生まれたその瞬間から崩壊に向かって刻一刻と秒針を刻んでいったかのようです。
いずれにせよ、「13植民地」は出揃(そろ)いました。
次章からは、いよいよ「独立革命」へと動いていく、その歴史のうねりを見ていくことにいたしましょう。

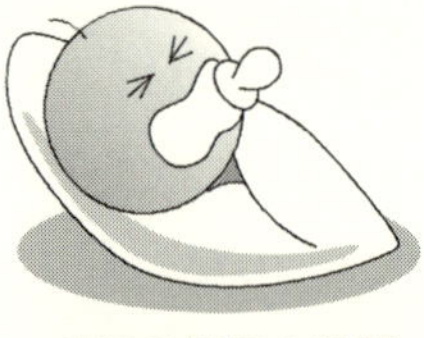

のちの初代大統領
ジョージ＝ワシントン

(＊10) ジョージ＝ワシントンは、日本人でも知らない人がいないくらいの有名人。しかしながら、彼にまつわる逸話・イメージなどは、「桜の樹」を始めとして、ほとんど後世の捏造。いつの時代でもどこの国でも、「初代」というのは、美化され、偶像化されるものですが、ワシントンなどはその典型。
彼の「本性」は、本書でつまびらかにされていくことになります。

第2章 アメリカ独立革命前夜

第1幕

脱税を見逃す理由（わけ）

有益なる怠慢

「13植民地」は完成した。ここに至るまで、イギリス本国は莫大な投資をしていたため、国庫はすでに破産寸前。投資を回収するため、これを機に、植民地に関税を課しはじめる。しかし、植民地人たちはこれに反発。彼らの脱税行為は目に余ったものの、これは黙認（有益なる怠慢）することにした。

うぉのれっ！
余の作った法律を
守らんとは、
余を愚弄するか！
成敗してくれるっ！
「有益なる怠慢」

〈有益なる怠慢〉

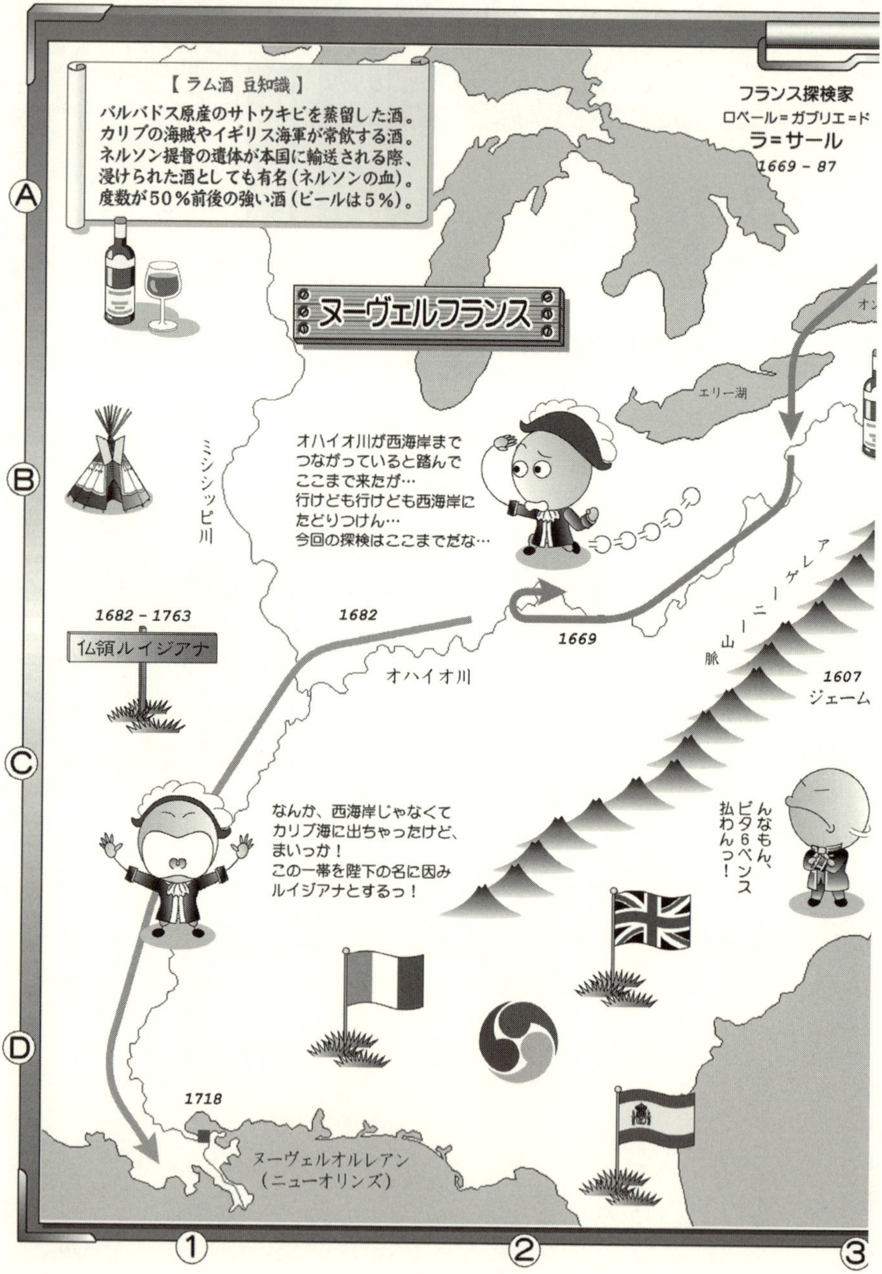
【 ラム酒 豆知識 】
バルバドス原産のサトウキビを蒸留した酒。
カリブの海賊やイギリス海軍が常飲する酒。
ネルソン提督の遺体が本国に輸送される際、
浸けられた酒としても有名（ネルソンの血）。
度数が50％前後の強い酒（ビールは5％）。
フランス探検家
ロベール＝ガブリエ＝ド
ラ＝サール
1669 − 87
ヌーヴェルフランス
エリー湖
ミシシッピ川
オハイオ川が西海岸まで
つながっていると踏んで
ここまで来たが…
行けども行けども西海岸に
たどりつけん…
今回の探検はここまでだな…
アパラチア山脈
1682 − 1763
仏領ルイジアナ
1682
1669
オハイオ川
1607
ジェーム
なんか、西海岸じゃなくて
カリブ海に出ちゃったけど、
まいっか！
この一帯を陛下の名に因み
ルイジアナとするっ！
んなもん、
ビタ6ペンス
払わんっ！
1718
ヌーヴェルオルレアン
（ニューオリンズ）
A
B
C
D
1
2
3

1733 年前後

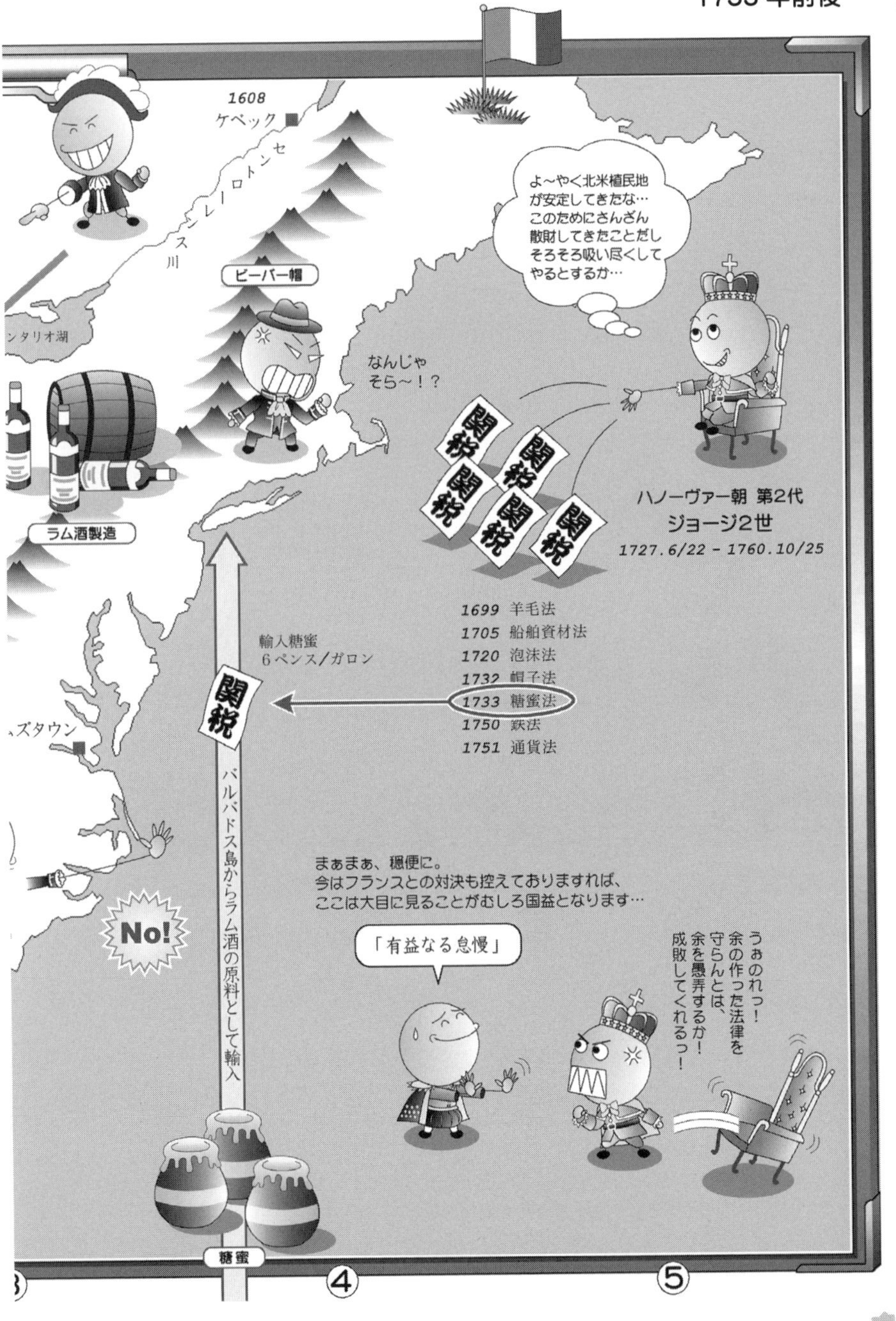
1608
ケベック
セントローレンス川
ビーバー帽
ンタリオ湖
ラム酒製造
なんじゃ
そら～！？
よ～やく北米植民地
が安定してきたな…
このためにさんざん
散財してきたことだし
そろそろ吸い尽くして
やるとするか…
関税
ハノーヴァー朝 第2代
ジョージ2世
1727.6/22 - 1760.10/25
1699 羊毛法
1705 船舶資材法
1720 泡沫法
1732 帽子法
1733 糖蜜法
1750 鉄法
1751 通貨法
輸入糖蜜
6ペンス／ガロン
ムズタウン
バルバドス島からラム酒の原料として輸入
No!
まぁまぁ、穏便に。
今はフランスとの対決も控えておりますれば、
ここは大目に見ることがむしろ国益となります…
「有益なる怠慢」
うぉのれっ！
余の作った法律を
守らんとは、
余を愚弄するか！
成敗してくれるっ！
糖蜜
3
4
5

こうして、植民者らは自分たちの“命の恩人”たるインディアンを殺戮(りく)し、その財産を掠(りゃく)奪し、その土地から駆逐(くちく)しながら、1732年、ついに「13植民地」は完成しました。

一方で、このころのイギリス本国は、相次ぐ戦争や植民地への投資で国庫は切迫していました。

国王ジョージ2世（B-5）は考えます。

「そろそろ本格的に13植民地から資金を回収させてもらうとするか」

すでに17世紀末ごろから少しずつ税を課しはじめていた（B/C-4/5）(＊01) ものの、この「13植民地」完成の年から課税が本格化、その年に帽子法(＊02)、翌1733年には糖蜜法（B/C-4）を制定します。

よ～やく北米植民地
が安定してきたな…
このためにさんざん
散財してきたことだし
そろそろ吸い尽くして
やるとするか…
ビーバー帽
なんじゃ
そら～！？
関税
関税
関税
関税
関税
ハノーヴァー朝 第2代
ジョージ2世

（＊01）1699年の羊毛法、1705年の船舶資材法など。

（＊02）当時、欧米で大流行していた「ビーバー帽」（A/B-4）に税金を課すための法律。

じつは、当時、東海岸の主要特産物はラム酒（A-1）(＊03)。

その原料である糖蜜は、カリブ海のバルバドス島から大量に輸入（D-4）されていましたので、これに関税をかけてやろうというわけです。

植民地の人たちは怒り心頭。

「そもそも俺たちは本国の圧政から逃げてきた者たちだ。

異郷の地で、苦労してやっと生活が軌道に乗りはじめたと思った途端、俺たちの稼ぎをかすめ取るつもりかっ！？」

彼らは、憤然（ふん）として、税の支払いを拒否します。（C-3）

これにはジョージ２世もご立腹。

「うぉのれ、チョコザイな！　余に逆らうか！　成敗してくれる！」

「有益なる怠慢」
うぉのれっ！
余の作った法律を
守らんとは、
余を愚弄するか！
成敗してくれるっ！

しかし、家臣たちが激昂（げきこう）する王をなだめます。

―― 陛下のご怒りはごもっとも。されど、今はご自重ください。

「何故（なにゆえ）じゃ！？」

（＊03）サトウキビから蒸留したお酒。アルコール度数は50％（ビールは５％）とかなり高い。
カリブの海賊やイギリス海軍でよくたしなまれたお酒として有名。
戦死したネルソン提督の遺体を漬けたお酒としても有名で、イギリスで「ネルソンの血」といえば、紅いラム酒（ダークラム）のこと。

―― 忘れてはなりませぬ。

「13植民地が完成した」といっても、アレゲーニー山脈（B/C-3）の向こう側には、広大な「ヌーヴェルフランス」が控えておることを。

今ここで我らが「13植民地」と事を構えれば、フランスに付け入るスキを与えることになるのは必定（ひつじょう）。

植民地人たちがフランスと結託して独立を企図してくるやも知れず。

まずは、ヌーヴェルフランスを消滅させることが先決です。

それまで、やつらの脱税は見逃してやりましょう。

「脱税を見逃す」という行為は、それだけ見れば「職務**怠慢**」かもしれませんが、じつは、それこそが、長い目で見れば「**有益**」となるのです。

これを「有益なる怠慢」（C/D-4/5）と言います。

ちなみに、「ヌーヴェルフランス」については、すでに少し触れました。

アレゲーニー山脈以西の「仏領カナダ」と「仏領ルイジアナ」を併せた広大なフランスの勢力範囲です。

アメリカ東海岸における最初の町・ジェームズタウン（C-3）が建設されたのが1607年と申しましたが、その翌年にフランスは、セントローレンス川（A-3/4）河口にケベック（A-4）を建設し、ここを起点として、探検家ラ＝サール（A-3）が、オンタリオ湖（A/B-3）、エリー湖（B-2/3）と遡（さかのぼ）り、さらには、オハイオ川からミシシッピ川を下ってカリブ海に到達、こうして1682年に生まれたのが「ヌーヴェルフランス」でした。

第2章 アメリカ独立革命前夜

第2幕

G（ジョージ）・ワシントンの虐殺

フレンチ&インディアン戦争

「13植民地」の人々の貪欲（どんよく）は留（とど）まるところを知らず、ついに山脈を乗り越えて、「ヌーヴェルフランス」の勢力範囲まで侵蝕（しんしょく）しはじめる。そんな折、ひとりの小心者の将校（G・ワシントン）が虐殺（ぎゃく）事件を起こす。緊張の中にあった英仏は、これを機に一気に大戦争（フレンチ&インディアン戦争）へと突入していくことになる。

・上官の命令に反し
・政府の宣戦布告もない中で
・戦意のないただの斥候に対し
・独断で奇襲攻撃、殺戮
ジュモンヴィル渓谷の虐殺
我が軍の大勝利〜っ！これで昇進まちがいなし！

ヴァージニア市民軍大佐
ジョージ＝ワシントン

〈フレンチ&インディアン戦争〉

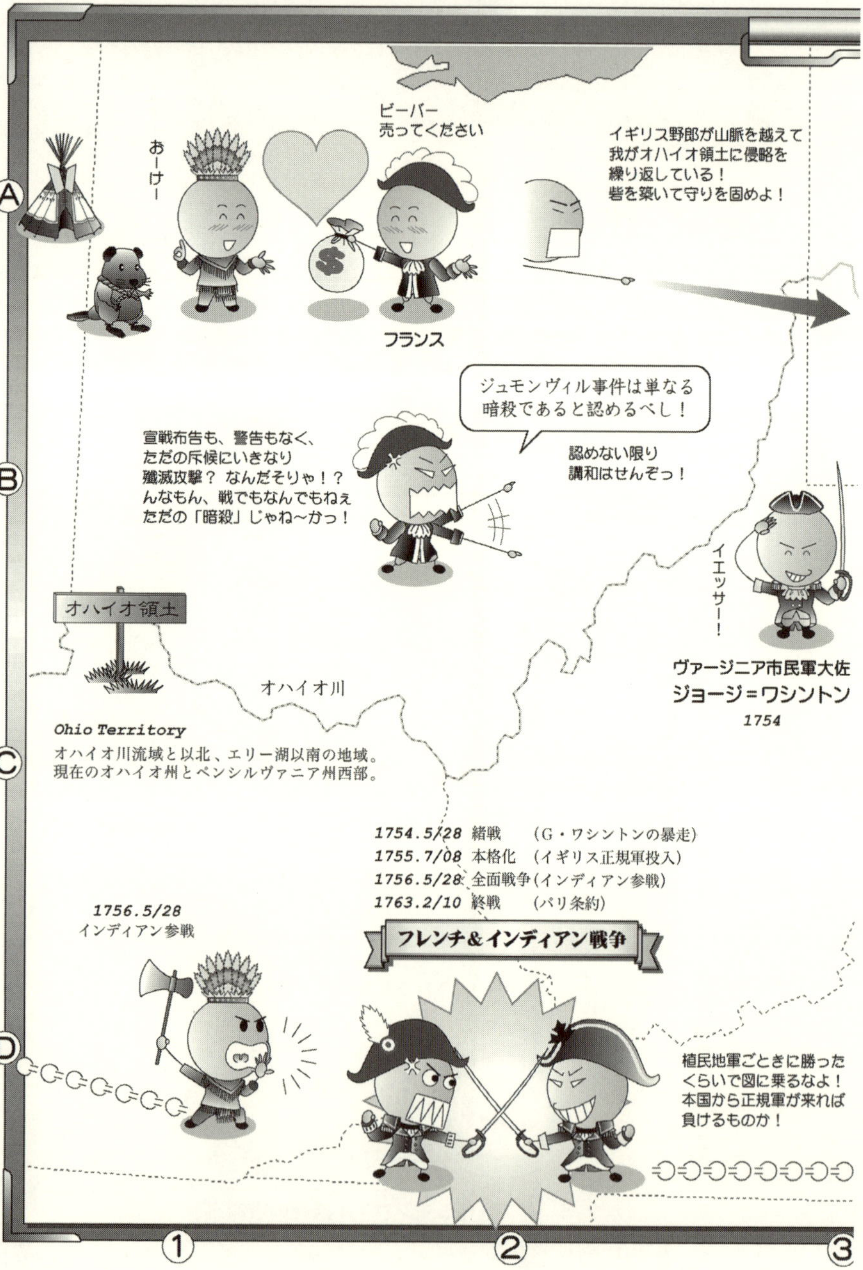

ビーバー
売ってください
おーけー
フランス
イギリス野郎が山脈を越えて
我がオハイオ領土に侵略を
繰り返している！
砦を築いて守りを固めよ！
ジュモンヴィル事件は単なる
暗殺であると認めるべし！
認めない限り
講和はせんぞっ！
宣戦布告も、警告もなく、
ただの斥候にいきなり
殲滅攻撃？ なんだそりゃ！？
んなもん、戦でもなんでもねぇ
ただの「暗殺」じゃね〜かっ！
イエッサー！
ヴァージニア市民軍大佐
ジョージ＝ワシントン
1754
オハイオ領土
オハイオ川
Ohio Territory
オハイオ川流域と以北、エリー湖以南の地域。
現在のオハイオ州とペンシルヴァニア州西部。
1754.5/28 緒戦 (G・ワシントンの暴走)
1755.7/08 本格化 (イギリス正規軍投入)
1756.5/28 全面戦争(インディアン参戦)
1763.2/10 終戦 (パリ条約)
1756.5/28
インディアン参戦
フレンチ&インディアン戦争
植民地軍ごときに勝った
くらいで図に乗るなよ！
本国から正規軍が来れば
負けるものか！
A
B
C
D
1
2
3

1755 年前後

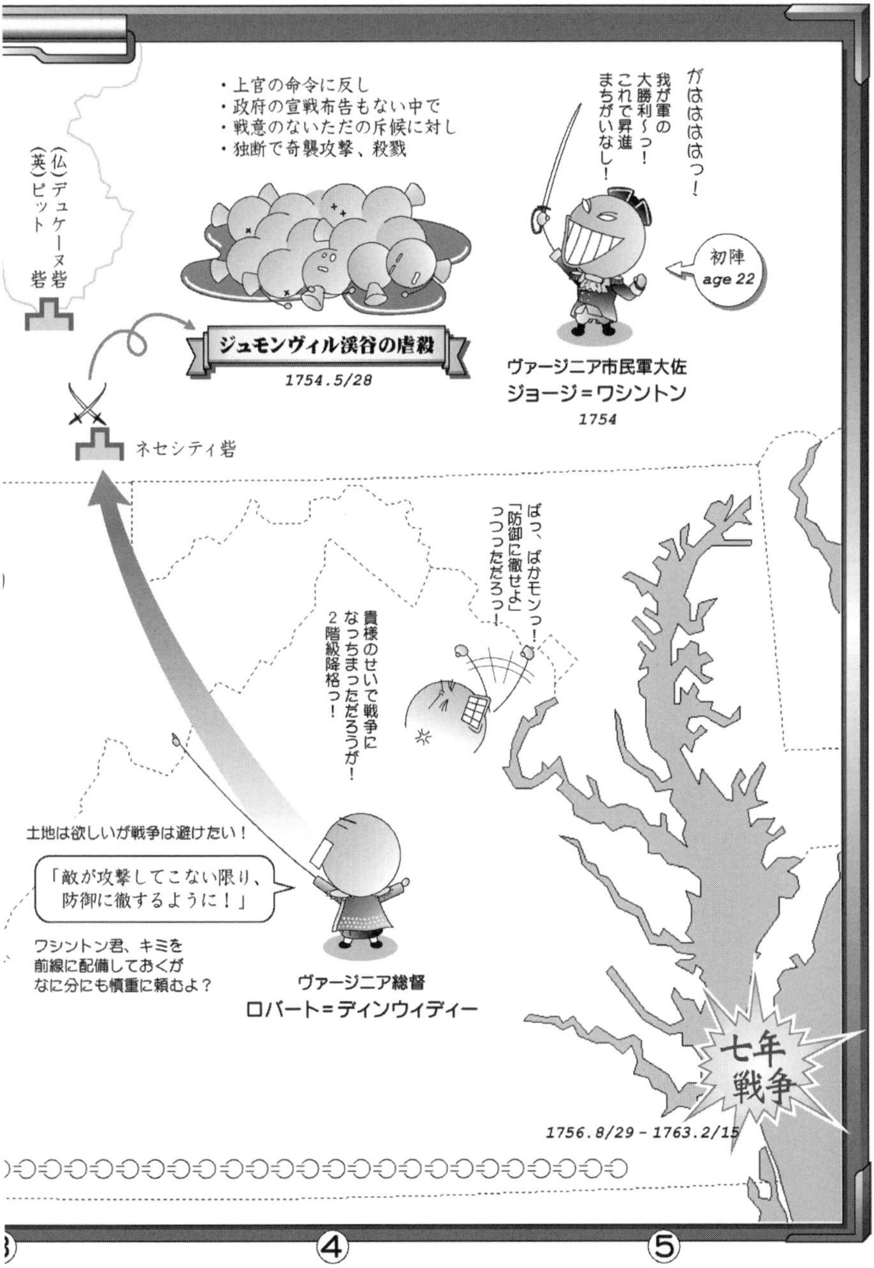
（仏）デュケーヌ砦
（英）ピット砦
・上官の命令に反し
・政府の宣戦布告もない中で
・戦意のないただの斥候に対し
・独断で奇襲攻撃、殺戮
ジュモンヴィル渓谷の虐殺
1754.5/28
がはははっ！
我が軍の大勝利〜っ！これで昇進まちがいなし！
初陣 age 22
ヴァージニア市民軍大佐
ジョージ＝ワシントン
1754
ネセシティ砦
ばっ、ばかモンっ！「防御に徹せよ」っつっただろっ！
貴様のせいで戦争になっちまっただろうが！2階級降格っ！
土地は欲しいが戦争は避けたい！
「敵が攻撃してこない限り、防御に徹するように！」
ワシントン君、キミを前線に配備しておくがなに分にも慎重に頼むよ？
ヴァージニア総督
ロバート＝ディンウィディー
七年戦争
1756.8/29 - 1763.2/15
③
④
⑤

さて、このような状況の中で、ひとつの「小さな事件」が起こります。
しかし、その「小さな事件」は、アッという間に大戦争へと発展し、歴史の転換点（ターニングポイント）となりますので見逃せません。
「13植民地」は、大西洋とアレゲーニー山脈に挟まれた細長い地区でしたので、人口の増加とともに、まもなく手狭となってきます。
　当時、ヴァージニア総督であったR（ロバート）.ディンウィディー（C/D-4）は、勢力範囲を拡げるべく、山脈を乗り越えてフランスの領域に軍を進めることにしました。
　しかし、「土地は欲しいが戦争は避けたい」。
　そこで総督は、その若き司令官に厳命します。
「よいか、よく聞け。
　敵軍（むこう）が攻撃してこない限り、決して自軍（こちら）から攻撃を仕掛けてはならぬ！
　徹底して防御に徹するように！　とにかく慎重に、穏便（おんびん）に！…な」
　このとき命を承（うけたまわ）った“若き司令官”こそが、のちのアメリカ合衆国初代大統領となるG（ジョージ）.ワシントン（B/C-3）でした。（＊01）

土地は欲しいが戦争は避けたい！
「敵が攻撃してこない限り、
防御に徹するように！」
ワシントン君、キミを
前線に配備しておくが
なに分にも慎重に頼むよ？
ヴァージニア総督
ロバート＝ディンウィディー

（＊01）G.ワシントン、このとき、弱冠22歳。大佐。
身長188cmと図体こそ大きかったのですが、司令官としては経験が浅すぎ、何より小心者であったことが、このとき災いします。
もし、彼が平凡レベルの心臓の持ち主だったら、歴史は変わっていたでしょう。

これを察知したフランス側（A-2）もすぐに対応し、敵（イギリス）の動きを探るため、デュケーヌ砦（とりで）（A/B-3）から小部隊の斥候（せっこう）（＊02）が出されました。

G（ジョージ）．ワシントンは、現在のジュモンヴィル渓谷（けいこく）（B-3）付近でこの斥候を発見するや、問答無用でこれに奇襲をかけ、殲（せん）滅してしまいます。

・上官の命令意図に反し
・政府の宣戦布告もなく
・戦意のないただの斥候に対し
・独断で奇襲攻撃、殺戮
がはははっ！
我が軍の大勝利～っ！これで昇進まちがいなし！
初陣 age 22
ジュモンヴィル渓谷の虐殺
ヴァージニア市民軍大佐
ジョージ＝ワシントン

これはひどい！

当時、英仏両政府が交戦状態であったのならまだしも、平和的関係にありましたし、そもそも上官命令違反ですし、その上、相手は戦意もなくロクな武装もしていないただの斥候（せっこう）（フランスの主張では単なる使節団）です。

それを、いきなり奇襲攻撃で撃滅とは。（A-4）

現在アメリカでは、これを「ジュモンヴィル渓谷の戦い」などと呼んでいますが、これは「戦い」でも何でもない、単なる「一方的な虐殺」でした。

（＊02）偵察隊のこと。たいていは戦闘能力は持たないか、持っていても軽微。
フランス側の主張では、このときにデュケーヌを発った小部隊は、「斥候」ですらなく、単なる「使節」でした。

なぜワシントンは、このような暴挙に至ったのか。
おそらくは単純に、彼が「小心者だったから」でしょう。
小心者というのは、臆病であるがゆえに、すぐに疑心暗鬼に陥り、必要以上に攻撃性を高めることがよくあります。
今回は、それが露骨に出てしまったもの、と思われます。
さて、これを知ったフランス側は、もちろん大激怒。
「ジュモンヴィル事件は戦でもなんでもない、単なる暗殺であると認めろ！
もし、これを認めぬとあらば、一戦事を構えるも辞さぬ！」(B-2)

ジュモンヴィル事件は単なる暗殺であると認めるべし！
認めない限り講和はせんぞっ！
宣戦布告も、警告もなく、ただの斥候にいきなり殲滅攻撃？ なんだそりゃ！？ んなもん、戦でもなんでもねぇ ただの「暗殺」じゃね〜かっ！

こうしたフランス軍の動きに備え、G．ワシントンは数マイル後退して、ネセシティ砦(B-3/4)(＊03)を築いて防御を固めましたが、如何せん多勢に無勢、ネセシティの戦では、無惨な敗北に終わります。
このときの降伏文書の中で、G．ワシントンは、
「フランスの小部隊は、斥候ですらなく、単なる使節であったこと」

(＊03)「Necessity」には、「必要な」「やむをえず」という意味があり、必死にみずからの「暴走行為」を正当化しようとしているのが窺えます。
そもそも、ワシントンが「奇襲虐殺」などしなければ、「必要」でもなんでもなかった砦なのですから。

「ワシントンは、これを奇襲攻撃で謀殺したこと」
…を認める書類にサインをしています。(＊04)

かねてより「ヌーヴェルフランス」の消滅を考えていたイギリス本国にこの戦闘の報せが届くと、これを好機と見、イギリス正規軍を送ることを決定、このまま、フレンチ&インディアン戦争（D-2）に突入していくことになります。

1754.5/28 緒戦 （G・ワシントンの暴走）
1755.7/08 本格化 （イギリス正規軍投入）
1756.5/28 全面戦争（インディアン参戦）
1763.2/10 終戦 （パリ条約）
1756.5/28
インディアン参戦
フレンチ＆インディアン戦争

こうして、「たったひとりの小心者」が起こした暴挙が、アメリカ大陸の歴史を語る上で転換点（ターニングポイント）となる「フレンチ&インディアン戦争」への導火線となっていったのでした。

（＊04）のちに、このサインについて追及を受けたワシントンは、「私は、あの書類に何が書いてあったのか、よくわからなかった。わからないままサインしてしまった」などと、稚児のごとき言い逃れをしています。
「そんな言い訳が通るか！」と言いたいところですが、どうしてもワシントンを英雄化したい者たちによって、これを「正当な理由」として弁護している書物は多い。

Column 初代の神格化

洋の東西を問わず、古今を問わず、その国の「初代」というのは、英雄化・美化・神格化されるものです。

その後継者たちにとっては、自分たちの権力の基盤をつくった「初代」が「じつはカス野郎でした」では、国家運営がやりにくいですから。

また、国民の側に、「我が国は、こんなにも偉大な人物が創った国である！」と信じたい心理があり、この神格化を簡単に受容してしまう素地もあります。

中国では毛沢東（マオツォトン）、旧ソ連ではレーニン、北朝鮮では金日成（キムイルソン）。

彼らは、その暴政をもって、数百万人、数千万人もの自国民を死に追いやった、冷酷で残忍な独裁者にすぎませんでしたが（場合によっては、ヒトラーが殺したユダヤ人の数より多い）、その国内においては「聖人様」のように扱われ、国民の大半もこれを信じています。

アメリカでは、G.ワシントンがまさに「英雄化」の典型です。

ジュモンヴィル渓谷（けいこく）で、戦意もロクな装備もない斥候（せっこう）（使節団？）を一方的に虐殺した暴挙は、「彼の行動力・判断力が示された戦いであり、その初陣（ういじん）を勝利で飾られた！」と評される。

不要な戦（ネセシティ砦（とりで）の戦）を招き、無惨な敗北を喫しても、「外交交渉にもその能力を発揮し、見事な撤退戦であった！」と評される。

露骨な巧言・美辞は滑稽（こっけい）ですらありますが、これ他人事（ひとごと）ではありません。

日本では、徳川家康。

江戸幕府260年にわたって「神君」「大権（ごん）現様」「大御所」などと祀（まつ）りあげられ、神格化された結果、現在に至るまで、日本人のほとんどが、彼を「偉大な人物」と思い込まされています。

が、実際には、ビビってウンチもらす程度の“小人”です。

そして、史書というものは、「事実」を述べながらも、巧妙に著者の「意向」に誘導する「罠」が仕掛けられていることが多いため、史書を読むにあたっては、よほど注意が必要になります。

第2章 アメリカ独立革命前夜

第3幕

細菌兵器の“プレゼント”

フレンチ & インディアン戦争後

パリ条約をもって領土の再分割が決定され、「フレンチ&インディアン戦争」は終結した。しかし白人らは、その講和会議にインディアンを呼ばない。人間として扱っていなかったからである。当然インディアンたちは納得せず、戦争はつづき、砦はつぎつぎ陥ちる。追い詰められたイギリスは、ためらうことなく細菌兵器を使用する。

天然痘大流行

〈フレンチ&インディアン戦争後〉

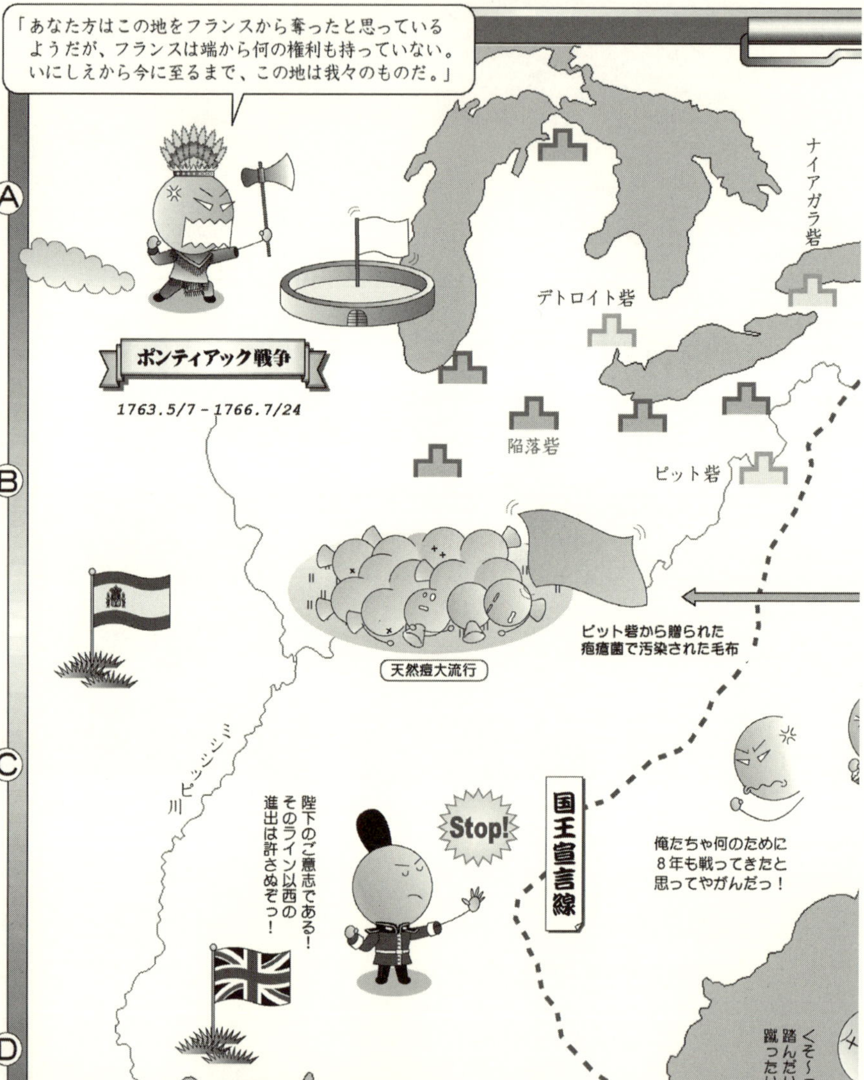
「あなた方はこの地をフランスから奪ったと思っている
ようだが、フランスは端から何の権利も持っていない。
いにしえから今に至るまで、この地は我々のものだ。」
ポンティアック戦争
1763.5/7－1766.7/24
デトロイト砦
ナイアガラ砦
陥落砦
ピット砦
ピット砦から贈られた
疱瘡菌で汚染された毛布
天然痘大流行
ミシシッピ川
陛下のご意志である！
そのライン以西の
進出は許さぬぞっ！
Stop!
国王宣言線
俺たちゃ何のために
8年も戦ってきたと
思ってやがんだっ！
くそ～っ！
踏んだり
蹴ったりだ！
A
B
C
D
1
2
3

1763～64年
がははは！
ついにフラ公を
北米から駆逐したぞっ！
これで北米は俺のモ…
フラ公は去ったが
インディアンの統制に
失敗して砦が次々と
陥落、えらいことに…
ハノーヴァー朝 第3代
ジョージ3世
1760.10/25 - 1820.1/29
このままでは
ピット砦まで陥ちてしまう…
よし、やつらに病原菌を
ばらまいてやるか！
しかたない…
これ以上インディアンたちを
刺激しないために、しばし、
植民地人が指定ライン以西に
西進することを禁止する！
国王宣言
1763.10/7
なんだそりゃ！
インディアンなんざ
皆殺しにすりゃいいんだよっ！
1765
歳入 £ 10,000,000
債務 £133,000,000
利子 £ 5,000,000
戦争戦争で借金を重ね
ふと気が付いてみたら
この有様…
シャレにならん額だぞ…
借金
お前たちを守るための
戦争で使ったカネだ、
お前たちに
弁済してもらうぞ！
な～に、
糖蜜法の半額だ！
安かろう？
1764 砂糖法
（輸入砂糖3ペンス/ガロンの関税）
④
⑤

こうして勃発した「フレンチ＆インディアン戦争」は、1763年にパリ条約が締結され、植民地の再分配が定められて講和に至ります。

- カナダ　（A-3）　：フランス領 → イギリス領
- ミシシッピ川以東のルイジアナ　（B/C-2）：フランス領 → イギリス領
- ミシシッピ川以西のルイジアナ　（B/C-1）：フランス領 → スペイン領
- フロリダ　（D-2/3）：スペイン領 → イギリス領

「ヌーヴェルフランス」は消滅し、足かけ8年(＊01)に及んだ戦争は、ここに終結します。

…と、高校の世界史の授業では教わります。

しかしながら、それは事実ではありません。

じつは、「フレンチ＆インディアン戦争」というのは、イギリスが敵対した相手が「フランスとインディアンの連合軍」であったことを意味する、イギリス側の呼び方です。(＊02)

たしかに1763年、フランスは降伏し、パリ会議が開催され、講和は成ったかもしれません。

しかし、その席に「インディアン」はいませんでした。(＊03)

当然、インディアンは、まだ負けを認めていません。

インディアンは叫びます。

「あなた方は、この地をフランスから奪ったと思っているようだが、そもそもフランスは、この地において端（はな）から何の権利も持ってはいない。
いにしえから今に至るまで、この地は我々のものである！」(A-1)

あまりに正論すぎて、コメントを加える余地もありません。

(＊01)「どの時点をもってフレンチ＆インディアン戦争の勃発と見做すか」という歴史解釈によって戦争期間は変わってきますが。

(＊02) フランス人は「征服戦争」、ドイツ人は「北米七年戦争」などと呼んでいたりします。

(＊03) 人種差別意識の強烈な白人にとって、インディアンと対等の席に座って話し合うこと自体が考えられないことでしたので、会議にインディアンは呼ばれもしませんでした。

「あなた方はこの地をフランスから奪ったと思っている
ようだが、フランスは端から何の権利も持っていない。
いにしえから今に至るまで、この地は我々のものだ」
デトロイト砦
ポンティアック戦争
1763.5/7 – 1766.7/24
陥落砦

前章でも触れましたように、そもそもフランスは、「ヌーヴェルフランス」などと呼ばれていたこの地を実効支配していたわけではなく、ただ「ビーバー毛皮の独占貿易を行う勢力範囲（なわばり）」としていただけだったのですから。

そして、「戦争」は終わっていなかったのですが、どうしても戦争を終わったことにしたかったイギリスは、これを「フレンチ＆インディアン戦争」とは切り離して、「ポンティアック戦争」（A/B-1）と呼ぶことにします。

しかしこのころ、イギリスはすでに、士気は衰え、国庫は破産状態となっており、インディアンとの戦争に思わぬ苦戦を強いられます。

オハイオ領土（テリトリ）（B-2）(＊04) 周辺にあったイギリスの砦（とりで）は、デトロイト砦（A/B-2/3）やナイアガラ砦（A/B-3）など、わずかな砦を残してつぎつぎと陥落。

（＊04）オハイオ川流域とその以北、エリー湖以南の地域のこと。
現在のオハイオ州からペンシルヴァニア州西部にかけての地域。

ついには、ピット砦（B-3）（＊05）まで危機に陥ります。

「まずい！　ピット砦が陥ちたら、我が軍は潰滅してしまう！」

あせったピット砦の総督は一計を案じます。

インディアンの酋長を集め、プレゼントを渡してこう言ったのです。

「これはホンの友好の証です。

このあたたかい毛布をお受け取りください。」

あれ？　どういう風の吹き回し？　和睦交渉？　袖の下作戦？

そんなアマいものではありません。

じつは、この毛布、天然痘患者が使用したものだったのです。

このままでは
ピット砦まで陥ちてしまう…
よし、やつらに病原菌を
ばらまいてやるか！
ピット砦から贈られた
疱瘡菌で汚染された毛布
天然痘大流行

これにより、天然痘菌がまき散らされ、免疫のないインディアンの社会にたちまち蔓延、戦争どころではなくなってしまいます。（B/C-2）

いわゆる「細菌兵器」を使ったのでした。（＊06）

（＊05）前幕でフランスの砦として登場した「デュケーヌ砦」のことです。
イギリスがここをブン捕ると、当時のイギリス首相（大ピット）にちなんで「ピット砦」と改名していました。現在の「ピッツバーグ」です。（バーグは砦の意）

（＊06）ちょっと追いつめられただけで、どんな卑劣な手段でもためらいなく使ってくる。
彼らは自らを「文明人」と自称していますが、これが「文明人」のやることでしょうか。

こうして、なんとかピット砦は危機を脱しましたが、窮状（きゅう）は変わらず。

なんとかこの事態を打開せねば！

そこで、時の国王ジョージ３世は、「国王宣言線」（C-2）を定め、「植民地人はそのラインより西の地に進出してはならない」との命を発しました。

（これを「国王宣言」（C-5）と言います。）

インディアンが怒っているのは、土地を取られるからです。

それさえしなければ、インディアンの怒りは収まるはず。

もちろんそれはそうですが、そうなると今度は、植民地人たちの怒りが収まりません。（C-3）

「俺たちが８年もフラ公やインディアンたち相手に戦ったのはなぜだ！？

インディアンの土地を根こそぎ奪い尽くすためだろうが！

その戦争(＊07)に勝利した今、なぜ、それを禁止する！？

逆らうインディアンどもなど、皆殺しにすればいいんだよ！」

なんだそりゃ！
インディアンなんざ
皆殺しにすりゃいいんだよっ！
国王宣言
1763.10/7

植民地人の怒りも収まらぬ中にあって、さらに本国（イギリス）は、「砂糖法」「印紙法」によって新税を植民地に課してきます。

いよいよ、風雲は急を告げます。

（＊07）もちろん「フレンチ＆インディアン戦争」のこと。
現在進行形で戦っている「ポンティアック戦争」のことではありません。

Column 悪魔の疫病・天然痘

天然痘（疱瘡）は、現在ほぼ撲滅されましたので、その恐ろしさを知る人も少なくなってきています。

しかし、この病は、ひとたび発症するや、空気感染し、死亡率は約半分というおそろしい伝染病。

しかも、たとえ助かったとしても、顔から全身にいたるまで、痘痕ができてしまうため、古来、「悪魔の病」として怖れられてきました。

日本でも、伊達政宗が右目を失ったのは天然痘のためですし、徳川家光が罹患すると、春日局が治癒祈願に「薬断ち」をしたのは有名です。

ヨーロッパでも定期的に流行し、ときに何百万人もの死者を出すほど猛威を揮いましたが、それにより免疫が広まり、中世の末ごろには、感染率も死亡率も重症化率もともに落ちてきており、本書に登場するエリザベス１世も罹患しましたが重症化しませんでした。

そんなとき、ヨーロッパ人とインディアンが接触したのです。

アメリカ大陸には天然痘が存在しなかったため、当然、インディアンにはまったく免疫がありません。

そのため、「免疫があり、天然痘を保菌していながら発症していない白人」がインディアンと接触するだけでインディアンの村々に、この「悪魔の病」が猛威を揮うことがしばしばありました。

ピルグリム＝ファーザーズがプリマスに上陸したとき、すでにパタクセント族が絶滅していましたが、これも天然痘によるものともいわれ、ピット砦の総督は、これを積極的に「細菌兵器」として使用しました。

ちなみに、G．ワシントンも19歳のころ、天然痘に罹患しています。

命こそ助かったものの、その後遺症のために、生殖能力を失ったとか、歯が弱くなり、若くして総入れ歯だった、などといわれています。

因果の真偽のほどは不明ですが。

そういえば、G．ワシントンの肖像画の口元をよく見ると、ニガムシをかみつぶしたような感じにも見えます。

第２章 アメリカ独立革命前夜

第４幕

「代表なくして、課税なし！」

印紙法

「ヌーヴェルフランス」は消滅した。フランスの脅威が去ったイギリス本国は、ただちに「有益なる怠慢」を止め、課税を本格化させる。１７６４年の砂糖法、翌65年の印紙法…。これに植民地側は猛反発。Ｐ・ヘンリー、Ｂ・フランクリン、独立運動の主要メンバーたちが不買運動を起こし、風雲は急を告げてゆく。

私刑
コールタール
ひ～～～～っ！
鳥の羽
タール＆フェザー

〈印 紙 法〉

「結集せよ！
さもなくば、
死あるのみ！」
「シーザーにブルータスあり！
チャールズ1世には
クロムウェルあり！
今、ジョージ3世には…」
JOIN, or DIE.
1754
植民地郵政長官代理
ベンジャミン＝フランクリン
1753 - 74
ヴァージニア植民地会議議員
パトリック＝ヘンリー
1765 - 74
私刑
コールタール
不買運動に協力しないヤツは
タール＆フェザーの刑だっ！
ひ〜〜〜〜っ！
鳥の羽
ボストン
タール＆フェザー
ボストン「自由の息子たち」創設者
サミュエル＝アダムズ
1765 - ??
イギリスが「親」で
我々がその「息子」などという
位置づけで考えている者もいる
ようだが、断じてそうではない！
我々は「自由の子」である！
「大義の名の下で暴れる
ってのは爽快だな！」
我ら
「自由の息子たち」
の勝利であるっ！
A
B
C
D
1
2
3

1765～66年

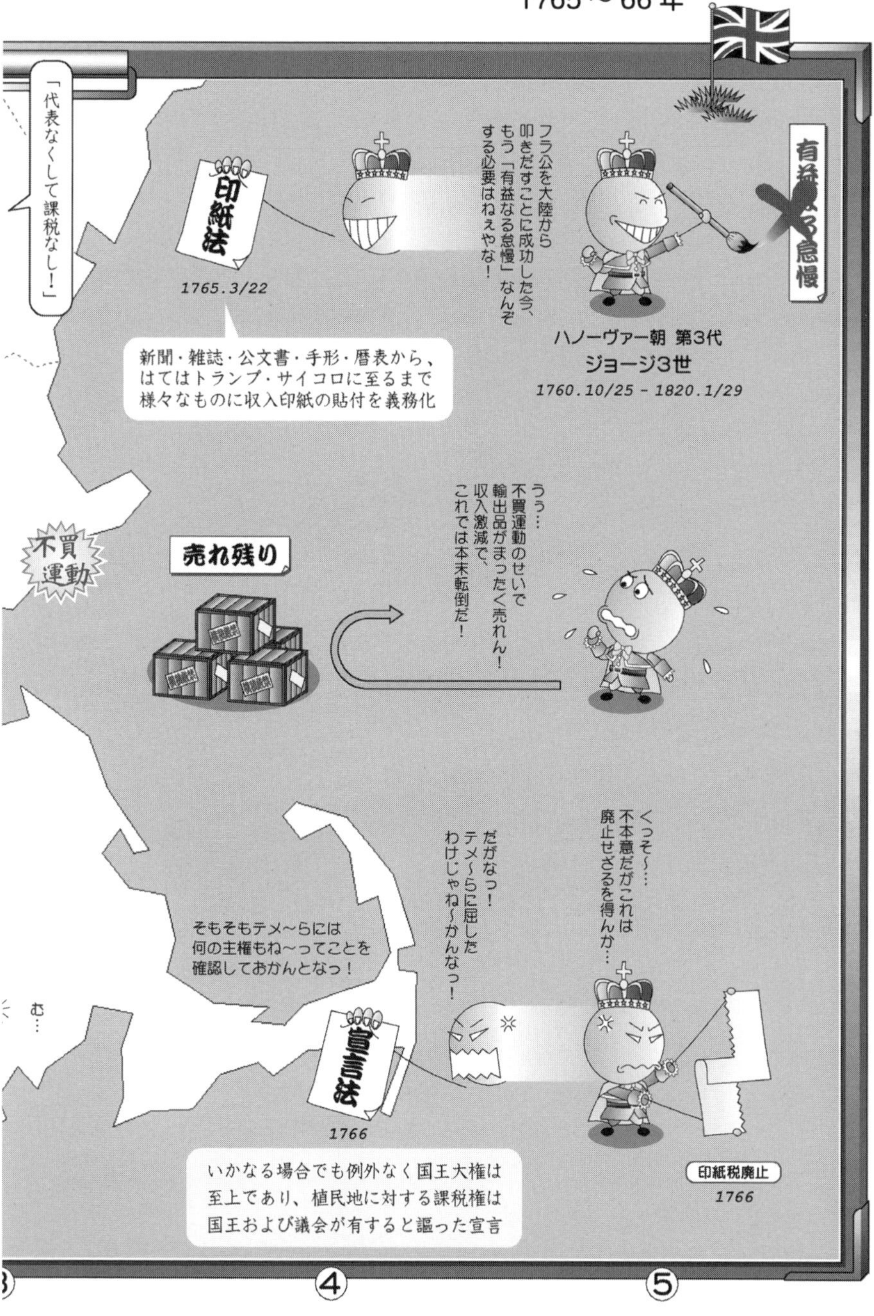
「代表なくして課税なし！」
印紙法
1765.3/22
新聞・雑誌・公文書・手形・暦表から、はてはトランプ・サイコロに至るまで様々なものに収入印紙の貼付を義務化
フラ公を大陸から叩きだすことに成功した今、もう「有益なる怠慢」なんぞする必要はねぇやな！
有益なる怠慢
ハノーヴァー朝 第3代
ジョージ3世
1760.10/25 - 1820.1/29
不買運動
売れ残り
うぅ…不買運動のせいで輸出品がまったく売れん！収入激減で、これでは本末転倒だ！
くっそ～…不本意だがこれは廃止せざるを得んか…
だがなっ！テメ～らに屈したわけじゃね～かんなっ！
そもそもテメ～らには何の主権もね～ってことを確認しておかんとなっ！
む…
宣言法
1766
いかなる場合でも例外なく国王大権は至上であり、植民地に対する課税権は国王および議会が有すると謳った宣言
印紙税廃止
1766
③
④
⑤

第1章　アメリカ13州の建設
第2章　アメリカ独立革命前夜
第3章　アメリカ独立革命
第4章　合衆国憲法の成立

さて、「フレンチ＆インディアン戦争」でフラ公どもは駆逐した。
背後の憂(うれ)いはなくなったので、「有益なる怠慢」をつづける理由もなくなりました。

植民地人との間には「国王宣言」による軋轢(あつれき)はあったけれども、もはや、イギリス本国には、そんなことを気にしている余裕もありませんでした。

当時のイギリスの国家収支を見てみれば、それは一目瞭然。

戦争戦争で借金を重ね
ふと気が付いてみたら
この有様…
シャレにならん額だぞ…
1765
歳入 ￡ 10,000,000
債務 ￡133,000,000
利子 ￡ 5,000,000
借金

なんと、債務は国家予算の13倍、その利子だけで、歳入の半分！（＊01）

すでに破綻(はたん)寸前、退(の)っ引(ぴ)きならないところまで来ていたのです。

もはや一刻の猶予(ゆうよ)もありません。

さっそくパリ条約の翌1764年には「砂糖法」、さらに翌1765年には「印紙法」を制定し、つぎつぎと新税をかけます。

先の「糖蜜法」は、「輸入糖蜜1ガロンにつき6ペンスの関税をかける」というもの（＊02）でしたが、今回の「砂糖法」は、この税額を半額にしたもの。

（＊01）ちなみに、フランス革命が勃発した主原因は財政破綻ですが、当時のフランスの歳入が4億リーブル、債務が42億リーブルで、債務は歳入の10倍強でした。
なんと、このころのイギリスは、フランス革命当時のブルボン朝よりも大きな借金を抱えていたのでした。

（＊02）これは、税額としてけっして高いものではありませんでした。

「なぁんだ、大増税でもしたのかと思ったら、逆に半額にしてくれたのか。
それなら植民地人も怒らない、いや、むしろ喜んだんじゃ？」
…などと思ってはいけません。
「糖蜜法」のときには、みんな、あたりまえのように脱税していて、そもそも「ビタ１ペンス」たりとも払っていなかったのに、今回からは「めこぼし」がなくなったのですから、きっちり「３ペンス」払わなければなりません。
この「砂糖法」は、彼らにしてみれば「大増税」です。
これに加えて、翌年の「印紙法」。
これは、新聞・雑誌・公文書・手形から、カレンダー、果てはトランプ・サイコロに至るまで、あらゆるものに収入印紙の貼(ちょう)付を義務づけたものです。

印紙法
1765.3/22
新聞・雑誌・公文書・手形・暦表から、はてはトランプ・サイコロに至るまで様々なものに収入印紙の貼付を義務化
ハノーヴァー朝 第3代
ジョージ3世

これに対し、ついに怒りの声を発する者が現れます。
「代表なくして課税なし！」と叫んだのが、P(パトリック).ヘンリー。
「我々は本国議会に代表を送り込んでいないのだから、権利を与えられていない我々に、そもそも税金を払う義務などない！」という主張です。
賛辞を浴び、調子に乗ったP(パトリック).ヘンリー、つい口がスベります。
「シーザーにはブルータスあり！　チャールズ１世にはクロムウェルあり！
今、ジョージ３世には…」
ブルータスもクロムウェルも、時の独裁者を暗殺・処刑した人物たちですから、これは、国王陛下に対して「殺すぞ、コラ！?」と恫喝(どうかつ)しているようなもので、失言と言ってもよいほど過激(ラディカル)すぎる発言です。

「結集せよ！
さもなくば、
死あるのみ！」
「シーザーにブルータスあり！
チャールズ１世には
クロムウェルあり！
今、ジョージ３世には…」
「代表なくして課税なし！」

植民地郵政長官代理
ベンジャミン＝フランクリン

ヴァージニア植民地会議議員
パトリック＝ヘンリー

これには、さすがに「反逆罪だ！！」「反逆者がここにいるぞ！」との罵(ば)声が植民地側から上がってしまったほどでした。

さらに、B(ベンジャミン).フランクリンも団結を呼びかけます。

「結集(JOIN)せよ！　さもなくば(OR)、死(DIE)あるのみ！」(＊03)

かようにして、イギリス本国への反発が広まっていく中、ある市民組織が生まれます。

これこそが「自由の息子たち(Sons of Liberty)」。(B/C-2/3)

じつは当時、以下のような考え方がありました。

「イギリス本国は“親”であり、我々植民地は“息子”である。
したがって、どんなにひどい“親”でも、その“親”に手を上げるというのは、“息子”としてあるまじき態度ではなかろうか？」

(＊03) 1754年5月の「ペンシルヴァニア新聞」に、彼自身が描いた「体が8つに切断されたヘビ」のイラスト(A-1)ともに掲載された警句。

これに対して、「自由の息子たち(Sons of Liberty)」は主張します。

「俺たちが本国(イギリス)の“息子”だと！？　そんなわけあるか！

我々は、本国の圧政から“自由”を求めて逃げてきた者たちではないか！

“親”だ“息子”だを持ち出すというのなら、我々は“本国(イギリス)の息子”などではない、“自由の息子たち(Sons of Liberty)”なのである！」

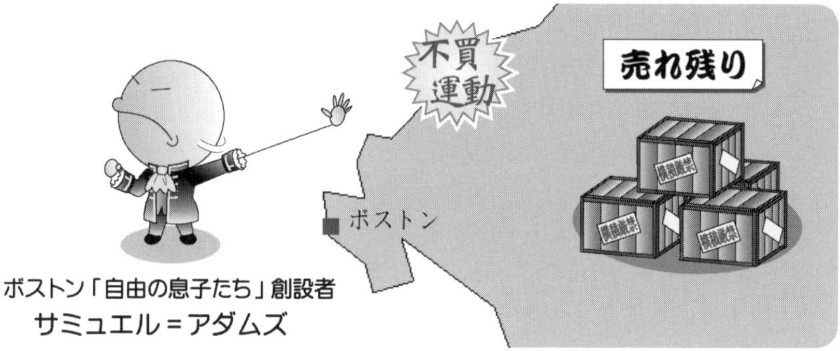
不買運動
売れ残り
ボストン

ボストン「自由の息子たち」創設者
サミュエル＝アダムズ

まず、ボストンで生まれた「自由の息子たち(Sons of Liberty)」は、Ｓ(サミュエル).アダムズが中心となって、イギリス製品不買運動を起こし、これに協力しない者には私刑(リンチ)(＊04)を加えるという実力手段に出るようになります。

これにより大量の在庫（B/C-4）を抱えることになったイギリスは、制定後わずか１年で「印紙法の撤廃」を余儀なくされました。（D-5）

「自由の息子たち(Sons of Liberty)」は、勝利に酔いしれました（D-2）が、これに屈する形になった本国(イギリス)側は、メンツ丸つぶれ、税収もない…。

当然、このままでは済むはずもなく…。

（＊04）具体的には、「タール＆フェザー」（B/C-1）というリンチ。
「まずコールタールを全身にぶっかけ、そこに鳥の羽根をかける」というもの。

Column B.フランクリン効果

「建国の父」のひとりに数えられるB（ベンジャミン）.フランクリンという方は、たいへん人望のある方で、右からも左からも、誰からも好かれ、信望を集めたといわれます。

ならば、よほど魅力的で人徳の高いお方だったのだろうと思いきや。

彼に言わせますと、「人望にもテクニックがある」そうで。

じつは彼にも、かつて彼を目の仇（かたき）にする政敵がいました。

その政敵は、フランクリンのやることなすこと、「反対！」「反対！」。

その政敵が有力議員であったため、彼の議員としての動きが封じられ、困り果てたフランクリンは一計を案じます。

フランクリンはそそくさと政敵のもとに近づき、話しかけます。

政敵「な、なにかね？」

―― あの。貴殿は、何某（なにがし）という本をお持ちだと伺いました。

政敵「い、いかにも持っておるが。それが何か？」

―― じつは、私もつねづねその本を読みたいと願い、探しておりましたが、どうしても手に入りません。

さしつかえなれば、2～3日お貸しいただけないでしょうか。

政敵「なんだ、そんなことか。うむ、いいだろう。

君もこれを読んで、しっかり学ぶとよい」

こんなことを2～3度繰り返しました。

すると。

なんということでしょう！

その政敵からの嫌がらせはピタリと止まり、むしろ、フランクリンの支援者となったといいます。

なんでも、人間というものは、「ひとたび他人（ひと）に親切にすると、もっと親切にしたくなる心理」というのが働くそうで。

これを、心理学用語で「B（ベンジャミン）.フランクリン効果」と言います。

ほ、ほんとかしらん、それ???

第2章 アメリカ独立革命前夜

第5幕

「自由の息子たち」の実力行使

ボストン茶会事件

植民地の猛反発の前に、イギリス本国は「印紙法」を取り下げたものの、代わりに「タウンゼンド諸法」を実施。しかしそれはボストン虐殺事件を引き起こしてしまう。やむを得ず「タウンゼンド諸法」を廃止し、代わりに「茶法」を実施したイギリス。しかしそれはボストン茶会事件を引き起こしただけであった。

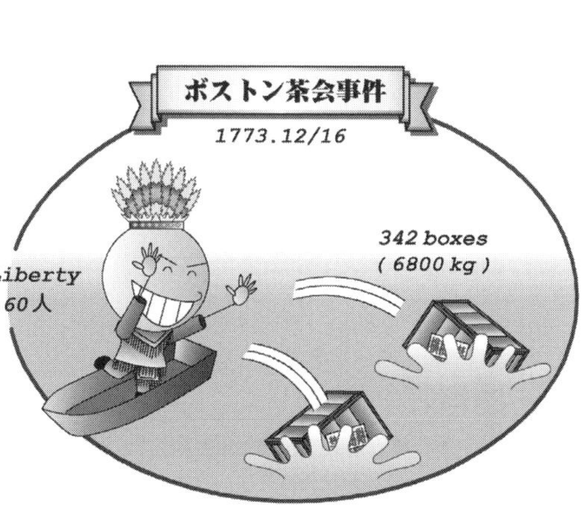

ボストン茶会事件
1773.12/16
Sons of Liberty
50 ~ 60人
342 boxes
(6800 kg)

〈ボストン茶会事件〉

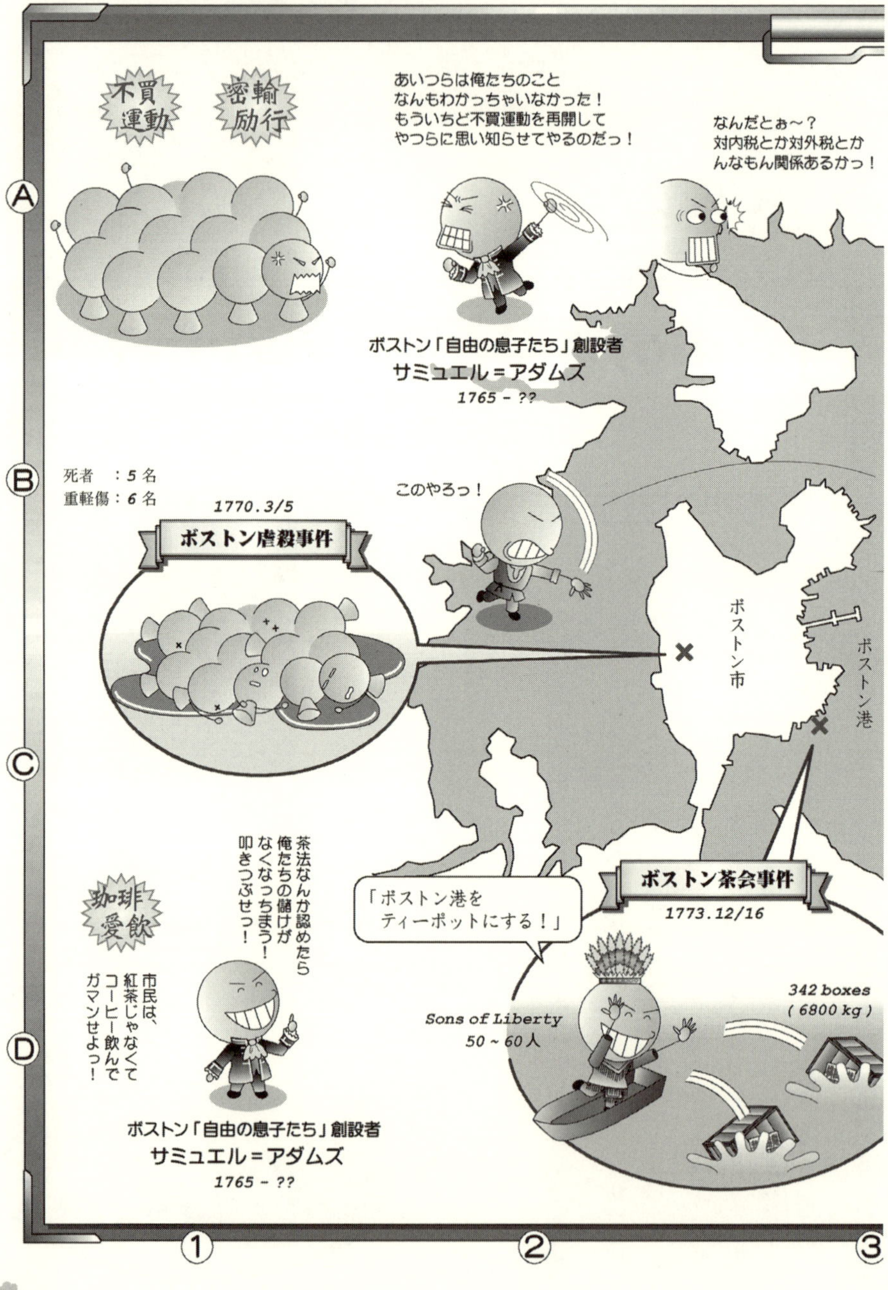

不買運動
密輸励行
あいつらは俺たちのこと
なんもわかっちゃいなかった！
もういちど不買運動を再開して
やつらに思い知らせてやるのだっ！
なんだとぉ～？
対内税とか対外税とか
んなもん関係あるかっ！
ボストン「自由の息子たち」創設者
サミュエル＝アダムズ
1765 - ??
死者　：5 名
重軽傷：6 名
1770.3/5
ボストン虐殺事件
このやろっ！
ボストン市
ボストン港
茶法なんか認めたら
俺たちの儲けが
なくなっちまう！
叩きつぶせっ！
珈琲愛飲
市民は、
紅茶じゃなくて
コーヒー飲んで
ガマンせよっ！
ボストン「自由の息子たち」創設者
サミュエル＝アダムズ
1765 - ??
ボストン茶会事件
1773.12/16
「ボストン港を
ティーポットにする！」
Sons of Liberty
50～60人
342 boxes
(6800 kg)
A
B
C
D
1
2
3

1767 ～ 73 年

第1章　アメリカ13州の建設
第2章　アメリカ独立革命前夜
第3章　アメリカ独立革命
第4章　合衆国憲法の成立

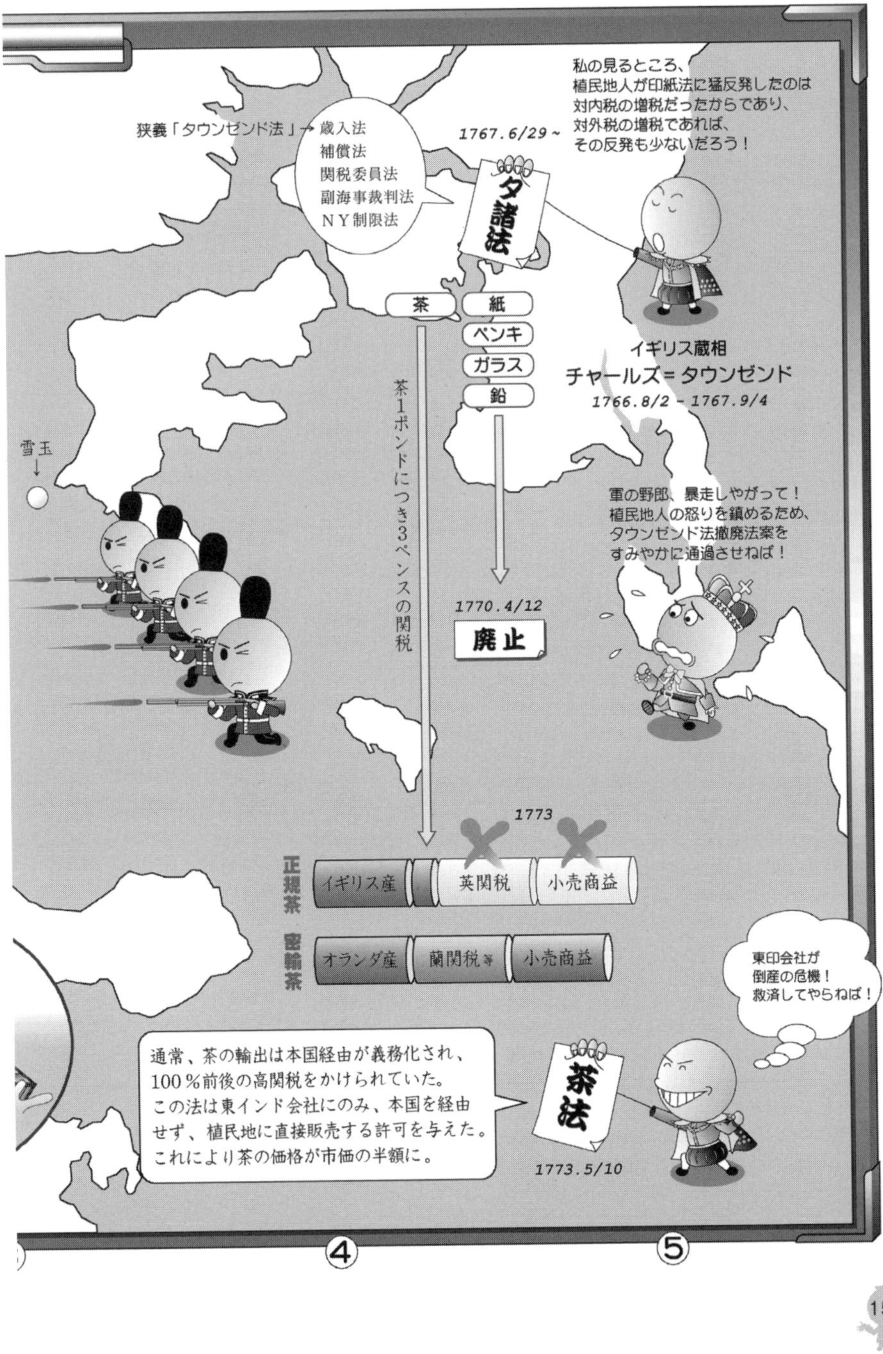
私の見るところ、
植民地人が印紙法に猛反発したのは
対内税の増税だったからであり、
対外税の増税であれば、
その反発も少ないだろう！
狭義「タウンゼンド法」→ 歳入法
補償法
関税委員法
副海事裁判法
ＮＹ制限法
1767.6/29～
タ諸法
茶
紙
ペンキ
ガラス
鉛
イギリス蔵相
チャールズ＝タウンゼンド
1766.8/2 - 1767.9/4
雪玉
茶１ポンドにつき３ペンスの関税
軍の野郎、暴走しやがって！
植民地人の怒りを鎮めるため、
タウンゼンド法撤廃法案を
すみやかに通過させねば！
1770.4/12
廃止
1773
正規茶
イギリス産
英関税
小売商益
密輸茶
オランダ産
蘭関税等
小売商益
東印会社が
倒産の危機！
救済してやらねば！
通常、茶の輸出は本国経由が義務化され、
100％前後の高関税をかけられていた。
この法は東インド会社にのみ、本国を経由
せず、植民地に直接販売する許可を与えた。
これにより茶の価格が市価の半額に。
茶法
1773.5/10
④
⑤

こうして、「印紙法」は撤廃に追い込まれたものの、このままでは税収が減ってしまいます。

すぐに次の手を考えねば。

しかし、時の蔵相 C(チャールズ).タウンゼンド(A-5)(＊01)には、「植民地人がなぜ印紙法に怒りを顕わにしているのか」が、どうしても理解できませんでした。

タ諸法

イギリス蔵相
チャールズ＝タウンゼンド

「なぜじゃ？

何故(なにゆえ)、植民地人どもは印紙法に対して、あんなに怒っておるのか？

そうか！　印紙法が対内税だからだな？

ならば、対外税にすれば、問題なかろう！」

これまで比較的反発の少なかった羊毛税・帽子法・糖蜜法・砂糖法などは、いずれも対外税（輸入品にかかる税金）であり、今回猛反発された印紙法がたまたま対内税（国産品にかかる税金）だったため、タウンゼンド蔵相は、そう勘違いしてしまったのでした。

実際には、税である以上、「対内税」だろうが、「対外税」だろうが、そんなことは植民地人には関係ありませんでしたが、そう思い込んでしまったタウンゼンド蔵相は、矢継ぎ早に「対外税」を発します。

これを総称して「タウンゼンド諸法」（A-4/5）と言います。

これは、「歳入法」に代表され、茶(ティー)・紙・ペンキ・ガラス・鉛などといった日

（＊01）中世以来の「三圃制」を改良し、イギリスで初めて「四圃制（四輪作法/ノーフォーク農法）」を導入した人物として有名なチャールズ＝タウンゼンド子爵と同姓同名ですが、別人です。というか、祖父と孫の関係です。
おもしろいことに、タウンゼンド子爵家では、祖父・父・子と、3代にわたって、同姓同名の「チャールズ＝タウンゼンド」でした。ややこしいこと。

用雑貨系の輸入品に関税をかけるというもの。

これに対し、「自由の息子たち（Sons of Liberty）」は、ふたたび不買運動を行います。（A-1）

しかし、彼らの不買運動は、紙・ペンキ・ガラス・鉛などには成果を上げたものの、「茶（ティー）」だけはあまり浸透しませんでした。

「おまえら、紅茶（ティー）飲むんじゃねぇってんだろっ！！」

―― だって、紅茶（ティー）は飲みたいんだもん。がまんできん。

「じゃ、紅茶（ティー）の代わりに、珈琲（コーヒー）を飲めばよかろう！」

―― でも、珈琲（コーヒー）は高いしぃ…。

「じゃあ、薄めて飲めばよかろう！」（D-1）

じつは、こうして生まれたのが「アメリカン・コーヒー」です。

さて。

こうして対立が深まる中、1770年３月５日のこと。

雪の積もるボストン市において、その事件は起こりました。

突然、イギリス兵とボストン市民の言い争いが起こり、やがて市民側がイギリス軍に雪玉を投げつけはじめました。

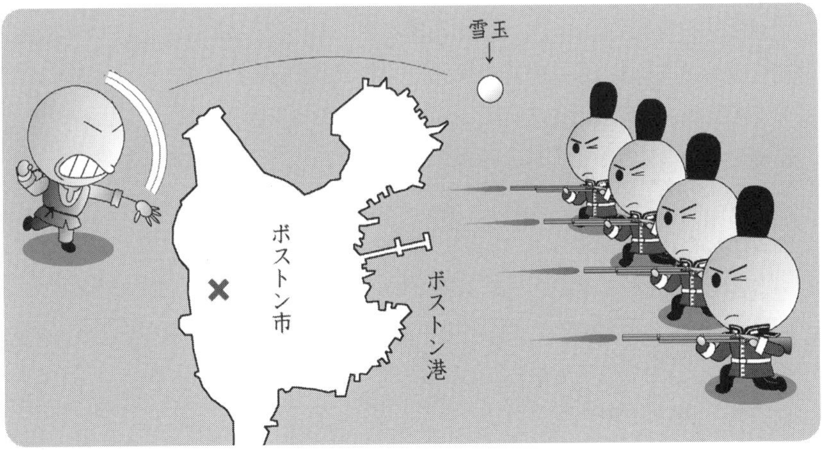
雪玉
ボストン市
ボストン港

これに対して、イギリス軍は発砲をもって応じ、死者５名、重軽傷者６名を出す事件となります。

これこそが、所謂（いわゆる）「ボストン虐殺事件」です。

「雪玉」投げたくらいのことで「銃撃」、しかも死者まで出ていますから、ここだけ見ると「なんてひどい仕打！」と感じるかもしれませんが、それほどに当時のボストンは緊迫していたということでしょう。

これを知った「自由の息子たち（Sons of Liberty）」は、これをプロパガンダとして使って市民を煽（あお）り、事態は一触即発、独立暴動に発展しそうな勢いになります。

「まずい！　本当に独立戦争になるような勢いだ！」

そこで、本国（イギリス）も妥協してきます。

軍の野郎、暴走しやがって！
植民地人の怒りを鎮めるため、
タウンゼンド法撤廃法案を
すみやかに通過させねば！

「紙・ペンキ・ガラス・鉛などのタウンゼンド歳入法を廃止する！」（B/C-5）

この妥協案は奏功し、事態は急速に平静に向かいました。

しかし、「茶税」だけは死守します。

じつは、先にも触れましたように、紙やペンキなどの「タウンゼンド歳入法」については、不買運動によって売上がガタ落ちしていて、すでに事実上「空文化」していました。

それを切り棄てることで「平静」を勝ち得、しかも唯一儲けを出していた「茶税」だけは守り通したのですから、まさに「エビでタイを釣」ったようなもので、これは本国（イギリス）の外交勝利と言ってよい。

憤懣（ふんまん）やるかたなかったのが、今回の騒動を起こした「自由の息子たち（Sons of Liberty）」。

「くそっ！

大衆どもめ、あんな安いエサに釣られやがって！！」

いつの時代でもどこの国でも、大衆というものは本質が見えていません。

目先のものにすぐ騙され、カンタンに踊らされるものです。

そして、「自由の息子たち（Sons of Liberty）」の次のターゲットは、残された「茶税」。

「皆の者！　紅茶を飲むな！

おまえたちが紅茶を１杯飲むたびに、本国（やつら）がブクブク太るんだぞ！?

それでもどうしても紅茶が飲みたいのならば、オランダ産の密輸茶を飲め！

オランダ密輸茶は、正規品より安いし、一石二鳥だ！」

当時、オランダ産茶は「ご禁制」。

しかし、オランダ産茶は、「茶税」がない分、正規品のイギリス製茶より、少し安かった（C/D-4/5）ので、この呼びかけはうまくいきました。

慌てたのが本国(イギリス)。

「最近、紅茶がパッタリ売れなくなったと思ったら、オランダ密輸茶が横行してたのか！

まずい、このままでは東インド会社が倒産してしまう！」(＊02)

そこで一計。

これまでは、アメリカに輸出される茶は、かならずいったん本国(イギリス)に運び込んで、「100％関税」がかけられてから、現地(アメリカ)の小売商に卸すことが義務づけられていました。

その結果、売価は、「原価 ＋ 茶税 ＋ 本国(イギリス)関税 ＋ 小売商益(マージン)」となり、オランダ密輸茶より高くなっていたのです。（C/D-4/5）

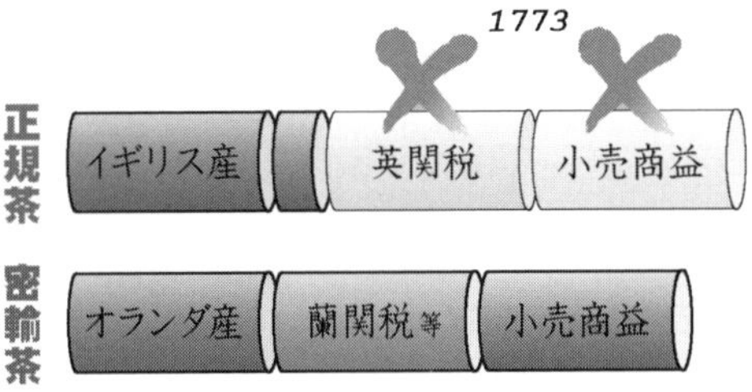
1773
正規茶
イギリス産
英関税
小売商益
密輸茶
オランダ産
蘭関税等
小売商益

そこで、まず、本国関税を撤廃。

さらに、東インド会社に、直接販売権も与えます（小売商益(マージン)の排除）。

（＊02）当時、茶貿易の権利は「東インド会社」のみに与えられていました。
他の商人は茶貿易に介入できないため、莫大な富が東インド会社に入る仕組みです。
これは日本の時代劇に譬えれば、「悪代官と越後屋」の関係に似ています。
悪代官は越後屋に販売独占権を与え、これでボロ儲けした越後屋はその儲けの一部を悪代官に手渡す。有名な「越後屋、そちも悪よのぉ！」はこのときのセリフです。

これで売価は、「原価 ＋ 茶税」のみとなり、密輸茶の価格の半分以下になります。

これこそが、「茶法」（1773年）です。（D-5）

これをやられると、いくら「自由の息子たち（Sons of Liberty）」が「密輸茶を買え！」と叫べど踊れど、暖簾（のれん）に腕押し、ヌカに釘。

みんなこぞって「正規茶」を買うようになってしまいます。

「くそっ！　またしても、本国にしてやられた！

こうなりゃ、実力行使だ！」

そこで、その年の暮れも迫った12月16日未明、「自由の息子たち（Sons of Liberty）」の有志50〜60人が、顔にドーランを塗り、インディアンの民族衣装を着て、ボストン港に停泊していた東インド会社の船に潜入します。

「こうしてやれば、売ることもできまい！」

「ボストン港をティーポットにしてやるわ！」

こうして、船に満載されていた342箱、6.8t（トン）分もの茶葉をかたっぱしから海に放り込んでしまいます。

これこそが、あの有名な「ボストン茶会事件（ティーパーティ）」です。（D-2/3）

ボストン港は、紅茶で真っ赤に染まり、あたかもこれから始まる大動乱で流れる血を象徴しているかのようでした。

ボストン茶会事件
1773.12/16
「ボストン港を
ティーポットにする！」
Sons of Liberty
50 ~ 60人
342 boxes
(6800 kg)

第３章 アメリカ独立革命

第１幕

「我に自由を与えよ！ しからずんば…」

第１次大陸会議

ボストン茶会事件に対する本国の報復措置（耐え難き諸法）の善後策を協議するため、諸邦の代表がフィラデルフィアに集まることになった。これが「第1次大陸会議」である。とはいえ、会議は紛糾し、なんの成果もなく閉幕。ところが、本国は敏感に反応し、これを「反乱状態」と認定、軍を派遣することとなる。

来年第２回大会を実施しよう！

ヴァージニア代表
ジョージ＝ワシントン

〈第１次大陸会議〉

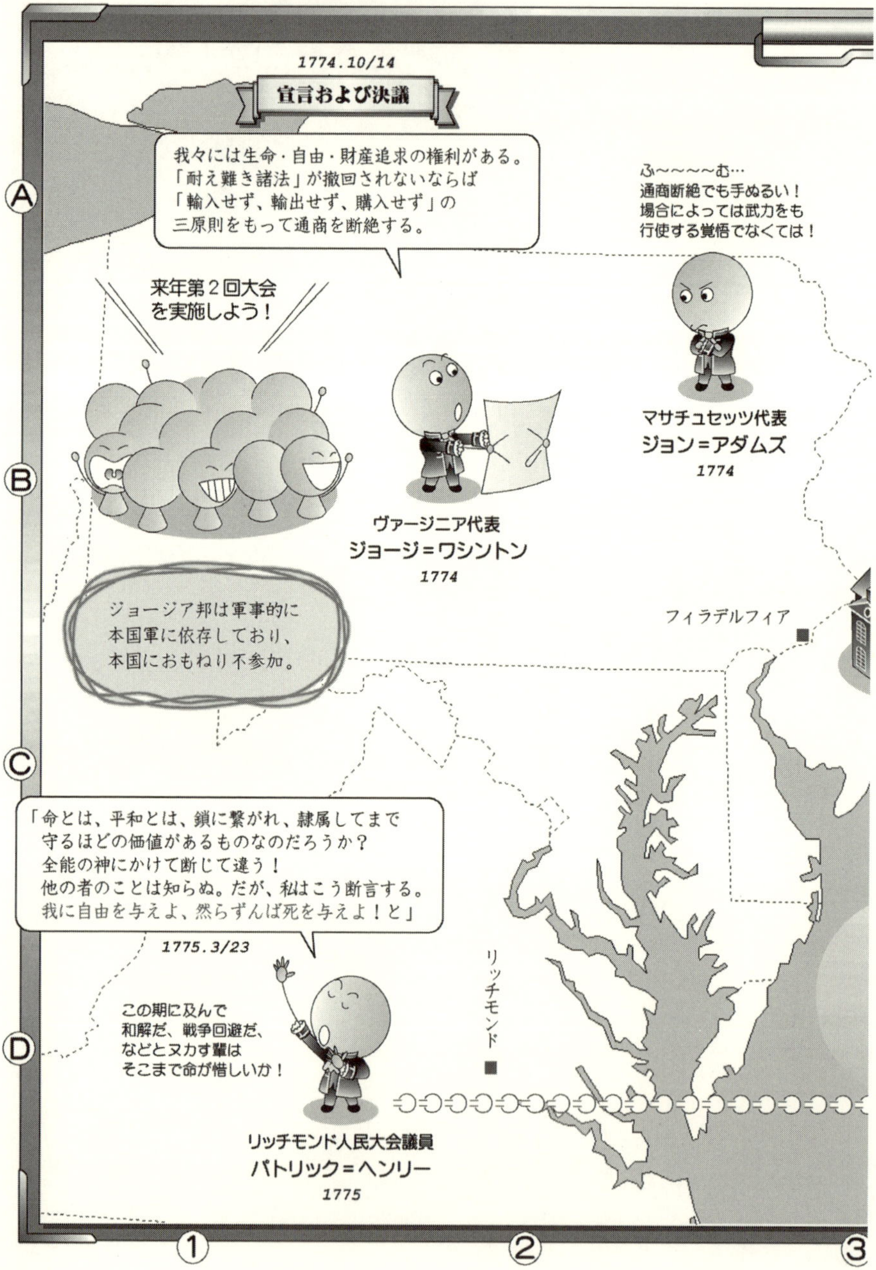
1774.10/14
宣言および決議
我々には生命・自由・財産追求の権利がある。
「耐え難き諸法」が撤回されないならば
「輸入せず、輸出せず、購入せず」の
三原則をもって通商を断絶する。
ふ〜〜〜〜む…
通商断絶でも手ぬるい！
場合によっては武力をも
行使する覚悟でなくては！
来年第２回大会
を実施しよう！
マサチュセッツ代表
ジョン＝アダムズ
1774
ヴァージニア代表
ジョージ＝ワシントン
1774
ジョージア邦は軍事的に
本国軍に依存しており、
本国におもねり不参加。
フィラデルフィア
「命とは、平和とは、鎖に繋がれ、隷属してまで
守るほどの価値があるものなのだろうか？
全能の神にかけて断じて違う！
他の者のことは知らぬ。だが、私はこう断言する。
我に自由を与えよ、然らずんば死を与えよ！と」
1775.3/23
リッチモンド
この期に及んで
和解だ、戦争回避だ、
などとヌカす輩は
そこまで命が惜しいか！
リッチモンド人民大会議員
パトリック＝ヘンリー
1775
A
B
C
D
①
②
③

1774年

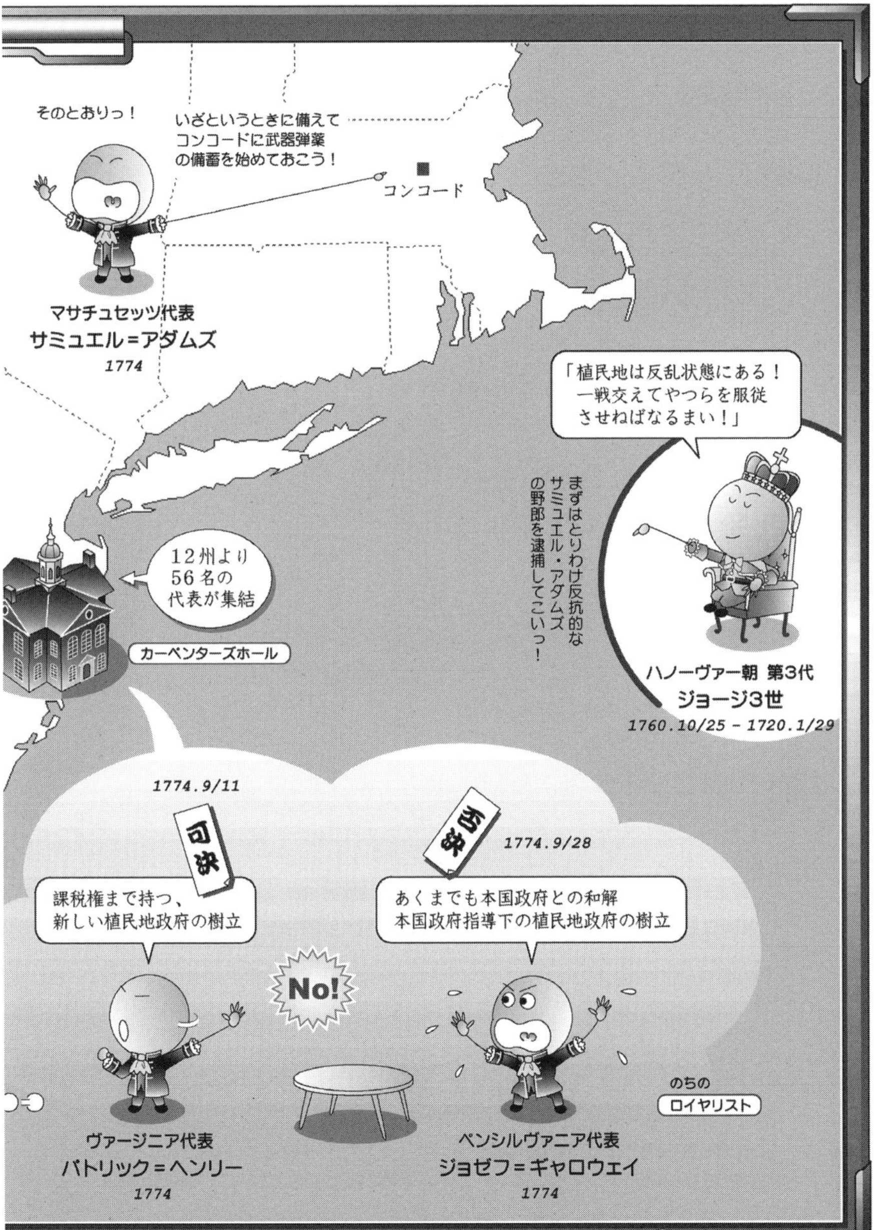
そのとおりっ！
いざというときに備えて
コンコードに武器弾薬
の備蓄を始めておこう！
コンコード
マサチュセッツ代表
サミュエル＝アダムズ
1774
「植民地は反乱状態にある！
一戦交えてやつらを服従
させねばなるまい！」
まずはとりわけ反抗的な
サミュエル・アダムズ
の野郎を逮捕してこいっ！
ハノーヴァー朝 第3代
ジョージ3世
1760.10/25 – 1720.1/29
12州より
56名の
代表が集結
カーペンターズホール
1774.9/11
可決
課税権まで持つ、
新しい植民地政府の樹立
No!
否決
1774.9/28
あくまでも本国政府との和解
本国政府指導下の植民地政府の樹立
のちの
ロイヤリスト
ヴァージニア代表
パトリック＝ヘンリー
1774
ペンシルヴァニア代表
ジョゼフ＝ギャロウェイ
1774
④
⑤

ボストン茶会(ティーパーティー)事件は、ジョージ3世を激怒させました。
年が明けて1774年、つぎつぎと報復措置(そち)が取られる(＊01)と、植民地側はこれを「耐え難き諸法」として猛反発、いよいよ本国(イギリス)と植民地との関係は冷え込んでいきます。

植民地人たちは、本国(イギリス)に対する善後策を協議するために、フィラデルフィア(B/C-3)に結集することになりました。

これが「第1次大陸会議」です。

議場として、「カーペンターズホール」(＊02)が選ばれ、ここに、12邦からの代表56名が集結します。(＊03)

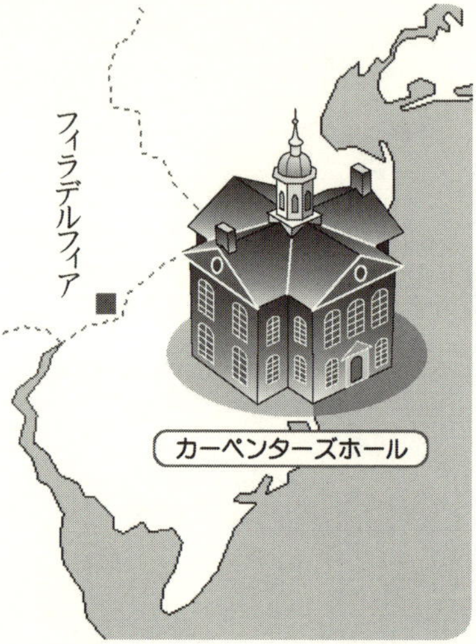
フィラデルフィア
カーペンターズホール

いよいよ、アメリカは独立に向かって、その第一歩を踏み出したのですから、もちろん、この56名全員が一致団結、口を揃えて「独立だっ！」と叫んだのかと思いきや。

その基本理念からして、てんで意見がバラバラでした。

穏健(おんけん)派のJ(ジョゼフ).ギャロウェイ(D-4/5)は、こう主張します。

「あくまでも本国政府との和解を大前提に考えるべきである。
そこで、本国の政策実行に関して拒否権を持つ植民地議会をつくり、本国政府との融和を図ろうではないか！」

(＊01) 具体的には、事件による損害の賠償請求、賠償が完了するまでのボストン港の封鎖、マサチュセッツ植民地の行政権・司法権の制限など。

(＊02) 当時はまだ新築4年の大工の組合寄合所。この建物は、現存しています。
本国や反対派などを刺激しないように、あえて州議事堂を避けて、ここを選びました。

(＊03) ジョージア植民地は欠席。イギリス軍の影響が強い植民地だったため。(B/C-1)

これに対し、急進派のＰ（パトリック）．ヘンリー（D-3/4）は反論します。

「手ぬるい！

独自の課税立法権まで持つ、新しい植民地政府を創設するべきである！」

課税権まで持つ、
新しい植民地政府の樹立
あくまでも本国政府との和解
本国政府指導下の植民地政府の樹立
No!
ヴァージニア代表
パトリック＝ヘンリー
ペンシルヴァニア代表
ジョセフ＝ギャロウェイ

左右の意見が、侃々諤々（かんかんがくがく）、丁々発止（ちょうちょうはっし）。

一応、Ｐ（パトリック）．ヘンリーの論が裁決されたものの、破れたＪ（ジョゼフ）．ギャロウェイは、これに納得することなく、まもなく別行動を取るようになり、のちに「王党派（ロイヤリスト）」に身を投じることになります。

結束を図るつもりで開いた大会が、逆に、ヒビに楔（くさび）を打ち込むような形に…。

これはマズイ…。

取り繕（つくろ）うため、一応もっともらしく『宣言および決議』（A-1/2）なるものも採択されましたが、これ以上の対立が表面化することを避けるため、その内容は、当たり障りのないものになりました。

「我々には、生命・自由・財産を追求する権利がある！

『耐え難き諸法』が撤回されないならば、“輸入せず、輸出せず、購入せず”の三原則をもって通商を断絶することをここに宣言する！」（A-1/2）

「すばらしい内容ではありませんか！」などと思ってはなりません。

よくお考えください。

今、「生命・自由・財産を追求する権利」と高らかに謳（うた）いあげている彼らは、

ヴァージニア代表
ジョージ＝ワシントン

その手で、インディアンを大量殺戮し、その自由を奪い、その財産をかすめ取ってきた連中なのです。

いわば、罪もない人を何十人も虫ケラのように殺しつづけた連続殺人犯が、捕まってみたら、裁判の席で「命ほど尊いものはない。俺にも生きる権利がある！　死刑反対！」と言っているようなものです。

この言葉に何か重みはありますか？

これを壇上で高らかに読み上げたのが、G（ジョージ）．ワシントン（B-2）、その人。

彼に、「インディアンには生命・自由・財産を追求する権利はないのか！？」とツッコみたい衝動に駆られないでしょうか。

もし、そう問われれば、彼は間違いなくこう答えます。

「そんなもの、あるわけなかろうが！」(＊04)

さらに、「通商を断絶する」の件（くだり）も奇妙な内容です。

なんとなれば、そもそも「耐え難き諸法」で、大陸側は、本国（イギリス）側から通商を断絶させられていたからです。

「通商を断絶する！」と通告してきた本国（イギリス）に対して、

「それだけはやめてくれ！　やめてくれなければ、通商を断絶するぞ！」

…と言っているわけです。

もはや「頭（おつむ）はだいじょうぶか？」と心配したくなるほど意味不明。

つまり、こんなマヌケな宣言をせざるを得ないほど、こたびの大陸会議は「何の成果もない、大失敗だった」ということです。

(＊04) G．ワシントンは、ハッキリとこう言明しています。
「インディアンどもなど狼と変わらぬケダモノにすぎぬ！」
「インディアンどもを絶滅せよ！」「インディアンの絶滅は正義である！」と。
そんな彼ですから、まちがいなく「ない！」と答えたことでしょう。

「まずい…。」
　会議の出席者に焦燥(しょうそう)感が拡がります。
　そこで、「来年、第２回大会を開催しよう！」と約束し合います。（A/B-1）
　これも、大陸会議がこのまま自然消滅してしまうことを怖れたがゆえでした。
　さて。
　P(パトリック).ヘンリーは、来たるべき翌年の第２回大会に備え、独立の世論を高めておかねばならないことを痛感します。
　そこで彼は、故郷リッチモンド（D-2）に戻るや、大演説をぶっています。
「命とは、あるいは平和とは、鎖につながれ、隷属してまで守るほどの価値があるものなのだろうか？
　否！　全能の神にかけて断じて違う！
　他の者のことは知らぬ。だが、私はこう断言する。
　我に自由を与えよ！　しからずんば、死を与えよ！　と」（C/D-1）

この期に及んで
和解だ、戦争回避だ、
などとヌカす輩は
そこまで命が惜しいか！
リッチモンド
リッチモンド人民大会議員
パトリック＝ヘンリー

　議場は、拍手喝采に湧き、この言葉は、以後、独立運動のスローガンとなっていきます。
　さらに。
　J(ジョン).アダムズ（A/B-2/3）とS(サミュエル).アダムズ（A-3/4）の両名も、第１次大陸会議のなまぬるい結果には、はなはだ不満でした。
「こたびの大陸会議の結果は結果として、いつ何時、本国と交戦状態になるか知れぬこの現状にあって、準備だけはしておくことに如(し)くはなかろう！
　万一、突発的に戦争が始まってしまったときに、何の準備もしていないでは話にならん！」
　こうして、コンコード（A-4/5）に武器・弾薬が集積されることになります。

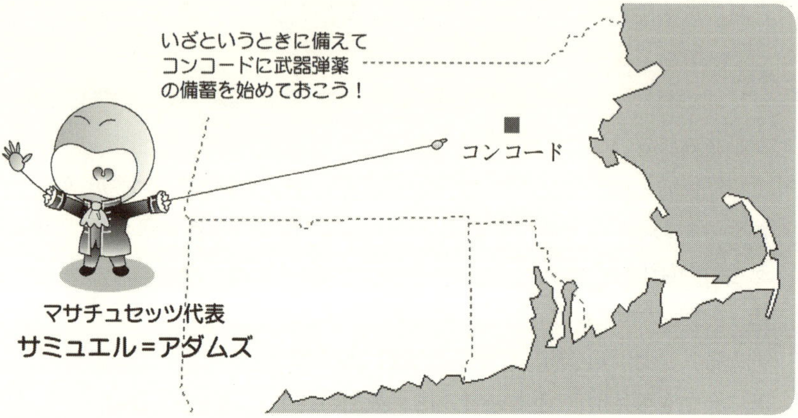
いざというときに備えて
コンコードに武器弾薬
の備蓄を始めておこう！
コンコード
マサチュセッツ代表
サミュエル＝アダムズ

　しかし、このことが本国に知れ、事態は急速に悪化することになります。
　国王ジョージ３世は激怒して命じます。
「なに！?　彼奴等（きゃつら）、戦いに備えて武器を集めておるだと！?
　許せぬ！
　すでに武器を集めている時点で、立派な反逆罪じゃ！
　植民地は反乱状態にあると考えてよい。
　これは、一戦交えて、やつらを懲（こ）らしめてやらねばなるまい！
　まずは、コンコードの武器庫を接収し、さらに、
　見せしめにＳ（サミュエル）.アダムズを逮捕せよ！」
　こうして本国から軍が派遣されることになりました。
　いよいよ独立戦争は秒読み段階となりました。

ハノーヴァー朝 第3代
ジョージ3世

第3章 アメリカ独立革命

第2幕

世界最強の軍隊vs雑兵

レキシントン＝コンコードの戦

ついに、アメリカ独立戦争は始まった！ ゲイジ将軍は、武器弾薬が集められているコンコードへと軍を進める。レキシントンで初めて植民地軍と戦火を交えると、わずか8分でこれを駆逐。気をよくしてそのままコンコードへと軍を進めたものの、待ち伏せを喰らい…。イギリス軍は這々の体で敗走するしかなかった。

コンコードの戦

〈レキシントン=コンコードの戦〉

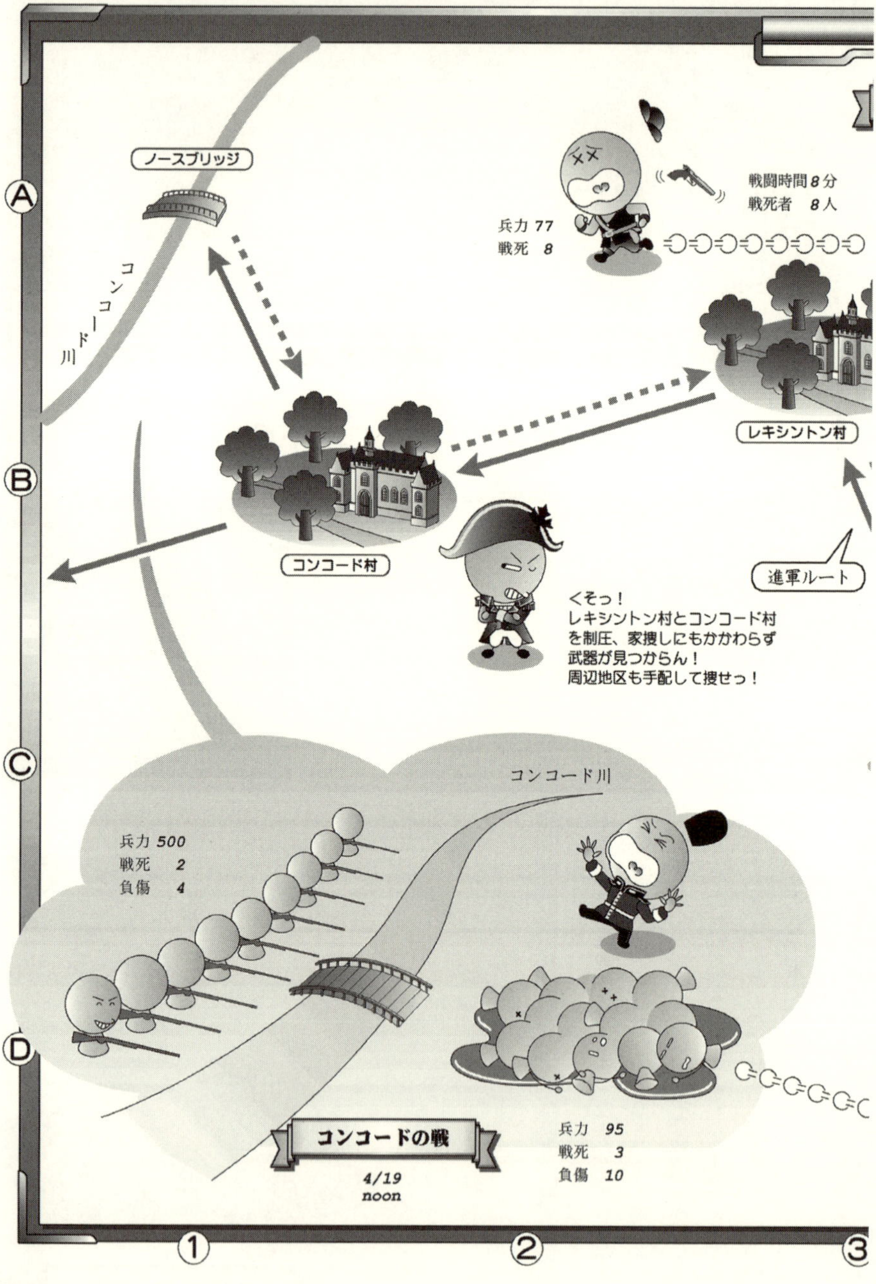

ノースブリッジ
コンコード川
戦闘時間 8分
戦死者 8人
兵力 77
戦死 8
レキシントン村
コンコード村
進軍ルート
くそっ！
レキシントン村とコンコード村
を制圧、家捜しにもかかわらず
武器が見つからん！
周辺地区も手配して捜せっ！
コンコード川
兵力 500
戦死 2
負傷 4
コンコードの戦
4/19
noon
兵力 95
戦死 3
負傷 10
A
B
C
D
①
②
③

1775 年

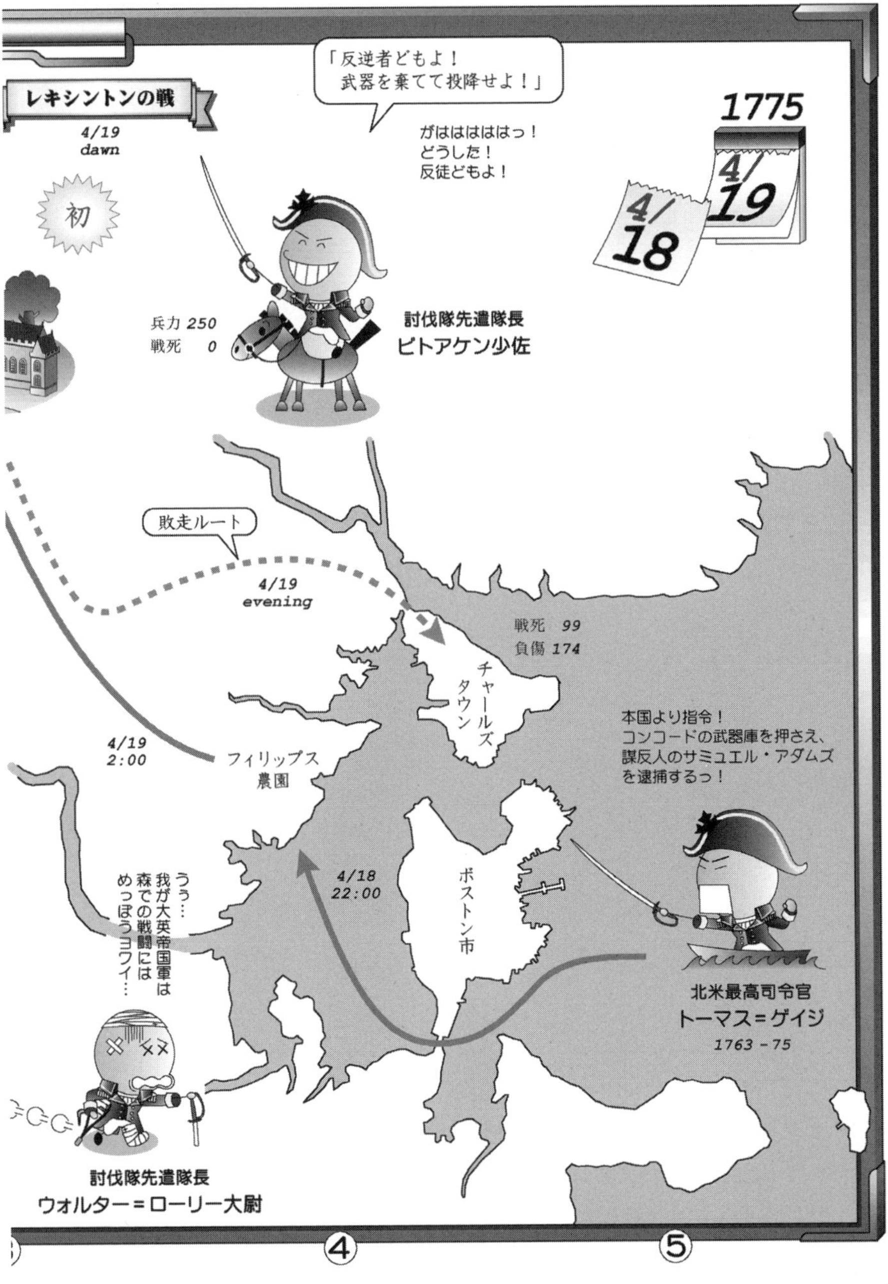
レキシントンの戦
4/19
dawn
初
「反逆者どもよ！
武器を棄てて投降せよ！」
がはははははっ！
どうした！
反徒どもよ！
1775
4/18
4/19
兵力 250
戦死 0
討伐隊先遣隊長
ピトアケン少佐
敗走ルート
4/19
evening
戦死 99
負傷 174
チャールズタウン
本国より指令！
コンコードの武器庫を押さえ、
謀反人のサミュエル・アダムズ
を逮捕するっ！
4/19
2:00
フィリップス
農園
4/18
22:00
ボストン市
うう…
我が大英帝国軍は
森での戦闘には
めっぽうヨワイ…
北米最高司令官
トーマス＝ゲイジ
1763－75
討伐隊先遣隊長
ウォルター＝ローリー大尉
④
⑤

国王ジョージ3世の命を受け、北米最高司令官のT（トーマス）.ゲイジ将軍（C/D-5）がボストン港にやってきました。

ひとつには、S（サミュエル）.アダムズを逮捕するため。

そして、もうひとつは、植民地人たちがコンコード村（B-1）に集積しているはずの武器・弾薬を接収するため。

4月18日の夜、ゲイジ将軍は、植民地側に悟られぬよう、静かに軍をフィリップス農園（C-4）に上陸させます。

こちらの軍の動きが植民地側に察知されれば、武器を隠されてしまい、発見が困難になりますから。

本国より指令！
コンコードの武器庫を押さえ、
謀反人のサミュエル・アダムズ
を逮捕するっ！
北米最高司令官
トーマス＝ゲイジ

ここで兵を整えると、日付が変わって19日未明、レキシントン村（A/B-3）に向かって進軍を始めます。

ところが、進軍を開始してまもなく、街道沿いの教会（B/C-3あたり）の鐘が鳴りはじめました。

カラ〜ン！　カラ〜ン！　カラ〜ン！

ゲイジ将軍は、眉間にシワをよせ、舌を鳴らします。

「ちっ！」

まだ空も暗い未明の中、教会の鐘が鳴った、ということは、植民地人たちにこちらの動きがツツ抜けである証拠です。

この鐘は、「本国軍がここを通過したぞ〜」という合図です。

こちらの動きがバレていると判明した以上、事は一刻を争います。

「マズいぞ！　レキシントン村へ急ぐのだ！」

焦（あせ）りを感じたゲイジ将軍は、行軍スピードを上げさせます。

やがて、空が白み、ちょうど陽（ひ）が昇りはじめたころ、ゲイジ軍がレキシントン村に到着すると、案の定、植民地側の民兵が待ち構えていました。

本国軍先遣隊長ピトアケン少佐（A-4）は叫びます。

「反逆者どもよ、武器を棄てて投降せよ！」

しかし、緊張の対峙は、一発の銃声とともに破られます。(＊01)

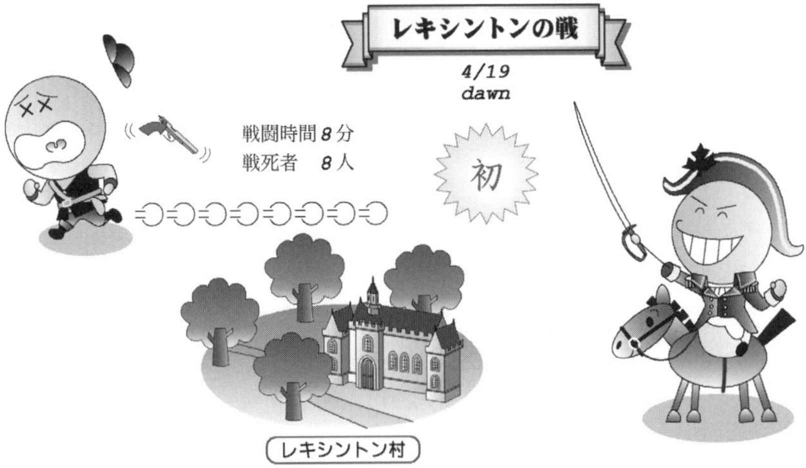
レキシントンの戦
4/19
dawn
戦闘時間 8 分
戦死者　8 人
初
レキシントン村

あの有名な「レキシントンの戦」(A-3)は、こうして始まりました。
パン！　パン！　パン！
「わぁ～～～～～～っ！！」
戦闘開始からわずか8分、植民地軍はたちまち潰走(かいそう)します。(＊02)
ピトアケン少佐は得意満面。
「ふん、植民地軍など、所詮(しょせん)はこんなものよ！
我が大英帝国軍の前では、単なる烏合(うごう)の衆にすぎん！
我々に逆らったことを末代まで後悔させてやるわ！」
気をよくしたゲイジ将軍は、そのまま、コンコード村に軍を向かわせます。

(＊01)「最初の一発」はどちら側から発せられたのか、は現在に至るまでわかっていません。

(＊02) 多勢に無勢（本国軍先遣隊250 vs 植民地民兵77）とはいえ、あまりにもあっけない。
これほど有名な戦であるにもかかわらず、その戦闘時間は、世界史上でも最短クラスの短さでした。戦死者も、植民地側に8名出たのみ。
植民地側は、まだ「本国と戦火を交える覚悟」が薄かったためでした。

しかし、この間に、植民地側では、コンコード村に集積してあった武器・弾薬を隠していましたので、本国軍がコンコード村に到着したころには、時すでに遅し。

「くそ！　これほど家捜（やさが）ししても見つからんとは！

うぉのれ、あやつら！！　どこかに隠しやがったな！

者ども散れ！　散って、周りを探索してこい！」

こうして、各方面に散っていった部隊のうちのひとつが、コンコード川にかかっていた「ノースブリッジ」（A-1 & D-1/2）に接近したとき、橋の向こう側に植民地側の民兵を発見します。

この時点で、植民地民兵の兵力は500、イギリス部隊は95。

兵力に劣っていただけではない、そのうえ、植民地民兵は川に対して平行に並び、イギリス軍は川に対して垂直に並んでおり（行軍中だったため）、あたかも「丁（てい）字戦法」の様相を呈していました。

「日本海海戦」の例（＊03）を持ち出すまでもなく、この陣形は著しくイギリス側

コンコードの戦

（＊03）まさに、植民地軍の方が、「日本海海戦における連合艦隊」、イギリス軍が「バルチック艦隊」という陣形となり、結果も、日本海海戦と同じになります。

に不利なのは明白です。

イギリス側から見れば、「数」の上でも「形」の上でも絶対的不利な状況で敵軍に遭遇してしまったわけで、こんな陣形で戦端を開いてはなりません。

ところが。

詳しい経緯はわかっていませんが、なぜか、イギリス軍の方から発砲、自ら戦端を開いてしまっています。(＊04)

たちまち、民兵500に一斉射撃を加えられ、イギリス部隊はパニック、這々の体で敗走するしかありませんでした。

これが「コンコードの戦」（D-1/2）です。

一方、コンコード村には、散っていった探索部隊がぞくぞくと戻ってきて、

―― 報告！　武器・弾薬は見つかりません！

―― 報告！　植民地民兵どもがぞくぞくとこのコンコード村に結集しつつあるとの情報を得ました！

「なに!?　それはまずい…。

敵は雑兵といえども、こんな森に囲まれたところで数にモノを言わせて包囲されたら、退路を失って孤立してしまう！」

そこに、先ほどのノースブリッジに向かっていた部隊が敗走してきました。

「いかん！　やはり、ここはいったん撤退だ！」

しかし、後ろを向いた軍隊ほど弱いものはありません。

敗走する中（B-3/4）、森の中からゲリラ戦法で攻撃を加えられつづけ、ようやくその日の夕方、チャールズタウン（B/C-4/5）に逃げおおせたときには、戦死者99、負傷者174という、大損害を出していました。

その日（19日）の未明に意気揚々と出撃した「世界最強」の軍は、その日の夕方には「雑兵」たちに完膚なきまでに敗れて、敗走してきたのでした。

（＊04）この部隊の隊長の名はウォルター＝ローリー大尉（D-3/4）。
ヴァージニア植民地の先鞭をつけた、あの「エリザベス女王の太鼓持ち」と同姓同名です。
彼は、まだ実戦経験も浅い無能な将校でした。偶然でしょうが、この名は無能ばかり。

Column 真っ赤な標的

当時、イギリス陸軍は「世界最強」を自認していました。

植民地人の寄せ集めの雑兵（ぞうひょう）など、「帽子の一振り」で片づけられるはずでした。

しかし、フタを開けてみれば、雑兵相手に苦戦を強いられています。

なぜでしょうか。

じつは、当時のヨーロッパの戦法は「方陣戦法（ファランクス）」。

「部隊を長方形に並べ、その陣形を保ったまま敵にぶつかっていく」という、古代オリエント以来変わらぬ戦法を行っていました。

しかし、この戦法は、あくまで「野戦用」。

鬱蒼（うっそう）と木が生い茂る深い森の中では「方陣（ファランクス）」が組めず、まったく通用しないものでした。

しかし、イギリス軍は、頑（がん）として「方陣（ファランクス）」に執着します。

まず、「木こり部隊」を編制し、木こりが木を切り倒し、整地し、道を切り開いたあと、方陣を保って進軍、道がなくなると、また木こり部隊が…ということの繰り返しで進軍します。

しかも、その方陣（ファランクス）の前方には鼓笛（こてき）隊がはべり、テケテン、テケテンと太鼓を打ち鳴らしながらの進軍。

さらに、当時のイギリス軍の軍服は、真っ赤な上着に真っ白なズボン、そのうえ、まるで「ここを狙って撃ってくれ」と言わんばかりに心臓のあたりに「×印（バッテン）」の白い襷（たすき）がけ。

植民地側からしてみれば、敵（イギリス）軍が遠くにあっては、「カコーン！　カコーン！」「テケテン、テケテン」と、音でその居場所を教えてくれ、視認できるまで接近してくると、緑一色の森の中から「真っ赤な地に白いバッテン」の標的が見えてくるのです。

これほど戦いやすい相手もなかったでしょう。

状況が変われば、方法も変わる。

こんな基本的なことが、まるで理解できないイギリス軍でした。

第3章 アメリカ独立革命

第3幕

見せかけの大砲作戦

ボストン包囲戦

コンコードから敗走してきた本国軍がボストンに逃げ込むと、植民地側はただちにこれを包囲。しかし、ボストンは自然の要害であり、海からの上陸は不可能、陸からの侵攻も不可能となった大陸軍は、高台からの砲撃を企図し、バンカーヒルに軍を進めた。ここに、壮絶なバンカーヒル攻防戦が繰り広げられることとなる。

〈ボストン包囲戦〉

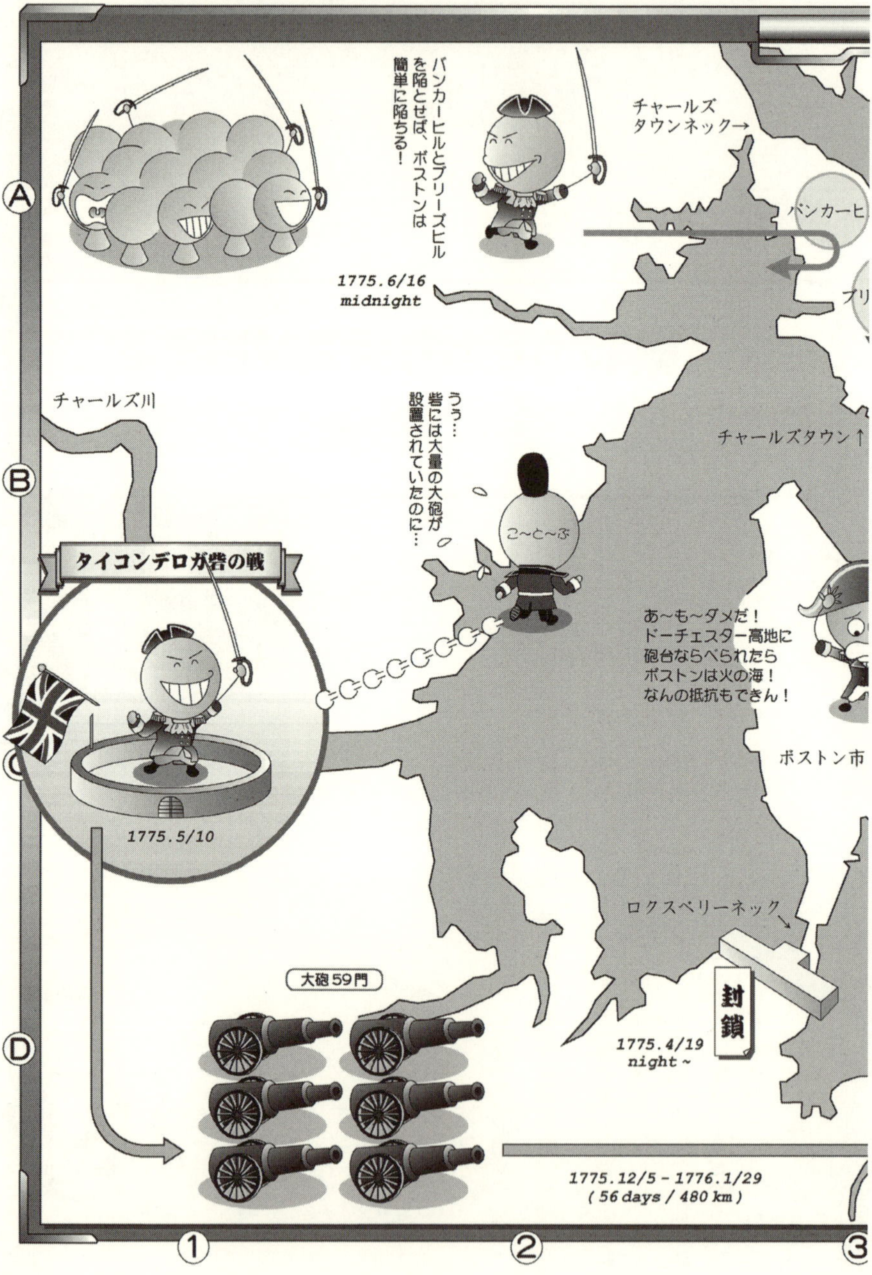
バンカーヒルとブリーズヒルを陥とせば、ボストンは簡単に陥ちる！
1775.6/16
midnight
チャールズタウンネック→
バンカーヒ
ブリ
チャールズ川
うぅ…砦には大量の大砲が設置されていたのに…
こ〜と〜ぶ
チャールズタウン↑
タイコンデロガ砦の戦
あ〜も〜ダメだ！
ドーチェスター高地に
砲台ならべられたら
ボストンは火の海！
なんの抵抗もできん！
ボストン市
1775.5/10
ロクスベリーネック↘
封鎖
大砲59門
1775.4/19
night ~
1775.12/5 - 1776.1/29
(56 days / 480 km)
A
B
C
D
①
②
③

1775 年

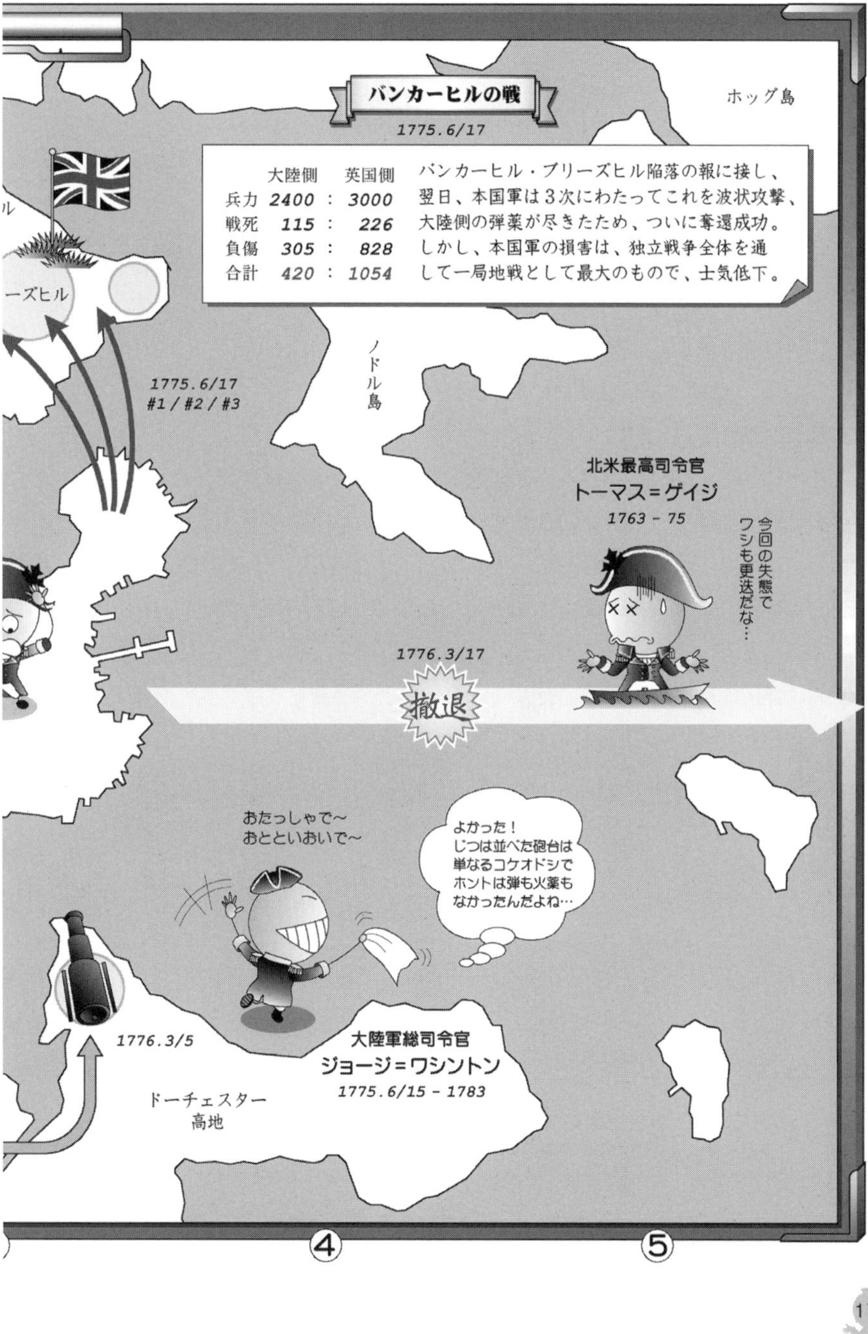
バンカーヒルの戦
1775.6/17
大陸側　英国側
兵力 2400 : 3000
戦死 115 : 226
負傷 305 : 828
合計 420 : 1054
バンカーヒル・ブリーズヒル陥落の報に接し、翌日、本国軍は３次にわたってこれを波状攻撃、大陸側の弾薬が尽きたため、ついに奪還成功。しかし、本国軍の損害は、独立戦争全体を通して一局地戦として最大のもので、士気低下。
ホッグ島
ル
ーズヒル
ノドル島
1775.6/17
#1 / #2 / #3
北米最高司令官
トーマス＝ゲイジ
1763 - 75
今回の失態でワシも更迭だな…
1776.3/17
撤退
おたっしゃで～
おとといおいで～
よかった！
じつは並べた砲台は単なるコケオドシでホントは弾も火薬もなかったんだよね…
1776.3/5
大陸軍総司令官
ジョージ＝ワシントン
1775.6/15 - 1783
ドーチェスター高地
④
⑤

さぁ、ついに銃火を交えてしまいました。
本国正規軍に「雪玉」を投げたのとはワケが違う、完全に「牙」を剥いたのですから、これはもう、立派な反逆罪です。

もはや、植民地側もあとに退けない状況になっていきます。

やるなら徹底的にやらねば！

そこで、チャールズタウン（B-3）から、ボストン市に逃げ込んだイギリス軍を完全に叩き出すために、そのまま「ボストン包囲戦」に入ります。

まずは、植民地側はロクスベリーネック（C/D-3）（＊01）に軍を進めます。

ボストン市（B/C-3）は周りをぐるりと海に囲まれ、陸からの入口は、このロクスベリーネックしかありませんでしたから。

しかし、当然イギリス側も、ロクスベリーネックに軍を集めるので、たちまち膠着状態になります。（＊02）

かといって、海上はイギリス軍の独壇場、制海権は敵側にありましたので、植民地軍は海からボストンに上陸するのはまったく不可能です。

そこで、2ヶ月ほどの膠着ののち、植民地側が目をつけたのが、チャールズタウン半島（A-3）にあったバンカーヒルとブリーズヒルでした。

ここは小高い丘になっていましたので、ここを占領し、大砲を設置すれば、すぐ南側にあるボストン市に砲弾を雨あられと降らすことが可能になることに気づいたからです。

「歴史は繰り返す」（＊03）とはよく言ったものです。

興味深いことに、この構図は、130年後の日露戦争時の「旅順要塞攻防戦」と驚くほどよく似ています。

（＊01）別名「ボストンネック」。

（＊02）ロクスベリーネックは「隘路（狭い通路）」になっていたため、ここを通るには、ほとんど「縦一列」に近い状態で進軍しなければなりません。
そこを突破しようとすれば、敵に狙い撃ちされ、死人の山を築くだけだからです。

（＊03）古代ギリシアの歴史家トゥキュディデスが、自著『歴史』の中で述べた言葉。

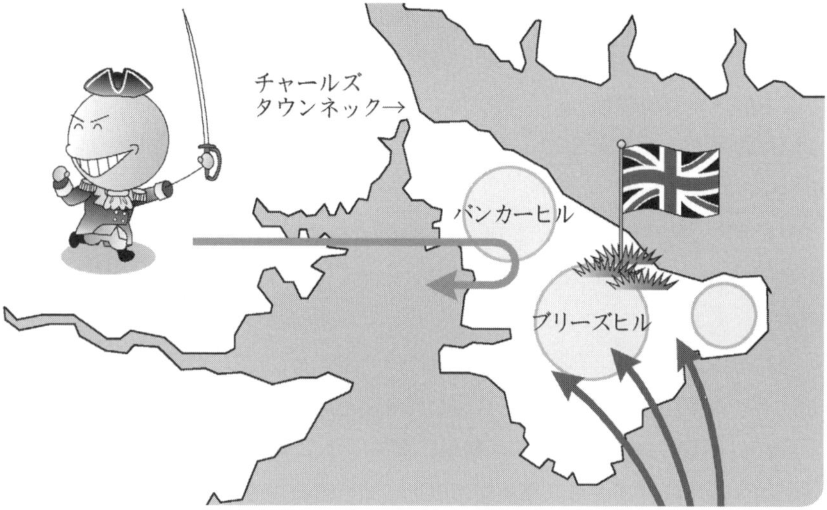
チャールズ
タウンネック→
バンカーヒル
ブリーズヒル

あのときの日本も、海からも陸からも正面突破攻撃はうまくいかず、膠着状態に陥っていました。

そこで、二百三高地および高崎山に目をつけ、ここに大砲を設置し、旅順へ砲弾を雨あられと降らせることで、これを陥とそうと考えました。

このときは、見事、作戦が成功しましたが、今回はどうだったのでしょうか。

じつは、初め、この地点の戦術的重要性に気づいていなかったイギリス軍は、ここに大した軍を割いておらず、大陸軍(＊04)がここを攻めると、簡単に陥ちてしまいます。

バンカーヒル・ブリーズヒル陥落の報を聞き、ようやくイギリス軍もその戦略的重要性に気づき、これを奪還するべく、死に物狂いでここに軍を送り込みます。

(＊04)「もはや我々は植民地ではない！」との自覚から、バンカーヒルの戦が行われる直前の1775年6月14日に、「植民地軍」を「大陸軍」と改称しています。

これを「バンカーヒルの戦」と言い、独立戦争序盤で起こった戦闘でありながら、独立戦争全体を通じて、一局地戦としては最大の激戦となります。

イギリス軍が物量にモノを言わせ、3度の波状攻撃を加えた結果、大陸軍はついに力尽き、両丘(ヒル)を棄て、チャールズタウンネック(A-2/3)までの後退を余儀なくされます。

「なに!? せっかく陥(お)とした両丘(ヒル)を取り返されただと!? くそ!!」

…とばかりに、大陸軍の士気も萎(な)えたかと思いきや、むしろ、士気は上がっています。

「あれだけのイギリスの猛攻に、あそこまで耐えることができたとは!」

「イギリス軍は3度も攻撃してやっと丘(ヒル)を陥(お)とすことができたにすぎない!」

「我が軍400の損害に対して、敵軍(イギリス)の損失は1000だ!」

「我々大陸軍は、イギリス軍と対等以上に戦うことができるぞ!」

負け戦にもかかわらず、大陸軍では勝ったような喜びよう。(*05)

まぁ、どんな苦境にあっても、つねに「前向き」に物事を考えるということは大切なことですが。

そこで、大陸側が次に目をつけたのがドーチェスター高地(D-3/4)。

ここは、ボストン市の南側にあって、やはり小高い高地となっており、ここに大砲を設置すれば、バンカーヒルと同じ効果が期待できました。

しかも、ドーチェスター高地は最初から大陸側の勢力範囲です。

あとは大砲を運び込むだけ。

―― なんだ、それならば、さっさと大砲を運び込めばよいではないか?

しかし問題がひとつ。

(*05) イギリス軍は攻め側、大陸軍は守る側。
「攻者三倍の原則」に従えば、守りを固めた敵を陥とすには、だいたい攻め側に3倍の兵力が必要になりますから、今回、イギリス軍に被害が大きいのはあたりまえのこと。
しかし、大陸側の指導部は、「敵の被害」を強調して喧伝し、むしろ、この「負け戦」を士気向上に利用したのでした。

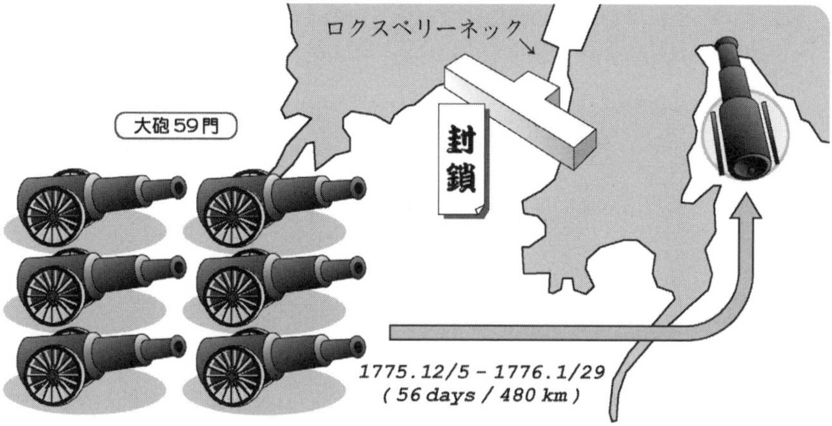
ロクスベリーネック
大砲59門
封鎖
1775.12/5 - 1776.1/29
(56 days / 480 km)

肝心の大砲がない！！（なんじゃそりゃ！？）

いや、あるにはあるのですが、タイコンデロガ(＊06)にありました。

「タイコンデロガ砦(とりで)の戦で、イギリス軍から接収した大砲が59門もあるとはいえ、タイコンデロガはここ(ボストン)から480kmも彼方(かなた)だぞ？
運ぼうったって、到底ムリな話だ」

しかし、物事、「できる」「できない」の次元の話ではなく、「できようができまいが、やるしかない！」ということはあります。

「なんとしても運ぶのだ！」

その結果、H(ヘンリー).ノックス将軍の指揮の下、2ヶ月かけてドーチェスター高地まで運び込むことに成功します。(D-2/3)

ボストン側では、突如として、南側の高台に、ずらり59門も大砲が並んでいるのに気づきます。

(＊06) 現在のニューヨーク州、ハドソン川上流のシャンプレーン湖とジョージ湖の間にある地名。
ボストンまで480km(東京〜大阪間くらい)も離れたところにありました。
「タイコンデロガ」は、イロコイ族の言葉で「2つの湖の間」の意。
その砦は、現在でも残っており、日本の五稜郭と同じ「星型要塞」です。

第1章　アメリカ13州の建設
第2章　アメリカ独立革命前夜
第3章　アメリカ独立革命
第4章　合衆国憲法の成立

これではもうどうしようもありません。

低地のこちら(ボストン)からの砲撃は、高地の向こう(ドーチェスター)には届かず、ただただ向こう(ドーチェスター)から降ってくる砲弾を受けつづけるしかないのですから。

そんな中、ゲイジ将軍の下へ「大陸軍総司令官」G(ジョージ).ワシントン(D-4)が交渉にやってきます。

「我々はただ、あなたがたに本国(イギリス)に帰ってほしいだけだ。

おとなしく退(ひ)いてくれれば、あの大砲が火を吹くこともないのですが」

ゲイジ将軍はガックリとうなだれ、スゴスゴと撤退していくことになりました。(B-5)

こうして、ボストン包囲戦も、大陸軍の大勝利に終わります。

ただ、この話には、ひとつの裏話があります。

じつは、ドーチェスター高地にずらりと並んだ大砲には、砲弾が込められていませんでした。

なんとなれば、大陸軍には「見せかけだけの59門もの大砲」はありましたが、肝心の「砲弾と火薬」がなかったからです。

G(ジョージ).ワシントンは、舌先三寸で、ゲイジ将軍を退(ひ)かせることに成功したのでした。

駆け引きが勝敗を決することもよくあります。

おたっしゃで～
おとといおいで～
よかった！
じつは並べた砲台は
単なるコケオドシで
ホントは弾も火薬も
なかったんだよね…
大陸軍総司令官
ジョージ＝ワシントン

第3章 アメリカ独立革命

第4幕

「反逆者」の烙印を押されて

第2次大陸会議

レキシントン＝コンコードの戦の報がもたらされると、ただちに「第2次大陸会議」が招集され、戦争遂行のための方策が話し合われた。しかし、事ここに至っても「和解の道」を模索する者たちが「オリーブの枝請願」を発している。一度動きはじめた「歴史」は何人（なんぴと）たりとも止めることはできない。彼らの努力は徒労であった。

第2次 大陸会議

1775.5/10 - 1781.3/1

〈第２次大陸会議〉

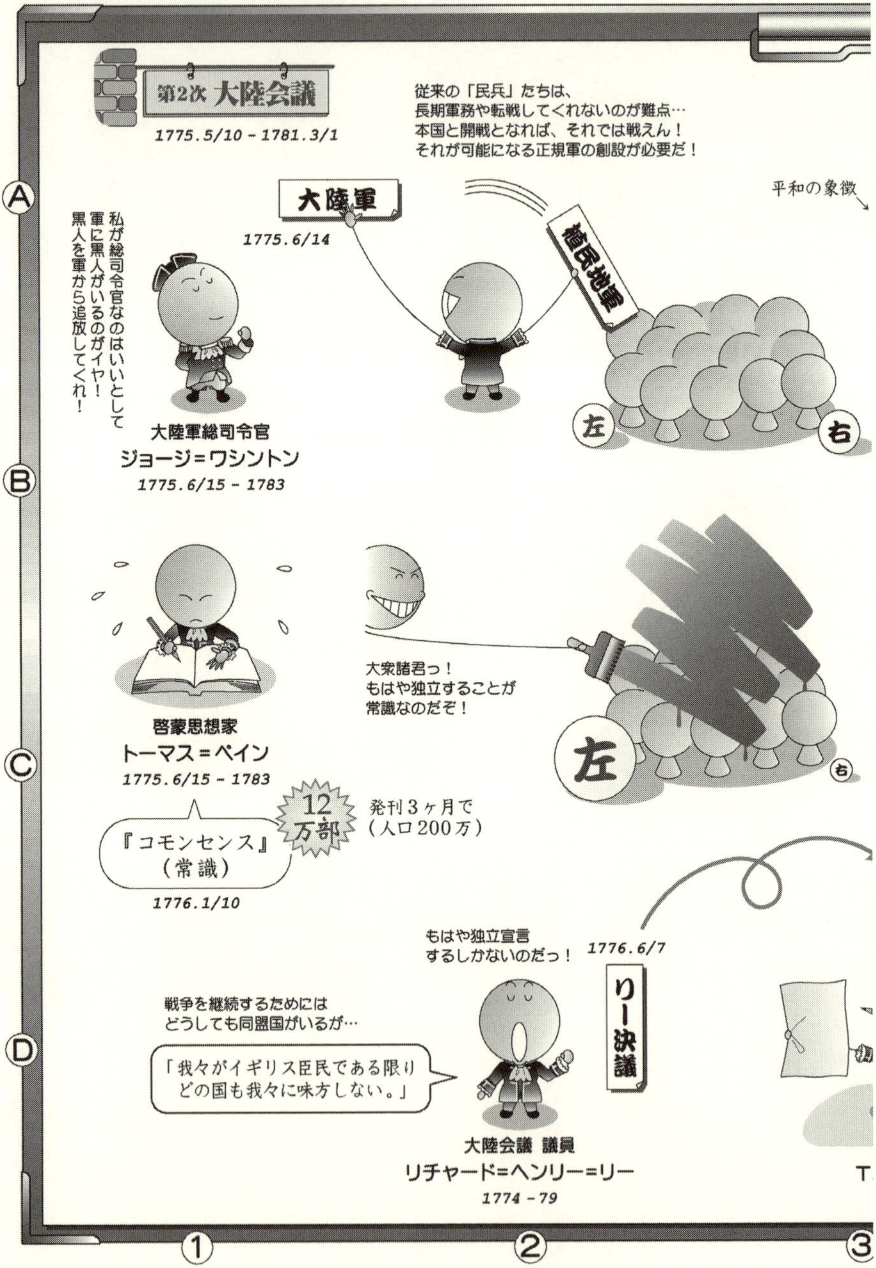
第2次 大陸会議
1775.5/10 - 1781.3/1
従来の「民兵」たちは、
長期軍務や転戦してくれないのが難点…
本国と開戦となれば、それでは戦えん！
それが可能になる正規軍の創設が必要だ！
大陸軍
1775.6/14
植民地軍
平和の象徴
左
右
私が総司令官なのはいいとして
軍に黒人がいるのがイヤ！
黒人を軍から追放してくれ！
大陸軍総司令官
ジョージ＝ワシントン
1775.6/15 - 1783
大衆諸君っ！
もはや独立することが
常識なのだぞ！
左
右
啓蒙思想家
トーマス＝ペイン
1775.6/15 - 1783
12万部
発刊３ヶ月で
（人口200万）
『コモンセンス』
（常識）
1776.1/10
もはや独立宣言
するしかないのだっ！
1776.6/7
リー決議
戦争を継続するためには
どうしても同盟国がいるが…
「我々がイギリス臣民である限り
どの国も我々に味方しない。」
大陸会議 議員
リチャード＝ヘンリー＝リー
1774 - 79
A
B
C
D
1
2
3

1775 年

なんかもぉボストンで戦闘が
始まってしまってるみたいだけど
なんとか和解の道を！
オリーブの枝請願
1775.7/5
和解だぁ！？
笑わせんなっ！
バンカーヒルから
まだ２週間だぞっ！
No!
1775.8/23
植民地は反乱状態にあり、
植民地人は余の埒外にあり、
反逆者である。
国王宣言
ハノーヴァー朝 第3代
ジョージ3世
1760.10/25 – 1820.1/29
あ〜〜〜〜〜〜っ！
反逆者認定されてしもたぁ！
たとえ今から降参しても
反逆者は四つ裂きの刑っ！
も〜最後まで戦うしかないっ！
1775.12
海上封鎖
来年３月に実施する！
やなら降伏しろっ！
独立宣言起草委員会
1776.6/10 – 7/4
う〜〜〜〜ん…
ど〜しよっかな〜？
一応我々がチェックするけど
基本的にジェファーソン君の
文面そのままでいいでしょ！
ど〜せ俺たちゃ
数あわせ…
顔も書いてもらえない
委員（起草）
T. ジェファーソン
1776
委員（修正）
J. アダムズ
1776
委員（修正）
B. フランクリン
1776
委　員
R. シャーマン
1776
委　員
R. リヴィングストン
1776
④
⑤

さぁ、こうして植民地と本国は、1775年4月、「レキシントン＝コンコード」以降、ついに戦火を交えてしまいました。

第2次 大陸会議
1775.5/10 – 1781.3/1

これに合わせ、急遽、「第2次大陸会議」(A-1)が開催されることになります。

もちろん、「独立戦争の対処について」話し合うためです。

しかし、話し合うも何も、すでに本国正規軍と「交戦状態」になってしまっているのですから、今度こそ
「是非もなし！　もはやあとには退けぬ！　トコトン戦うのみ！」
…と、全会一致で決議がなされるのかと思いきや、事ここに至っても、「主戦派(左)」と「和平派(右)」で侃々諤々。(A/B-2/3)

まず、主戦派が中心となって、軍を再編します。

これまでの「植民地軍」はあくまで「民兵」であり、彼らは無給(＊01)・自前装備・手弁当で「自由意志」「好意」で集まってきた兵にすぎません。

大陸軍
1775.6/14
植民地軍
左
私が総司令官なのはいいとして
軍に黒人がいるのがイヤ！
黒人を軍から追放してくれ！
大陸軍総司令官
ジョージ＝ワシントン

(＊01) 無給とはいっても、それは「原則」であり、たいていは「まったくゼロ」というわけでもなく、「寸志」くらいはもらえました。
しかし、とても「割の合う額」ではありませんでしたが。

　これから本国軍(イギリス)と本格的な戦争になれば、どうしても「長期軍役」や「各地転戦」をしてもらわなければなりませんが、「無給の民兵」にこれを強制することはできません。

「よし！　次は南方方面に転戦だ！　ゆくぞっ！」

　いくら将校が叫べど、踊れど、民兵の心には響きません。

―― え～～～～～？

　オラたちは、自分のところの田畑が守られればそれでええだ。

　他所(よそ)の土地のことなんか、知ったこっちゃねぇべ。

　さ、帰(け)ぇるべ、帰(け)ぇるべ！

　そこで、兵にちゃんとした給料を支払い、命令一下で整然と動く「正規軍」が必要となります。

　こうして、独立戦争の遂行のために「正規軍」が再編されることになりましたが、生まれ変わった軍の名が、「植民地軍」ではいかにもまずい。

　そこでこれを機に、「植民地軍」改め「大陸軍」とします。(A/B-2)

「大陸軍」の初代総司令官には、あのG(ジョージ).ワシントン(A/B-1)が選ばれました。[＊02]

　一方、「和平派」は、なんとか事態を収拾させ、和解の道を探りたいと努力していました。

　そうして提出されたのが、「オリーブの枝(えだ)請願」。(A/B-3/4)

　ちなみに、「オリーブ」というのは、キリスト教文化圏では、『旧約聖書』ノアの洪水伝説を典拠(ソース)とする「平和の象徴」です。

　国際連合旗に「オリーブ」が描かれているのはそういうわけです。

　しかし、いかんせん、タイミングが悪すぎました。

(＊02) 巷間よく信じられているように、彼が選ばれたのは「人望が厚いから」ではありません。
ここではあまり詳しい話はいたしませんが、背景には、「マサチュセッツ勢力」と「ヴァージニア勢力」の権力抗争があり、その結果の両派の「妥協案」にすぎませんでした。
事実、彼は、総司令官に任命された途端、兵士から総スカンを食らって、軍隊を崩壊寸前に追い込んでいます。「人望」などカケラもなし。詳しくは本幕コラムを参照のこと。

なんかもぉボストンで戦闘が
始まってしまってるみたいだけど
なんとか和解の道を！
平和の象徴
オリーブの枝請願
1775.7/5
左
右

その「オリーブの枝請願」が提出されたのが、7月5日。

ボストンでは、あの「バンカーヒルの激戦」からまだ2週間しか経っていません。

これでは、右手で相手（イギリス）を殴り倒しておきながら、左手で握手（シェイクハンド）を求めているようなものですから、ジョージ3世が怒るのも無理ありません。(＊03)

「余をバカにしおって！」

こうして、「オリーブの枝請願」は、かえってジョージ3世の感情を逆撫（さかな）でする結果となり、「国王宣言」が発せられることになります。(A-5)

「植民地は反乱状態にあり、植民地人は余の埒外（らちがい）にあり、反逆者である！」

じつは、この「国王宣言」こそが、ひとつの転換点（ターニングポイント）となりました。

国王御（おん）自らの名において「反逆者認定」されたのです。

それこそが、「和平派」が何より怖れていたことでした。

(＊03) とは言いながら、「あんたら、キリスト教徒だろ？ キリスト教徒なら、右の頬を打たらば、左の頬を差し出せよ？」とツッコみたい衝動に駆られないではないです。

和解だぁ！？
笑わせんなっ！
バンカーヒルから
まだ２週間だぞっ！
No!
1775.8/23
植民地は反乱状態にあり、
植民地人は余の埒外にあり、
反逆者である。
国王宣言
ハノーヴァー朝 第3代
ジョージ3世

当時、イギリスにおいて、国家反逆罪は「四ッ裂きの刑」という残忍きわまる拷問刑(＊04)に処せられる罪でした。

これに震えあがる「和平派」。(B/C-3/4)

「が――――――っ！！

"反逆者認定"されてしまった以上、待っているのは、四ッ裂きの刑だ！

それだけはいや！

これを避けるには、もはや独立を成功させるしかないっ！」

独立に失敗すれば、「反逆者」の烙印（らくいん）を押されて、四ッ裂きの刑。

独立が成功すれば、「建国の父」として、賞賛と栄誉と財と権力が恣（ほしいまま）です。

もはや、彼らに選択の余地はなくなります。

ジョージ３世の「国王宣言」が、皮肉にも、独立反対派を追いつめることになり、植民地側の結束を促すことになったのでした。

(＊04) おぞましいほどの残忍な刑でした（詳しくは第７幕コラム「反逆罪 四ッ裂きの刑」を参照のこと）が、その反動か、1998年に、イギリスでは死刑そのものが廃止されています。

しかし、それでもなお、「一致団結」というわけではありませんでした。

じつは、「国王宣言」以前までは、

左派　：独立派(インディペンデント)（愛国派(パトリオット)）：中産階級　…　独立推進　（全体の約 1/3）
中立　：中立派　：下層階級　…　無関心　（全体の約 1/3）
右派　：国王派(ロイヤリスト)（忠誠派(トーリー)）：上流階級　…　独立反対　（全体の約 1/3）

…という勢力図で、まさに「三ッ巴(どもえ)」状態、バラバラでした。

ところが、「国王宣言」で、この勢力図が劇的に変わり、国王派(ロイヤリスト)が一斉に「独立支持」に回ります。

しかしまだ、「無関心派」の説得が残っています。

啓蒙思想家
トーマス＝ペイン
1775.6/15 - 1783
『コモンセンス』
（常識）
12万部
大衆諸君っ！
もはや独立することが
常識なのだぞ！
左
ち

そこで、T(トーマス).ペインが１冊のパンフレット『常識(コモンセンス)』を発行しました。

これが、わずか３ヶ月で 12 万部の大ベストセラー！！（＊05）

（＊05）たかが「12 万部」と侮ってはいけません。当時の 13 邦の人口は 200 万人です。
現在の日本の人口と照らし合わせて単純計算すると、720 万部ほどになります。

彼は、このパンフレットの中で、
「もはや、事ここに至っては、独立は“常識（コモンセンス）”なのだ！」と叫びます。
こうして、いよいよ「民意」が独立に傾いてくると、次に「独立宣言」が必要に迫られます。
第２次大陸会議において、Ｒ（リチャード）．Ｈ（ヘンリー）．リーが、所謂（いわゆる）「リー決議」を行い、
「我々単独では、本国（イギリス）には勝ち目はない！
こたびの戦争を勝ち抜くためには、絶対的に同盟国が要る！
しかし、我々がイギリス臣民である限り、どの国も我々に味方しはしない。
同盟国を得るためには、是が非でも独立宣言をせねばならないのである！」
…と訴えます。
こうして、さっそく「独立宣言起草委員会」が結成されることになりました。
一応５人の委員が選ばれましたが、
- そのほとんどはＴ（トーマス）．ジェファーソン（のちの第３代大統領）が起草し、
- Ｊ（ジョン）．アダムズ（のちの第２代大統領）とＢ（ベンジャミン）．フランクリン（初代郵政長官）がわずかな修正を加えただけで、
- 残りの両委員は「名を連ねただけ」という感じでした。

それではいよいよ次幕において、有名な「独立宣言」を詳しく見ていくことにいたしましょう。

独立宣言起草委員会
1776.6/10 - 7/4
う〜〜〜ん…
ど〜しよっかな〜？
一応我々がチェックするけど
基本的にジェファーソン君の
文面そのままでいいでしょ！
委員（起草）
T.ジェファーソン
委員（修正）
J.アダムズ
委員（修正）
B.フランクリン

Column　G.ワシントンの本性

G（ジョージ）.ワシントンが「大陸軍」の初代総司令官になり、最初に軍を視察したとき、彼は、軍の実情に愕然（がくぜん）とさせられました。

なんとなれば、創建当時の大陸軍が、

- 白人も黒人も肌の色を越えて同じ釜のメシを食い、共に戦い、
- 民主的に下士官兵が将校を決める。

…という、きわめて自由で、平等主義の気風が流れていたからです。

── え？　それのどこに「愕然（がくぜん）」とする要素が？

　　すばらしい気風ではありませんか！

…と思いますか？

じつは一般的にはあまり知られていませんが、ワシントンという人物は、おぞましい人種差別主義者であり、権威主義者だったからです。

人種差別主義者であったワシントンにとって、黒人もインディアンも「人間（man）」ではなく、「奴隷民族どもがマスケット銃をかついで白人と仲良く行進する」姿など、彼にとって虫酸（ムシズ）の走る光景でした。

また、権威主義者であり、下々の者が自分たち支配者に意見するなど、彼にとって断じて赦（ゆる）されないことでした。

そこで、「大陸軍総司令官」として、彼が最初にやったことは、

- すべての黒人たちを、ただちに除隊させること。
- 下士官兵が将校を選ぶシステムを廃止すること。
- 上官に口応えする不届き者には、ムチ打ちの刑を科すこと。

…でした。

ワシントンは、抗議（ブーイング）の嵐にさらされ、ついに「黒人除隊」についてだけは折れたものの、その他の項目については、結局強行します。

その結果、ワシントンのやり方に不満を抱いて、半数もの兵が軍を離れ、大陸軍は、創建早々、崩壊寸前の危機的な状況に陥ります。

これが一般に「有徳の士」「人望厚きお方」「公平無私の人」として語られているG（ジョージ）.ワシントンの実像です。

第3章 アメリカ独立革命

第5幕

「すべての人間は平等に創られて…」

アメリカ独立宣言

1776年7月4日、ついに「独立宣言」が発せられた。
曰く、「すべての人は平等に創られている」。
曰く、「生命、自由そして幸福を追求する権利がある」。
美辞麗句がちりばめられ、心地よい気持ちにさせられるが、こういうときこそ、我々は思い起こさなければならない。「巧言令色鮮し仁」という孔子の言葉を。

all men are created equal

白人男性だけが「人間」。
それ以外は人間ではない。
当然のことであろうが？
ん？　何か問題でも？

T．ジェファーソン

〈アメリカ独立宣言〉

A

第2次 大陸会議

1775.5/10－1781.3/1

採択：1776年7月4日
署名：56名の大陸会議議員

56名の大陸会議議員

前　文

我らは以下の諸事実を自明な真理
即ち、すべての人は平等に創られ
今ひとつには、創造主なる神によ
利を与えられ、その中に、生命・
る、ということ。
いやしくも政府が上記の諸目的に
府を改変し、または廃止し、新た
民の権利である。

B

「天は人の上に人を造らず、
人の下に人を造らずと云へり」

「学問ノススメ」の冒頭句は
ここの部分の意訳なのだ！

学問ノススメ

1872

中津藩下級武士
福沢 諭吉

されども、今広く此の人間世界を見渡すに、賢き人あり、愚かなる人あり、貧しきもあり、富めるもあり、貴人もあり、下人もありて、其の有様雲と泥との相違あるに似たるは何ぞや。

C

1690

『統治二論』

イギリス思想家
ジョン＝ロック
1680s－1704

これがいわゆる「抵抗権」。
私の政治思想だ。
この考え方は、フランス革命を
始めとして、近代史に絶大な
影響を与えておるのだぞ！

ありがたき全能の神は、我々に
インディアンを殺戮する自由を与え
黒人を奴隷にして幸せになる権利を
与え給うたのだよ！
がはははははははっ！！

D

本　文

①　②　③

1776 年

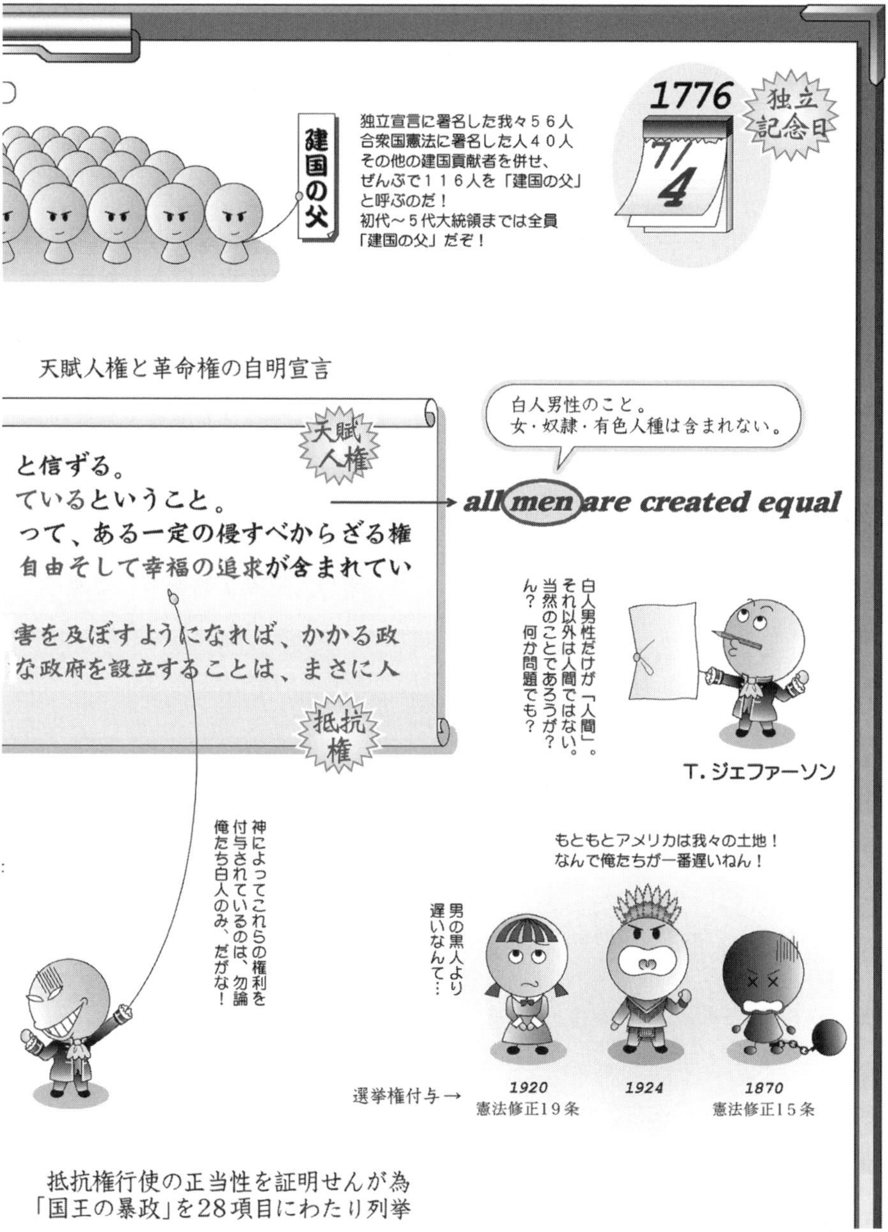

1776
7/4
独立記念日
建国の父
独立宣言に署名した我々５６人
合衆国憲法に署名した人４０人
その他の建国貢献者を併せ、
ぜんぶで１１６人を「建国の父」
と呼ぶのだ！
初代～５代大統領までは全員
「建国の父」だぞ！
天賦人権と革命権の自明宣言
天賦人権
と信ずる。
ているということ。
って、ある一定の侵すべからざる権
自由そして幸福の追求が含まれてい
害を及ぼすようになれば、かかる政
な政府を設立することは、まさに人
抵抗権
白人男性のこと。
女・奴隷・有色人種は含まれない。
all men are created equal
白人男性だけが「人間」。
それ以外は人間ではない。
当然のことであろうが？
ん？　何か問題でも？
T. ジェファーソン
神によってこれらの権利を
付与されているのは、勿論
俺たち白人のみ、だがな！
もともとアメリカは我々の土地！
なんで俺たちが一番遅いねん！
男の黒人より
遅いなんて…
選挙権付与→
1920
憲法修正19条
1924
1870
憲法修正15条
抵抗権行使の正当性を証明せんが為
「国王の暴政」を28項目にわたり列挙

③　④　⑤

この裁判において舌先三寸で被告の罪を逃れさせた張本人が当時弁護士だった私だったんだけどな！

もっとも私は職責を全うしただけで何ひとつ悪いことなんかしてないがな！

「私の人生の中で、最も勇敢で、寛容で、人間的で、公平無私な行動であり、また国に対して行った最善の行いであった。」

独立宣言起草委員会委員
ジョン＝アダムズ
1776

自省心ゼロのこの男がのちの第２代大統領

- 我らの同意なく我らに税を課す
- 我ら自身の立法権限を停止し、わって立法する権限が自分たち
- 我らのうちに大規模な軍を宿営
- その兵がこれら諸邦の住民に対みせかけばかりの裁判をするこ
- 世界各地と我らの通商を遮断す
- 多くの場合において陪審に基づでっちあげの罪状によって我ら
- 隣接する植民地（カナダ）におそこに専横的な政府を設立し、我が植民地にも同様の専制支配かの地をその格好の道具とした。
- 我らの特許状を取り上げ、我ら
- 我らの政府の形態を根本的に変
- 我らを国王の保護の外にあるとによって我らの統治を放棄し
- 我らの領海を収奪し、沿岸を荒
- これらの抑圧のあらゆる段階にもって改善を請願してきたには、度重なる侮辱によって応え

(1775.8/23)
国王宣言で反逆者認定されてしまった以上、
① 独立を達成し「建国の父」と讃えられるか
② 極悪人として罵声の中、四裂の刑となるか※
大陸会議はこの二者択一に迫られた

独立達成
四裂の刑

※
① まず絞首（ただし半死状態で斬縄）
② 生きたまま開腹、内臓をえぐり出す
③ 斬首、獄門

結　文

したがって、我らは我らの分離ない。<中略>
これら連合植民地は自由にして独英国王に対する忠誠はいっさいこの政治的なつながりは完全に解消諸邦は、自由にして独立な国家とし、同盟を結び、通商を確立し、て行ないうるあらゆる行為をなす

ま～長々といろいろ御託きれい事並べたけど本音は、反逆者として四ツ裂き刑にされたくなかっただけなんだよね～…

俺たちが反逆者にならないためには独立戦争を勝ち抜くしかない！そのためにはきれいごとならべて市民をその気にさせなきゃね！

る。 → 砂糖法・印紙法・茶法など 1764－73
いかなる場合においても我らに代
(本国議会) にあると宣言した。 → 宣言法 1766
させる。 → 軍隊宿営法 1774
して殺人を犯しても、
とによって処罰を免れさせる。 → ボストン虐殺事件 1770
る。 → ボストン封鎖法など 1774
く裁判の恩恵を奪い、
を海の向こうへ移送して裁く。 → 裁判権制限法 1774
いて英国法の自由な体制を廃し、
その境界を広げることによって、
を導入するための先例とし、
→ ケベック法 1774
の貴重この上ない法を廃し、
更した。 → 統治権制限法 1774
宣言し、我らに戦争をしかけるこ
た。 → 国王宣言・開戦 1775
らし、町を焼き、人命を奪った。 → レキシントン・コンコードの戦 1775
おいて、我らは最も謙虚な言葉を
かかわらず、我らの度重なる請願
られたのみだった。 → オリーブの枝請願など 1775

結論としての「独立宣言」

を宣言する必要性を認めざるをえ

立な国家であり、
れなく、グレートブリテンとの間
されており、
して、戦争を行ない、講和を締結
その他独立国家が当然の権利とし
完全な権限をもつものである。

独立
宣言
インディペンデンスホール

④　⑤

アメリカ独立宣言。

その「言葉」を聞いたことがない人はいないでしょうが、その「全文」を読んだことがある方は、そう多くはないでしょう。

たいへん短いものですので、アメリカという国・民族の「本質」を知るためにも、一度読んでみるとよいかもしれません。

しかし、全文を読んだことがある人でも、その言葉の「裏」に隠された“本当の意味”まで理解している人はごく稀(まれ)でしょう。

本幕では、この「アメリカ独立宣言」の「表」も「裏」も包み隠さず見ていくことにいたします。

本宣言は、T(トーマス).ジェファーソンが起草し、J(ジョン).アダムズ、およびB(ベンジャミン).フランクリン両名が微修正し、1776年7月4日、ペンシルヴァニア邦議事堂(＊01)にて、大陸会議の議員56名により署名され(＊02)、採択されました。

この日をもって、「独立記念日(インディペンデンスデイ)」(A-5)とされているのは、有名です。

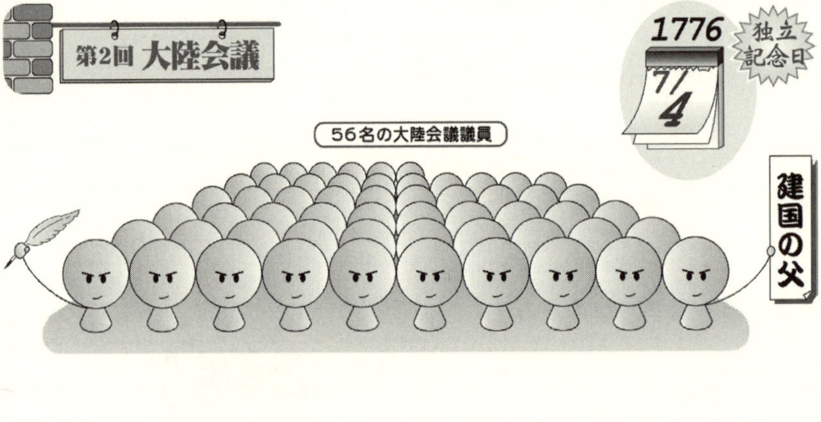
第2回 大陸会議
1776
独立記念日
7/4
56名の大陸会議議員
建国の父

(＊01) 現「独立記念館(インディペンデンスホール)」。
のちに、「アメリカ合衆国憲法制定会議」が開催された建物でもあります。

(＊02) この独立宣言に署名した56名と、合衆国憲法に署名した40名、さらに、その他の建国貢献者20名をあわせて、計116名を「建国の父」(A-4)と言います。
初代から第5代大統領までは、全員「建国の父」です。

全体は、大きく「三部」に分かれていて、前から順に、
「前文」(B-3)、「本文」(E-3)、そして「結文」(H-3)。
この中で、もっとも有名で、かつ重要なのは、「前文」です。

前　文　天賦人権と革命権の自明宣言

天賦人権

我らは以下の諸事実を自明な真理と信ずる。
即ち、すべての人は平等に創られているということ。
今ひとつには、創造主なる神によって、ある一定の侵すべからざる権利を与えられ、その中に、生命・自由そして幸福の追求が含まれている、ということ。
いやしくも政府が上記の諸目的に害を及ぼすようになれば、かかる政府を改変し、または廃止し、新たな政府を設立することは、まさに人民の権利である。

抵抗権

たいへん短い文章なので、よく噛(か)みしめて、お読みください。
── 我らは以下の諸事実を自明な真理と信ずる。(B-3)
「自明な真理」、すなわち「証明の必要すらない厳然たる公理」をこれから言うぞ、と冒頭で宣言しているわけです。
そして、その「公理」とは何か、がつづきます。
── すべての人間は平等に創られており、
　生命・自由、そして幸福を追求する権利がある。(抄訳)
あちこちで引用され、絶賛され、後世に影響を与えてきた、あまりにも有名な文句(フレーズ)です。
非の打ち所のない、何度聞いてもすばらしい言葉である、と。
果たしてそうでしょうか。
上辺だけの美辞麗句に惑わされて、その「裏」に隠された「本質」を見抜けぬようでは、どれほど多くの本を読もうが、膨大な知識を蓄えようが、いつまでたっても「真実」に近づくことすらできません。
このような「論語読みの論語知らず」は巷間(こうかん)数多い。

第３章 第１幕でも「連続殺人犯」を例にすこし触れましたが、その「言葉自体」がどれほど正しかろうとも、そこに「実践」が伴わないものは「空念仏」「空言」であり、それを口にする者はただの「口舌の徒」にすぎません。(＊03)

閑話休題。

彼らの「すべての人間は平等に創られている」という言葉には、「実践」が伴われていたでしょうか。

ここに至るまで、彼ら白人の行いを、よ〜く思い起こしてみてください。

彼らは、何の罪もないインディアンたち、むしろ苦難の時代にあった白人の命を無償で何度も助けてくれた“命の恩人”たるインディアンたちの財産を奪い、その自由を奪っただけでない、耳鼻を削ぎ、皮を剥ぎ、首を晒し、故意に疫病（天然痘菌）をバラまいて、虐殺・掠奪・蛮行の限りを尽くしてきたではありませんか。

その血塗られた手で「独立宣言文」を書き、その蛮行を命じた口で「すべての人間は平等に創られている！」「すべての人間は、生命・自由、幸福を追求する権利がある！」と高らかに謳っているのです。

それを知ったあとでも、これが「すばらしい言葉」だと感じますか？

繰り返しますが、言葉自体に「真実」があるのではありません。

言葉の表面に浮く美辞麗句に惑わされてはいけません。

「実践を伴った言葉」のみに真実はあるのです。

ところが。

彼らは、堂々と反論します。

「否！　我らの言葉には、まちがいなく“実践”が伴っている！」と。

ん？　実践が伴っている？　どういうことでしょうか。

（＊03）Ｊ．Ｊ．ルソーは『エミール』という教育論に関する本を書いて絶賛を浴びました。
しかしながら、当のルソー本人は、５人もの子を儲けながら、これを産ませては棄て、産ませては棄て、を繰り返していたことが暴露されると、非難囂々。
どんな「ご立派」な教育論を論じようが、我が子をつぎつぎと棄てた者の「教育論」に説得力はあるでしょうか。それと同じです。

彼らの真意を理解するために、この言葉を原文から見ていきましょう。

――all men are created equal（B-5）

辞書で「man」を調べてみますと、

――①男。成年男子。とくに白人男性。
　　②人間。人類。

…とあります。

すると、これを読んだ日本人は、たいてい、

「“（白人）男性”と、“人間”という、２つの概念が、man という１つの単語に練り込められているんだな？」

…と勘違いしがちです。

違います。

英語では、「人間」と「白人男性」という２つの概念があるのではなく、「人間＝（とは）白人男性」、「白人男性＝（だけが）人間」という１つの概念があって、それを表現する１つの単語が「man」なのです。（＊04）

「１つの単語」に「１つの概念」が対応しているにすぎません。

all men are created equal
白人男性だけが「人間」。
それ以外は人間ではない。
当然のことであろうが？
ん？ 何か問題でも？

T.ジェファーソン

（＊04）彼らにとって、白人男性だけが人間。
彼らは「人間」という言葉を耳にしたとき、「白人男性」が頭に思い浮かぶのです。

ところが、日本語には「man」に相当する概念（「白人男性＝（だけが）人間」という概念）が存在しないために、「複数の日本語に訳し分ける」という“苦肉の策”が取られているだけです。(＊05)

要するに。

「all men are created equal」を「すべての人は ～ 」と訳すのは（作為的な）誤訳であって、

「すべての白人男性は平等に創られており、

我々白人男性には、生命・自由、そして幸福を追求する権利(＊06)がある」

ありがたき全能の神は、我々にインディアンを殺戮する自由を与え黒人を奴隷にして幸せになる権利を与え給うたのだよ！がはははははははっ！！
神によってこれらの権利を付与されているのは、勿論俺たち白人のみ、だがな！

…と言っているのです。

つまり、「白人男性にしかない」ということは、視点を変えれば、

「有色人種（nonwhite）どもは人間ではなく、我々の奴隷（slave）、所有物であり、(＊07)

有色人種（nonwhite）どもには生命・自由、そして幸福を追求する権利などない！」

…という意味でもあります。

(＊05) 英和辞典を紐解けば、「１つの単語」に「たくさんの意味」が書かれていることが多いですが、多くの場合、これが理由です。

(＊06) これを小難しい言葉で「天賦人権」（B-4）と言います。

(＊07) 我々日本人は奴隷というと「奴隷という階層の人間」と思いがちです。
しかし、白人が「slave」と言った場合、「口をきく道具」「人間ではない、単なる白人の所有物」という意味です。

したがって、

「インディアンは人間（＝白人男性）ではない。

manではないということは、奴隷でしかあり得ない。

我々manが、奴隷どもの財産を奪い、自由を奪い、命まで奪い尽くすのは我々manの当然の権利である！

よって、『独立宣言』前文に、何ひとつ悖ってはいない！」

彼らは、そう胸を張るのです。

彼らが、有色人種に対してどれほどの蛮行を繰り返そうとも、そこに「からし種一粒ほど」(＊08)の良心の呵責すら感じないのは、そういう理由です。

この「宣言」に基づいて建国されたアメリカ合衆国では、当然のごとく白人男性以外の人たち（黒人奴隷・インディアン・白人女性）が、政治・経済・社会全般すべてにおいて「差別待遇」を受けつづけてきました。

もともとアメリカは我々の土地！
なんで俺たちが一番遅いねん！
男の黒人より遅いなんて…
選挙権付与→
1920
憲法修正19条
1924
1870
憲法修正15条

(＊08) からし種は、直径1mmにも満たない小さな黒い種のことで、『新約聖書』の中に出てくる比喩表現の１つで、「ほんのわずか」という意味です。
「もし、からし種一粒ほどの信仰があれば、この山に向かって『ここからあそこに移れ』と命じてもそのとおりになる。できないことなど何ひとつない。（マタイ伝 17：20）」
じゃあ、キリスト教徒は「からし種一粒ほどの信仰心」すらないってことだよね？

彼らには、20世紀まで参政権すら与えられませんでした。(C/D-5)(＊09)

もし、ほんとうに「man」という単語が紛(まご)うことなき「人類(human being)」という意味だとしたら、この事実を何と説明するのでしょう。

「man」が「白人男性」という意味であることは明々白々です。

ところで。

この一文を、いち早く日本に紹介した人物が福沢諭吉です。

かの『学問ノスヽメ』の冒頭、

―― 天は人の上に人を造らず、人の下に人を造らず

「天は人の上に人を造らず、
人の下に人を造らずと云へり。」
学問ノスヽメ
1872
「学問ノススメ」の冒頭句は
ここの部分の意訳なのだ！
前文
すべての人は
平等に創られている
中津藩下級武士
福沢 諭吉

…というのは、日本人なら知らぬ人のいない、たいへん人口(じんこう)に膾炙(かいしゃ)した言葉ですが、これを「福沢諭吉本人の言葉」と勘違いされている方は多い。

(＊09) 黒人に形式的な選挙権が与えられたのが1870年。女性・インディアンに至っては、20世紀の1920年代。しかも、表面的に選挙権を与えたように見せかけながら、実際には投票できないようにするシステム作りは万全。たとえば、「文盲テスト」を実施して、読み書きできない者には投票させない。これで、ほとんどの黒人は投票できなくなります。
ちなみに事実上の選挙解禁となる「文盲テストの廃止」は、なんと、1971年です。

じつは、この言葉は「独立宣言」の冒頭の言葉、

「all men are created equal」を意訳したものなのです。

ですから、そのあとに「と云へり（といわれています）」とつづいています。

福沢諭吉は、「man」に隠された意味（トリック）は知らなかったでしょうが、この「美辞麗句」の、胡散（ウサン）臭さは敏感に感じ取ります。(＊10)

彼は、「されども」という言葉を挟んで、こうつづけています。

―― 今広くこの人間世界を見渡すに、賢き人あり、愚かなる人あり、貧しきもあり、富めるもあり、貴人もあり、下人もありて、その有様、雲と泥との相違あるに似たるは何ぞや。(C-1)

噛（か）みくだいて解説すれば、

「どんなにきれい事を並べてみたところで、現実社会を見渡せば、その言葉どおりになっていないではないか！　これをなんと説明する！？」

…と言っているのです。

かように、「言葉」というものは、その歴史背景の中から発せられるものなので、その歴史背景も知らず、表面的な言葉の意味だけを知って、その言葉の本質を理解したような気持ちになってはなりません。

『統治二論』
イギリス思想家
ジョン＝ロック

「独立宣言」は、さらにつづきます。

―― 政府が上記の諸目的に害を及ぼすようになれば、かかる政府を改変し、または廃止し、新たな政府を設立することは、まさに人民の権利である。

(＊10) ほんとうに頭のいい人というのは、限られた情報の中からでも「本質を見抜く洞察力」を持っているものです。福沢諭吉という方は、まさにそういう方だったのでしょう。
逆に、愚者というのは、どれほど膨大な知識を蓄積しようとも、それがまるで「洞察力」につながりません。じつのところ、「知識量」と「洞察力」に因果関係はほとんどないのですが、そんなことにすら気づかぬ彼らは、自分の「知識の多さ」をひけらかしたがります。

　この権利は、「抵抗権（革命権/反抗権）」（C-4）などと呼ばれ、かのJ（ジョン）．ロック（C/D-2）が『統治二論』の中で唱えたはじめたもの。
「反逆者」たちにとっては、たいへん都合のよい考え方であったため、彼らに重宝がられ、あちこちの反乱・革命に盛んに利用されます。[*11]
　つまり。
　言葉のうわべだけ見れば、もっともらしい、ご大層（たいそう）なことを言っているように聞こえますが、要するに、「反逆者」どもが、
「先に手を出したのは、そっちだからな！
　これは、あくまで正当防衛で、こっちには何の他意もないんだからな！」
…と、自分たちが「私利私欲で反逆した事実」を理想論（オブラート）でくるんで覆い隠そうとしているだけにすぎないのです。
　それを補完するため、次の「本文」では、「そっちが先に手を出した」「そっちが先に手を出した」「そっちが先に手を出した」と、ぐだぐだぐだぐだ、28項目にわたって書かれています。
　たとえば、
―― 俺たちの同意もなしに、勝手に税金をかけやがったよな！？（D/E-2/3）
　すでに見てまいりました「砂糖法」「印紙法」「茶法」などのことです。
―― イギリス兵が俺たちを殺したのに、見せかけばかりの裁判で、その犯人を無罪放免にしやがったしな！（E-3）
　これは、「ボストン虐殺事件」のことを言っています。
　しかし、忘れてはいけません。
　これまで見てきておわかりのように、彼らが独立を決意したのは、こうした「きれいごと」ではなく、純粋に「おのれの私利私欲のため」だったことを。

（＊11）もともと『統治二論』は、1688年に起こった名誉革命を正当化するために書かれました。今回に限らず、フランス革命時の「人権宣言」や「1793年憲法」など、あちこちの革命に採用されています。そのため、「それほどに立派な思想なのだろう」と勘違いしている人が多いですが、「立派な思想だから影響力が強かった」のではなく、単に、「反逆者にとって都合のよい考え方だったから採用された」だけにすぎません。

独立推進の中心となった独立派（インディペンデント）たちは、当時、土地コロガシでボロ儲けしていた地主（プランター）や、貿易・小売業に従事した中小商人たちでした。

彼らは、「1763年国王宣言」や「ケベック法(＊12)」で土地コロガシが思うようにできなくなったり、つぎつぎと関税をかけられて利益を喰われた連中。

独立することで、自分たちの「儲け口」を確保しようとしたにすぎません。

一方、国王派（ロイヤリスト）たちは、大地主や大商人たちで、彼らは本国とのつながりも深く、当初、独立には反対だったのに、“反逆者認定”を受けてしまったことで、「反逆者として、罵（ば）声の中、四ッ裂きの刑にされる」ことを避ける道を選択しただけのこと。（G-1）

独立
達成
四裂
の刑

つまりは、純粋に「おのれの保身」のため。

そういった利害の絡まない、残りの植民地人すべての人たちが、ことごとく「無関心派」なのが、それを証明しています。

「私利私欲」に眼がくらんだ者（独立派）と、「保身」に汲々（きゅうきゅう）とする者（国王派）が、これに無関心な者たちを煽動（せんどう）してつくった国。

それこそがアメリカ合衆国の正体です。

（＊12）ケベック州（オハイオ川以北・ミシシッピ川以西の地）にカトリック教徒への信教の自由とフランス流慣習の復活を認めたものです。これは、当時の国際情勢を鑑みれば、極めてまっとうな政策だったのですが、国家的視点などどうでもいい、目先のゼニ儲けしか見えていない土地コロガシどもには、「植民地弾圧法」「耐え難き諸法」としか映らず、第１次大陸会議を開催する原因のひとつともなっていきます。

Column 「謝罪」は悪！

本文でも触れましたように、独立宣言「本文」の中には、「ボストン虐殺事件」について、「見せかけばかりの裁判」で住民を殺した兵士が事実上の無罪となったことを怒りを込めて糾弾（きゅうだん）しています。

でも、その「見せかけばかりの裁判」で、舌先三寸、口八丁手八丁で、「殺人兵士」に事実上の無罪を勝ちとった、そのときの悪徳弁護士こそ、誰あろう、Ｊ（ジョン）．アダムズなのです。

彼は、独立運動の中心人物のひとりであり、「建国の父」にして、のちの「第２代大統領」にまで昇りつめた人物です。

1770年の時点では、弁護士として本国側に荷担しておきながら、その舌の根も乾かぬうちに、今度は「ボストン虐殺事件」を糾弾する側で「独立！」を叫んでいたのです。いけしゃあしゃあと。

この点について、彼は何と釈明しているのでしょうか。

日本人なら、過去の過ちは過ちとして、すなおに謝ることが美徳です。

しかし、彼ら白人は、まったく違います。

Ｊ（ジョン）．アダムズは言います。

「（殺人兵士の無罪獲得は）私の人生の中で、もっとも勇敢で、もっとも寛容で、もっとも人間的で、もっとも公平無私な行動であり、また、国に対して行った最善の行いであった！」

謝罪する気、まったくゼロ。謝罪どころか、ふんぞり返る！

ふんぞり返って、相手をケムに巻くのが、白人の常套（じょうとう）手段。

彼ら白人社会では、ひとたび「謝罪」などしようものなら、たちまちすべてを剝（は）ぎ取られてしまうからです。

ヴェトナムに大量の「枯葉剤（かれはざい）」をまき撒（ち）らし、農地を荒廃させ、たくさんの奇形児を産ませながら、一切謝罪もしない。

広島・長崎に原爆を落とし、人類史上最悪の大量殺戮を行ったことについては、謝罪もないどころか「アメリカの正義であり栄光である」とふんぞり返っているのはそのためです。

第3章 アメリカ独立革命

第6幕

クリスマスの急襲！

トレントンの戦・サラトガの戦

ボストン包囲戦に敗れたイギリスは、大陸軍を分断するため、ハドソン川を制圧することにした。北からはJ・バーゴイン将軍、南からはW・ハウ将軍がやってくる。ここを押さえられたら大陸側の敗北は決定的となってしまう。しかし、大陸側にとって幸運だったのは、ハウ将軍が無能だったことであった。

奇襲攻撃の条件が満載！
今攻めずしていつ攻める！

デラウェア川を渡るワシントン

〈トレントンの戦・サラトガの戦〉

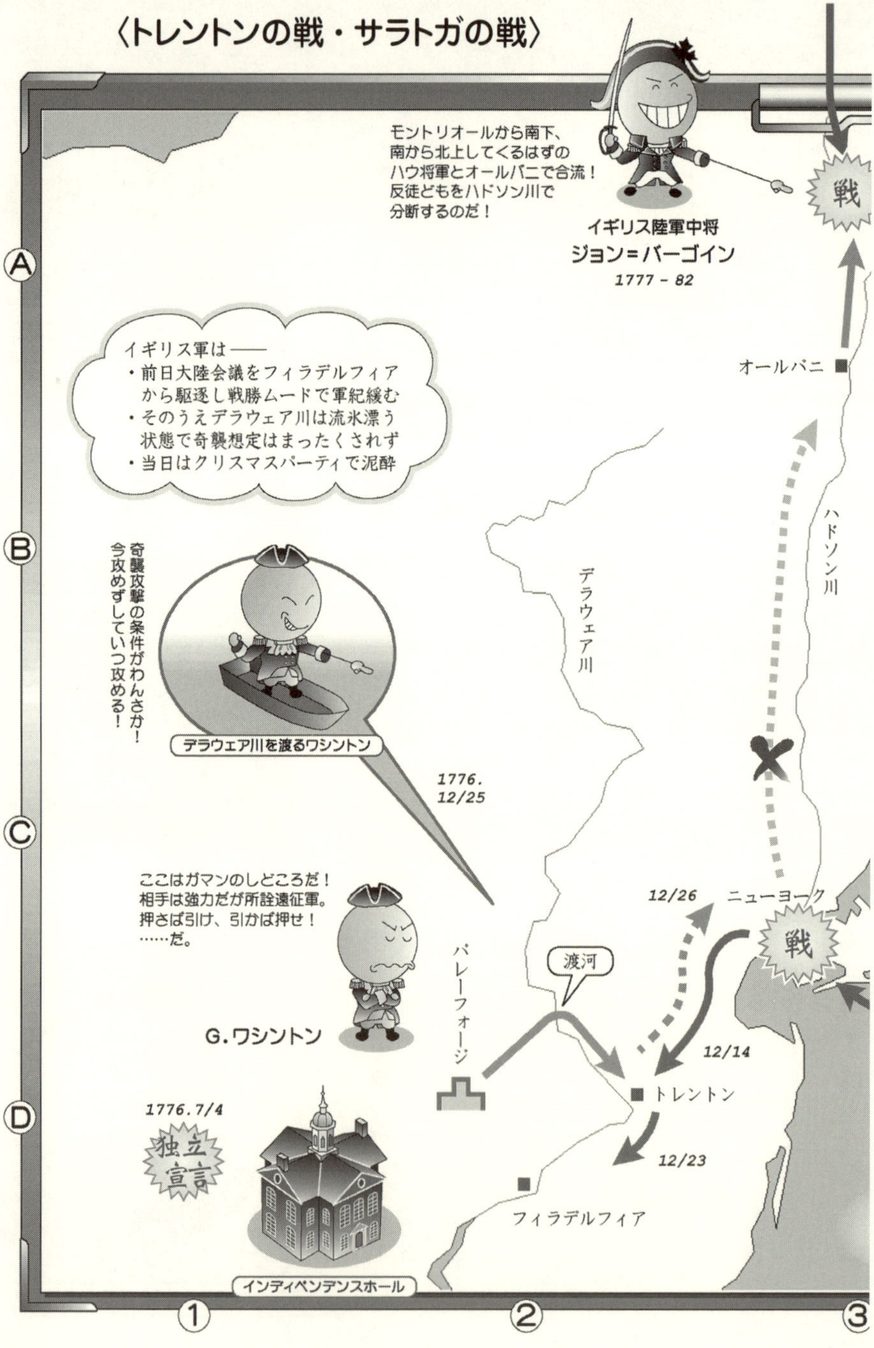

モントリオールから南下、
南から北上してくるはずの
ハウ将軍とオールバニで合流！
反徒どもをハドソン川で
分断するのだ！
イギリス陸軍中将
ジョン＝バーゴイン
1777 – 82
戦
A
イギリス軍は――
・前日大陸会議をフィラデルフィアから駆逐し戦勝ムードで軍紀緩む
・そのうえデラウェア川は流氷漂う状態で奇襲想定はまったくされず
・当日はクリスマスパーティで泥酔
オールバニ
ハドソン川
B
奇襲攻撃の条件がわんさか！
今攻めずしていつ攻める！
デラウェア川
デラウェア川を渡るワシントン
1776.
12/25
C
ここはガマンのしどころだ！
相手は強力だが所詮遠征軍。
押さば引け、引かば押せ！
……だ。
12/26
ニューヨーク
戦
バレーフォージ
渡河
G.ワシントン
12/14
D
1776.7/4
独立宣言
トレントン
12/23
フィラデルフィア
インディペンデンスホール
1
2
3

1776～77年

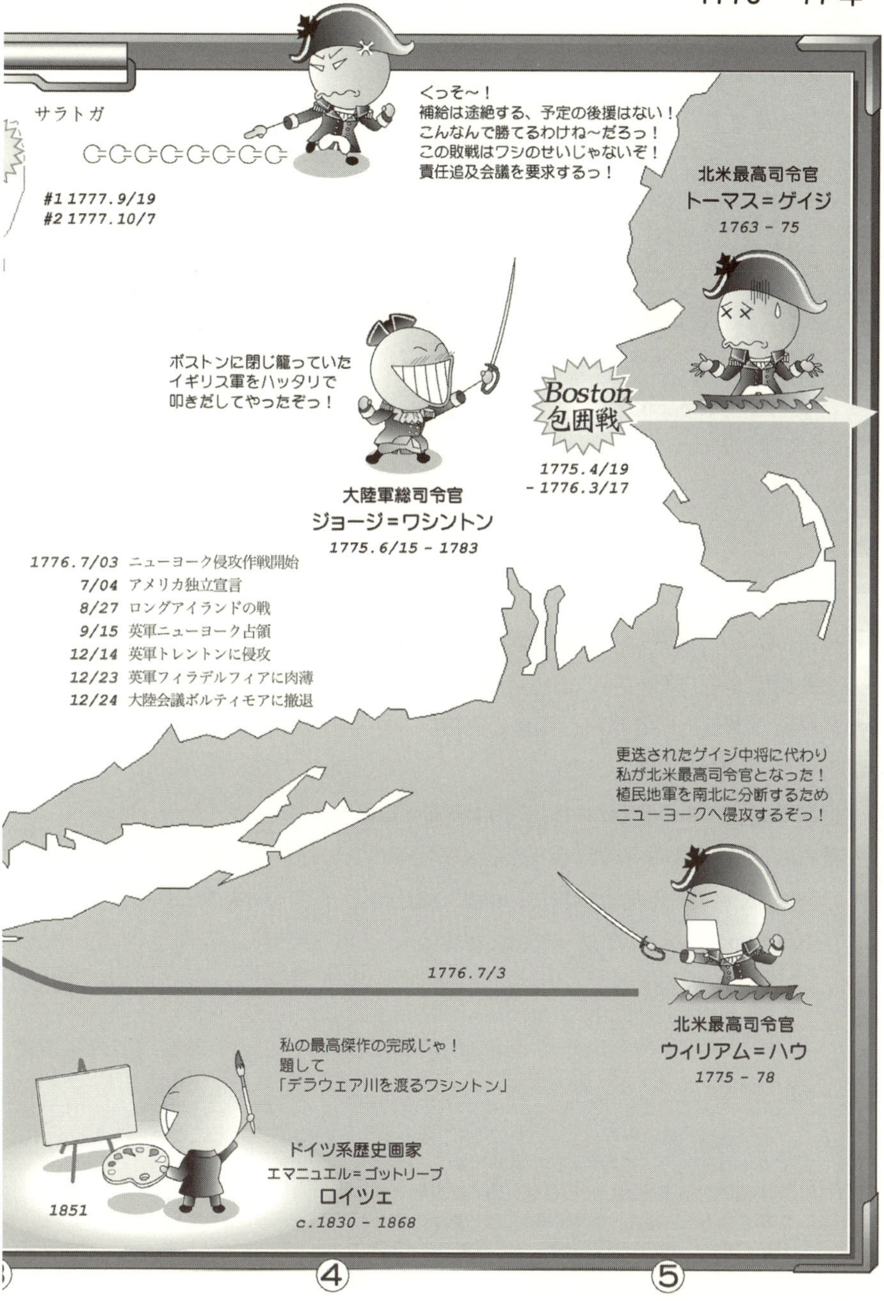
サラトガ
#1 1777.9/19
#2 1777.10/7
くっそ～！
補給は途絶する、予定の後援はない！
こんなんで勝てるわけね～だろっ！
この敗戦はワシのせいじゃないぞ！
責任追及会議を要求するっ！
北米最高司令官
トーマス＝ゲイジ
1763 - 75
ボストンに閉じ籠っていた
イギリス軍をハッタリで
叩きだしてやったぞっ！
Boston
包囲戦
1775.4/19
- 1776.3/17
大陸軍総司令官
ジョージ＝ワシントン
1775.6/15 - 1783
1776.7/03 ニューヨーク侵攻作戦開始
7/04 アメリカ独立宣言
8/27 ロングアイランドの戦
9/15 英軍ニューヨーク占領
12/14 英軍トレントンに侵攻
12/23 英軍フィラデルフィアに肉薄
12/24 大陸会議ボルティモアに撤退
更迭されたゲイジ中将に代わり
私が北米最高司令官となった！
植民地軍を南北に分断するため
ニューヨークへ侵攻するぞっ！
1776.7/3
北米最高司令官
ウィリアム＝ハウ
1775 - 78
私の最高傑作の完成じゃ！
題して
「デラウェア川を渡るワシントン」
ドイツ系歴史画家
エマニュエル＝ゴットリーブ
ロイツェ
c.1830 - 1868
1851
④
⑤

まさに「アメリカ独立宣言」がなされたその前日（7月3日）に、イギリス艦隊（W（ウィリアム）.ハウ将軍(＊01)麾下（きか））がニューヨーク（C/D-3）に上陸してきていました。

では、なぜ「ニューヨーク」なのでしょうか。

モントリオールから南下、
南から北上してくるはずの
ハウ将軍とオールバニで合流！
反徒どもをハドソン川で
分断するのだ！

イギリス陸軍中将
ジョン＝バーゴイン

前年（1775年）、レキシントンで戦端が開かれるや、ボストンで激戦が交わされ（A/B-5）、イギリス軍が撤退を余儀なくされたのはすでに見てきました。

大陸側には「ボストン（B-5）」と「フィラデルフィア（D-2）」という2つの政治的中心があったのですが、両者の密接な連絡・連携が奏功していた、というのもイギリス敗因のひとつでした。

となれば、イギリスが次に打つ手は決まってきます。

それは、「ボストン・フィラデルフィア両都市を分断する」こと。

“うまい具合に”と言うべきか、両都市のちょうど真ん中を縦に割るようにして、ハドソン川（B-3）が走っています。

（＊01）オーストリア継承戦争、七年戦争に従軍するも、大した軍功を上げることができず。
ボストンで包囲されたゲイジ将軍の援軍に駆けつけたものの、バンカーヒルの戦で独立戦争中最大の被害を出し、自信を失っていったようです。
家柄を頼みに階級だけは「将軍」にまで昇りつめたものの、一向にそれに見合った戦功が上げられない。このときの彼は、そんな焦りの中にありました。

この川の制河権さえ握ってしまえば、大陸側の両都市間の情報交換を鎖(とざ)し、連携をとった軍事行動を封じ込めることができますから、そうなれば、この戦争、イギリス側が勝ったも同然です。

そこで、以下のような戦略が立てられました。

- J(ジョン).バーゴイン将軍（A-2/3）率いる英陸軍が北(モントリオール)からハドソン川を南下し、
- W(ウィリアム).ハウ将軍（C/D-5）率いる英海軍が南(ニューヨーク)からハドソン川を遡(そ)上し、
- 陸海両軍がオールバニ（A/B-3）で合流し、ハドソン川を制圧する。

その戦略に沿う形で、ハドソン河口にあたるニューヨークにW(ウィリアム).ハウ将軍が姿を現したわけです。

更迭されたゲイジ中将に代わり
私が北米最高司令官となった！
植民地軍を南北に分断するため
ニューヨークへ侵攻するぞっ！
北米最高司令官
ウィリアム＝ハウ

逆に、大陸側からすれば、ここニューヨークは、戦争全体の趨勢(すうせい)を左右する所謂(いわゆる)“天王山”。

ここを占領されたら、一気に敗色濃厚となってしまいますから、絶対に死守しなければなりません。

そこで、その守将として、総司令官たるG(ジョージ).ワシントン御(おん)自ら出陣し、英(イギリス)艦隊を待ち受けます。

しかし、彼(ワシントン)の善戦もむなしく、2ヶ月(ふたつき)と保たず、ニューヨークはあっけなく陥落してしまいます。

G(ジョージ).ワシントン軍は、為(な)す術(すべ)なく総崩れ！

ハウ将軍の側近H(ヘンリー).クリントンは、即座に進言します。

「閣下！　敵は総崩れですぞ！

このまま一気に全軍をもってカタをつけましょう！

これで、我々がオールバニまで向かうまでもなく、この戦(いくさ)終わりますぞ！」

クリントン将軍の言うとおり、もしここで総攻撃をかけていれば、大陸軍は全滅し、G(ジョージ).ワシントンの首を取ることもできたでしょう。

そうなれば、大陸側は、大きな“支柱”を失って、戦意をなくして降伏してくる。そのことは、誰の目にも明らかでした。

ところが。

なぜか、W（ウィリアム）.ハウ将軍は、この進言を却下します。

—— 全軍、そのまま待機！！（＊02）

「なんでっ！?」

クリントン将軍ならずとも、そう言いたくなります。

その結果、G（ジョージ）.ワシントンは、なんとか逃げおおせることができ、散々な負け戦だったにもかかわらず、ワシントンは「見事な撤退戦」と賞賛を浴びることになります。

でもひょっとしたら。

ハウ将軍は、G（ジョージ）.ワシントン軍の追撃戦に入ることで「深追い」となってしまうことを懼（おそ）れたのかも。

それによって、当初の戦略である「ハドソン川を遡（そ）上してバーゴイン将軍と合流する」という作戦が破綻（はたん）することを懸（け）念して？

なるほど。

状況によっては、それも一理あります。

もし、そうならば、次の行動は決まっています。

ただちに、オールバニまでまっしぐらに北上するだけです。

ところがところが。

それから3ヶ月（みつき）もの間、ハウ将軍はここ（ニューヨーク）から動こうとせず。

そして、やっと重い口を開いたかと思えば、

—— フィラデルフィアに向かって西進せよ！

なんでそうなる！?

「深追い」はせず、北上するんちゃうんかいっ！！

（＊02）「なぜ、ハウ将軍はこのとき追撃戦をさせなかったのか」は現在まで謎ですが、ハウ将軍とクリントン将軍との間には確執があったことが窺われるので、それも一因かもしれません。じつは、ハウ将軍の指揮したバンカーヒルの戦のあと、クリントン将軍はこう言っています。「我々の大勝利だ！　だが、（あまりにも味方の被害が大きすぎて）もう一度これをやったら我々は破滅だ！」　いかにも確執がありそうなイヤミなセリフです。

　追うつもりがあるなら、なぜ３ヶ月前、敵が総崩れのときに討たなかった???（＊03）

　そのとき討っていれば、「深追い」の必要すらなかっただろうし、そのうえ、年の瀬も迫ってきた厳冬の中の行軍じゃ、タイミングが悪すぎる。

　こうして、12月の中旬になってようやく進軍を始め、14日にはトレントン（D-2/3）、23日には、フィラデルフィアに肉薄します。

「もはやこれまで！」

　イギリス軍の快進撃に狼狽した大陸側は、ただちにフィラデルフィアを棄てて逃げだす有様（当時、フィラデルフィアはアメリカの事実上の首都）。

　これを知ったイギリス軍は、戦勝ムードに沸き立ちます。

「がはははは！　反徒どもめ！

　今ごろ逃げ惑い、赦しを請うても遅いぞ！」

　あとは、逃げだして空っぽになったフィラデルフィアを占領すればよいだけ。

　文字どおり、“無人の野を往く”がごとく！

「さあ、勝利の日は近いぞ！」

…と思いきや。

　イギリス軍は、ここで踵を返して、トレントンに引き返しはじめます。

　え！?　だからなんでっ！?

　ハウ将軍、いちいち挙動が意味不明です。

　曰く。

「だって、明日はクリスマスイヴじゃないか。

　クリスマスはパーティの日だ、戦争なんかやってられっか！」

　戦争中にクリスマス・パーティー???

（＊03）「なぜ、将軍は突如西進しはじめたのか」については、誰もが首をかしげ、現在まで謎とされています。しかしながら、筆者は、彼の頭の中にあったのは「疑心暗鬼」だったのではなかったか、と推察しています。「クリントンの進言にしたがって戦果を上げたら、彼の軍功となってしまうのではないか？」「このままバーゴインと合流したら、彼に軍功を横取りされるのではないか？」　無能なるがゆえの疑心暗鬼。これで彼の言動は説明できます。

敵本営を目の前にして、そんな軍の弛みきったところを急襲されたらどうする気だ！？

「だいじょうぶ！

こたびの戦闘で、デラウエア川（B/C-2）以東の地は、すべて我が軍の勢力圏下に置いたからな！

この時期のデラウエア川は流氷だらけで、とても渡河できるもんじゃない。

それよりなにより、何といってもクリスマスだからな。

敵さんだって、クリスマス・パーティーしてるに決まってんだろ！

忙しいのはサンタだけ、神様だってお休みさ！」

G．ワシントンは、この千載一遇のチャンスを見逃しませんでした。

バレーフォージ（D-2）で、じっと「時」が満ちるのを待っていた彼は、クリスマスの日12月25日の未明、出撃します。

イギリス側が「渡河は不可能」と考えていた流氷漂うデラウエア川を渡河していきます。

かたや、トレントンでは、戦勝ムードが覆い、軍規は緩みっぱなし。

『デラウエア川を渡るワシントン』エマヌエル・ロイツェ作　メトロポリタン美術館所蔵

前夜のクリスマスパーティーで兵はグデングデンに酔っぱらっていましたから、大陸軍の急襲を前に、なんら為(な)す術(すべ)もなく、敗走してしまいます。

その結果、北（モントリオール）から南下してきていたバーゴイン将軍は、ハウ将軍の南からの後援を期待できなくなり、オールバニを挟撃(はさみうち)にするどころか、逆に、サラトガ(A-3)で包囲されるハメに陥ってしまいます。

これが「サラトガの戦（1777年）」です。

兵站(へいたん)も断たれ、孤立無援となったバーゴイン軍は、２度にわたる戦闘で消耗し、退路も断たれ、もはや万事休す。

しかし、敵将ゲイツから「無条件降伏」を突きつけられると、

「無条件降伏だと！？　反逆者どもが、図に乗りおって！

我らは誇り高き大英帝国の将兵である！

かくなる上は、一兵残らず戦い、討(う)ち死にするのみ！」

…と激昂(げきこう)、このバーゴイン将軍の迫力を前に、ゲイツが折れ、「武装解除する代わりに、降伏なし・捕虜なしで、整然と帰国する」ことで合意します。(＊04)

サラトガ
戦
くっそ～！
補給は途絶する、予定の後援はない！
こんなんで勝てるわけね～だろっ！
この敗戦はワシのせいじゃないぞ！
責任追及会議を要求するっ！

こうして、ハドソン川方面作戦は、南で北で、イギリスの敗北に終わり、このことがアメリカ独立戦争全体の転換点(ターニングポイント)となっていきます。

（＊04）帰国後のバーゴイン将軍は、自己の潔白を主張し、こたびの敗戦原因を徹底追及する「責任追及会議」の開催を要求しています。が、政治的思惑が働き、開催されませんでした。

Column デラウエア川を渡るワシントン

本幕本文中の絵画は、歴史画家のＥ（エマニュエル）．ロイツェが描いた、有名な『デラウエア川を渡るワシントン』です。

まるで、本当にその現場に居合わせたような、臨場感（リアリティ）と迫力のある、たいへん評判の高い、すばらしい絵なのですが、じつは、何かと物議を醸（かも）している絵でもあります。

曰（いわ）く——

・デラウエア川の氷はこんなゴツゴツした形じゃない。

・あんな小さな船に１２人も乗り込んだら沈んでしまう。

・こんな小さな船で立つのは危険だから、座っていたはずだ。

・渡河（とか）は未明のことなので、朝日など射（さ）していなかった。

・この時点では、まだ星条旗は存在していない。

…などなど。

氷の形が違う？

ロイツェは、あえて、あの「ゴツゴツした形の氷」をかき分けながら進む姿を描くことで、「艱難辛苦（かんなんしんく）を乗り越えて道を切り拓（ひら）く」という雰囲気を演出しようと、考えたのかもしれません。

座っていたはずだ？

全員座っていたら、絵としての迫力がなくなっちゃうでしょ！

また、確かに渡河は未明のことでしたが、ホントに真っ暗に描いたら、絵にも何にもなりません。「ただの黒ベタ」になってしまいます。

朝日がＧ（ジョージ）．ワシントンの顔を照らす、その様が「暗闇の中から射す一条の希望の光」を象徴している、とは思い至らないのでしょうか。

その他諸々、筆者にはすべて揚げ足とりにしか思えません。

絵だけに限らず、「作品」というものは、その作品の中のひとつひとつ隅々に至るまで、作者の強い想いが込められているものです。

そういう作者の「想い」を理解できず、些末（さまつ）な揚げ足とりに汲々（きゅうきゅう）とするような者に、作品を評する資格はない、と筆者は感じます。

第3章 アメリカ独立革命

第7幕

孤立したのはどちらか

ヨーロッパ諸国の反応

独立戦争は始まった。しかし、「13邦」が単独で戦ったのでは、大陸側に勝ち目はない。絶対的に同盟国が必要であった。そこで、B・フランクリンが渡欧する。初め難航した交渉も、サラトガの戦を境として好転しはじめ、仏(フランス)・西(スペイン)・蘭(オランダ)が参戦し、ロシアが「武装中立同盟」を提唱、イギリスは一気に孤立してしまう。

G.ワシントン副官
ラ＝ファイエット侯爵

元プロイセン陸軍大尉
シュトイベン男爵

〈ヨーロッパ諸国の反応〉

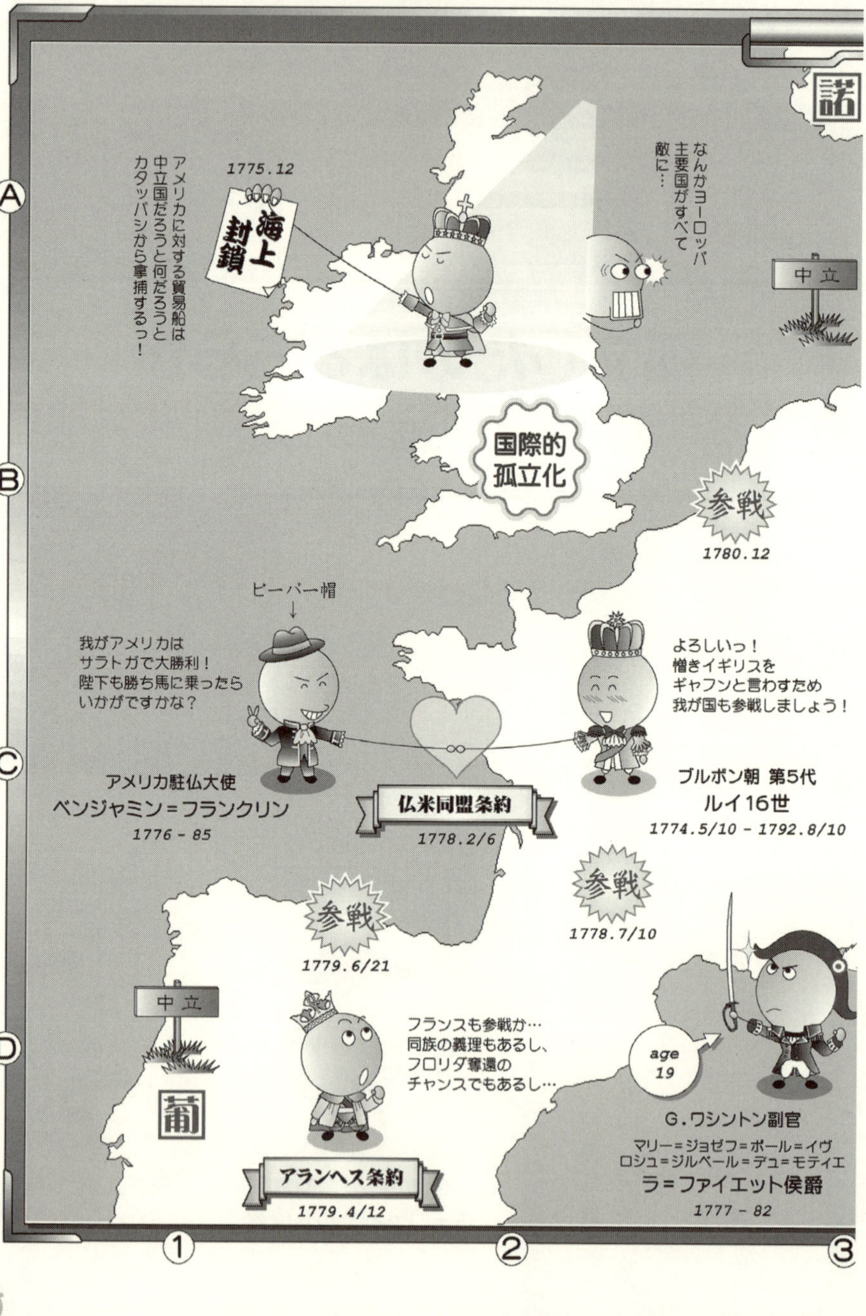

諾
中立
なんかヨーロッパ主要国がすべて敵に…
1775.12
海上封鎖
アメリカに対する貿易船は中立国だろうと何だろうとカタッパシから拿捕するるっ！
国際的孤立化
参戦
1780.12
ビーバー帽
我がアメリカはサラトガで大勝利！陛下も勝ち馬に乗ったらいかがですかな？
よろしいっ！憎きイギリスをギャフンと言わすため我が国も参戦しましょう！
アメリカ駐仏大使
ベンジャミン＝フランクリン
1776 - 85
仏米同盟条約
1778.2/6
ブルボン朝 第5代
ルイ16世
1774.5/10 - 1792.8/10
参戦
1778.7/10
参戦
1779.6/21
中立
葡
フランスも参戦か…同族の義理もあるし、フロリダ奪還のチャンスでもあるし…
アランヘス条約
1779.4/12
age 19
G.ワシントン副官
マリー＝ジョゼフ＝ポール＝イヴ
ロシュ＝ジルベール＝デュ＝モティエ
ラ＝ファイエット侯爵
1777 - 82
A
B
C
D
1
2
3

1778～80年

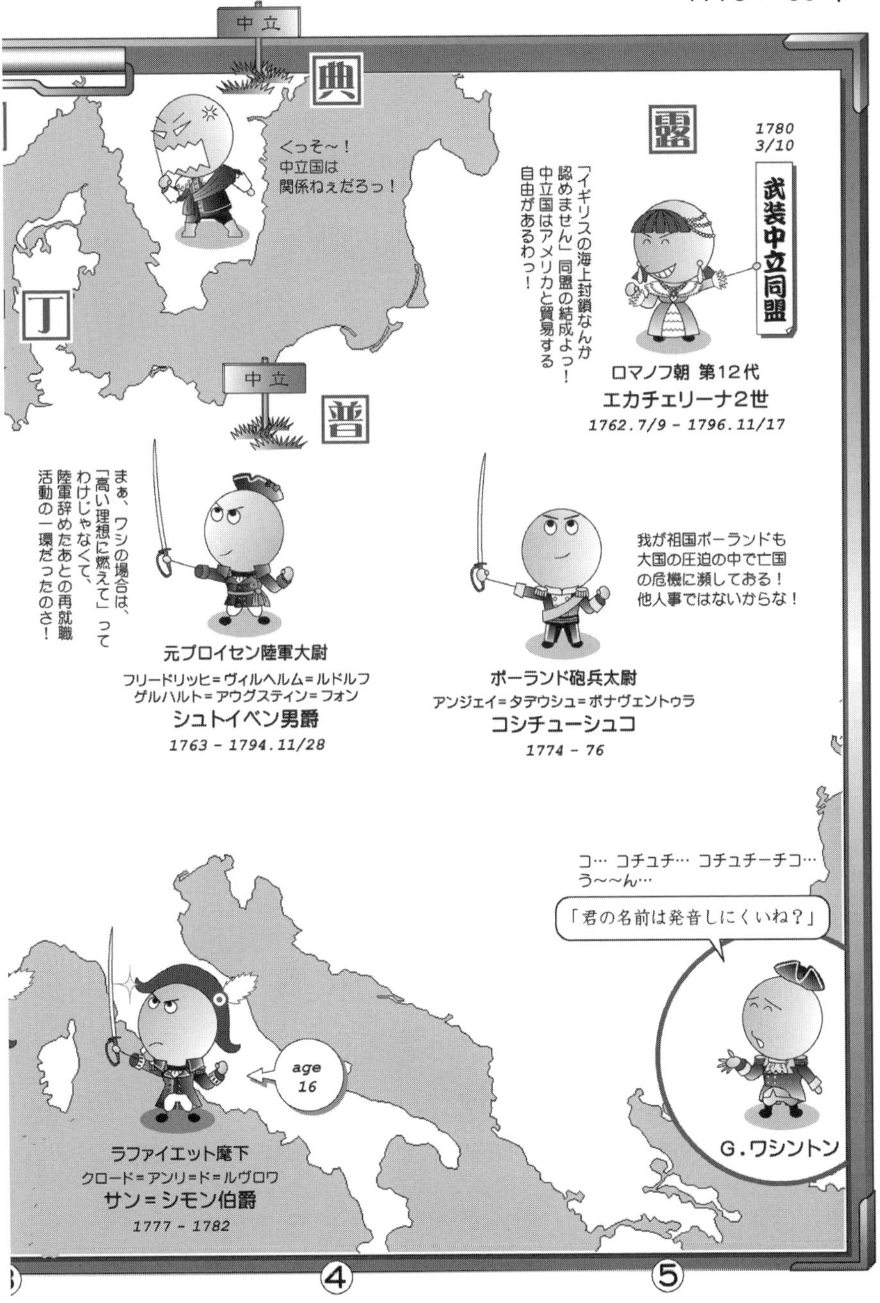
中立
典
くっそ～！
中立国は
関係ねぇだろっ！
露
1780
3/10
武装中立同盟
「イギリスの海上封鎖なんか
認めません」同盟の結成よっ！
中立国はアメリカと貿易する
自由があるわっ！
ロマノフ朝 第12代
エカチェリーナ2世
1762.7/9 - 1796.11/17
丁
中立
普
まぁ、ワシの場合は、
「高い理想に燃えて」って
わけじゃなくて、
陸軍辞めたあとの再就職
活動の一環だったのさ！
元プロイセン陸軍大尉
フリードリッヒ＝ヴィルヘルム＝ルドルフ
ゲルハルト＝アウグスティン＝フォン
シュトイベン男爵
1763 - 1794.11/28
我が祖国ポーランドも
大国の圧迫の中で亡国
の危機に瀕しておる！
他人事ではないからな！
ポーランド砲兵大尉
アンジェイ＝タデウシュ＝ボナヴェントゥラ
コシチューシュコ
1774 - 76
コ… コチュチ… コチュチーチコ…
う～～ん…
「君の名前は発音しにくいね？」
age
16
ラファイエット麾下
クロード＝アンリ＝ド＝ルヴロワ
サン＝シモン伯爵
1777 - 1782
G.ワシントン
③
④
⑤

こうして、北米西海岸で勃発した独立戦争は、やがて海を越えて、ヨーロッパ諸国をも巻き込んでいくことになります。

本幕では、そうしたヨーロッパ諸国の対応・反応を見ていきましょう。

1775年にはレキシントン・コンコードにて、ついに武力衝突にまで発展しましたが、この時点では、まだヨーロッパ諸国は無反応です。

如何(いかん)せん、当時のアメリカはまだ「植民地(colony)」としての立場ですので、それは「国内問題」「内乱」として理解され、これに介入することは「内政干渉」となりますから、おいそれと手を出すことができません。

しかし、アメリカが独立戦争を勝ち抜くためには、絶対的に同盟国を必要としていました。(＊01)

そこで、翌76年には「独立宣言」を発し、これを欧州諸国にアピールしつつ、その足でフランスに大使を派遣しています。

国運を左右する大使として白羽の矢が立ったのが、B(ベンジャミン).フランクリン。(＊02)

彼は、秀吉ばりの“人たらし”でしたから、まさに適任と言えましょう。

フランスに着くや、ビーバー帽(＊03)をかぶり、必死にフランスに参戦を要請しましたが、彼の弁舌をもってしても、フランスはなかなか首を縦に振ってくれません。

それもそのはず。

当時のフランスは、じつに歳入(5億リーブル)の3倍以上の借款(かん)を抱え、首が回らない状態で、はるか海の向こうのアメリカのことに手を出す余裕など、まったくなかったからです。

しかし、フランクリンも手ぶらで帰るわけにはいきません。

自分の双肩… いや、舌先三寸に国運がかかっているのです。

(＊01) 身近な例で譬えていえば「日露戦争」。日本が単独でロシアに勝つことなど考えられず、戦争遂行のためには、同盟国にイギリス、仲介国にアメリカが絶対的に必要でした。

(＊02)「日露戦争」でいえば、アメリカを取り込むために派遣された金子堅太郎にあたります。伊藤博文の命を受けた金子堅太郎は、国運を左右するあまりの重責に動揺し、はじめこれを固辞したといいます。

とはいえ、事態は手詰まり。

そんなときに、フランクリンの下につぎつぎと吉報が舞い込みます。

「トレントンにて、大陸軍大勝利！」

「サラトガにて、大陸軍大勝利！」

フランクリンは、さっそくこれを材料に、説得攻勢をかけます。(＊04)

―― なんじゃ、イギリスは大陸軍に連戦連敗しておるのか？

う〜む、ここはうまく立ち回れば、

我が国が抱える莫大な借金も一気にチャラにできるやもしれんのぉ！

ビーバー帽
我がアメリカはサラトガで大勝利！陛下も勝ち馬に乗ったらいかがですかな？
参戦
よろしいっ！我が国も参戦しましょう！
仏米同盟条約
1778.2/6
アメリカ駐仏大使
ベンジャミン＝フランクリン
ブルボン朝 第5代
ルイ16世

こうして、フランスはようやく重い腰を上げ、アメリカに20億リーブルもの軍事資金を与え、自らも参戦することになります。(C-2)

すでに16億リーブルもの借金で財政破綻寸前のフランスが、それを上回る20億リーブル（歳入4年分）もの大金をアメリカに貸し付けたのです。

(＊03)「ビーバー帽」は、もちろん「ヌーヴェルフランス」時代のウマ味を、フランスに思い起こしてもらうために、つねに目の前でチラつかせるための小道具です。

(＊04) 日露戦争においても、緒戦における「日本海軍、仁川沖海戦にて大勝利！」「日本陸軍、鴨緑江の戦にて大勝利！」という相次ぐ吉報が、借款獲得のために奔走する高橋是清にとって、大いなる助けとなりました。

そんな莫大な資金、一体どこから捻出（ねんしゅつ）したのでしょう？
答えは、借金です。
つまり、伸（の）るか反（そ）るか、「借金を返すための、さらなる借金」。(＊05)
しかし、このことがのちに「フランス革命」を誘発することになります。
フランスが参戦すると、同じブルボン朝のスペインも翌年参戦（D-1/2）。
さらに翌年には、英蘭戦争で制海権を奪われ、ニューネーデルラントを奪われ、イギリスには恨み辛み重なるオランダも参戦（B-3）。
こうして、サラトガでの勝利で、一気に風向きが変わります。
ところで、少し時間を巻き戻して、1775年のこと。
「ボストン包囲戦」が始まるや、怒り心頭のジョージ３世は「海上封鎖令」を発しました。（A-1/2）
憎（にっく）き「13邦（ステーツ）」を経済的に孤立化させて、干上（ひあ）がらせるためです。

なんかヨーロッパ
主要国がすべて
敵に…
1775.12
海上封鎖
アメリカに対する貿易船は
中立国だろうと何だろうと
カタッパシから拿捕するっ！

（＊05）「借金を返すために、さらなる借金を重ねる」というのは、「自転車操業」と呼ばれ、こうなると、もはやほとんど「詰み」の状態にあると言ってよい。
「イッパツ逆転」の可能性がゼロというわけではありませんが、かぎりなくゼロに近い。
日露戦争後の日本が、莫大な借金（戦債）を返すために、さらなる借金を重ねて満州に投資したのと似ています。日本の「破滅への道」は、そこから始まりました。

ところが、13邦（ステーツ）と密接な貿易関係にあったスウェーデンがこれに反発。
「こたびの独立戦争に関しては、我が国スウェーデンは厳正中立である！
中立国に対する交易妨害はやめてもらいたい！」（A-4）
しかし、中立船を見逃したんでは、“兵糧攻め”の意味がありませんから、イギリスはこれを黙殺。
中立船だろうが何だろうが、13邦（ステーツ）と交易する船は、見つけ次第、問答無用で拿捕（だほ）する構えを崩そうとしない。
そこでスウェーデンは、ロシアに泣きつきます。
当時のロシア皇帝は、“啓蒙（けいもう）君主”を自認するエカチェリーナ２世（＊06）。
彼女は、イギリスの海上覇権に一矢報いんがため、また、国際社会におけるロシアの主導的地位と発言権を高めるため、スウェーデンの訴えに応じ、「武装中立同盟」を提唱します。

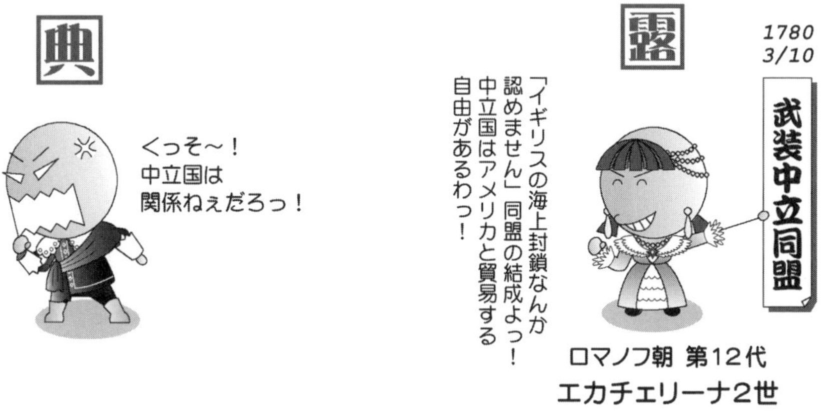
露
1780
3/10
武装中立同盟
「イギリスの海上封鎖なんか認めません」同盟の結成よっ！
中立国はアメリカと貿易する自由があるわっ！
ロマノフ朝 第12代
エカチェリーナ2世
典
くっそ～！
中立国は
関係ねぇだろっ！

（＊06）ロマノフ朝歴代皇帝の中で、「大帝」と呼ばれるのは、ピョートル１世と彼女だけです。当時すでに「日本侵略」を視野に入れていたロシアは、情報収集のために、漂流してきた日本人を帝都に拉致していましたが、そのうちのひとりがあの有名な「大黒屋光太夫」です。彼女は、彼を日本侵略への足がかりとして利用しようと考え、帰国の勅許を与えています。ラクスマンは彼とともに「通商要望書」を携えてきましたが、じつはこちらが本命でした。

「中立国の船舶には、航行の自由があります。
これを侵(おか)さんとするイギリスの暴挙から、中立国の正当な権利を護(まも)ろうではありませんか！」

この檄(げき)に、スウェーデンを始め、プロイセン・デンマーク（& ノルウェー）・ポルトガルが呼応します。（＊07）

これにより、イギリスは「敵(アメリカ)を孤立化させる」つもりが、ハタと気がつけば「自分(イギリス)が孤立化させられている」状態になってしまったのでした。（B-2）

こうして、イギリスの立場が急速に悪化していきます。

そのうえ。

これ(サラトガ)を境として、ぞくぞくとアメリカ側へ義勇兵が駆けつけるようにもなります。

フランスからは、ラ＝ファイエット侯爵とその麾下(きか)のサン＝シモン伯爵。

ラ＝ファイエットは、このときなんと、弱冠19歳！！

自費(ポケットマネー)で渡米し、G(ジョージ).ワシントンの副官まで務め、一躍有名になります。

G.ワシントン副官
ラ＝ファイエット侯爵

元プロイセン陸軍大尉
シュトイベン男爵

ポーランド砲兵太尉
コシチューシュコ

（＊07）「武装中立同盟」への加盟5ヶ国の共通点は、すべて「海（北海・バルト海・大西洋沿岸にある貿易港）」を持っている国だということ。
同盟の性質上、「海」を持っていない国は参加しても意味がありませんから。
なお、当時、デンマークとノルウェーは同君連合（カルマル同盟）だったため、事実上は「ひとつの国」でした。

彼が故国（フランス）に戻ると、すぐにフランス革命が勃発。
「人権宣言」を起草するなど、八面六臂（はちめんろっぴ）の働きをし、「両大陸の英雄」と讃（たた）えられることになります。
「人権宣言」などは、彼のアメリカでの経験や「独立宣言」の思想が大きな影響を与えていますから、もし彼が義勇兵としてアメリカに馳せ参じていなかったら「フランス革命」の歴史も大きく変わっていたかもしれません。

そして、ポーランドからは、コシチューシュコ大尉。

こちらもワシントンの副官を務めました。
「コシチューシュコ」という音が日本人には発音しにくいため、ひと昔前までは「コシューシコ」と表記されていた人物です。

筆者は、「この名前は日本人には発音しにくくても、欧米人はそうじゃないんだな～」と思っていましたが、そうでもないようです。

彼がワシントンと初対面したときのこと。ワシントンが、
「コシュ…　コチュチ…　コチュチーチコ…
　う～む、君の名前はちと発音しにくいね？」（D-5）
…と言っているくらいですから、どうやら英語圏の人にとっても、この名前は発音しにくいようです。

さて。

こうして、1777年のサラトガの戦を境に、ヨーロッパの対アメリカ情勢は激変したのでした。

コ…　コチュチ…　コチュチーチコ…
う～～ん…
「君の名前は発音しにくいね？」
G.ワシントン

Column 反逆罪「四ッ裂きの刑」

もし「独立戦争」が鎮圧されていたら、「独立の父」たちは全員、「反逆者」として処刑され、歴史に名を留めることもなかったでしょう。

当時、国家反逆罪は「四ッ裂きの刑」。

以下、その刑の執行パターンの一例を紹介しましょう。

まず、公開処刑でしたので、罪人は広場に連行されてきます。

そこには、たくさんの市民が、処刑（ショー）を観るために集まってきています。

最初に、罪人は死なない程度に首を絞（し）められ、無抵抗にされます。

次に、処刑台に横たえられ、生きたまま性器をえぐり取られます。

罪人の絶叫！　そしてそれに歓喜する市民。

次に、腹をかっさばいて、内蔵をえぐり出す。

この時点でも、まだ罪人は生きていますので、えぐり取った内蔵を罪人に見せつけ、火中に投げ入れます。

さらに、斧で足を切断し、腕を切断！

処刑（ショー）はクライマックスを迎え、まわりの市民は、熱狂！　喝采（かっさい）！

そして、最後に、心臓をえぐります。

こうした野蛮きわまりない刑が、18世紀末まで、街中で堂々と行われ、のみならず、ふつうの一般市民が、歓喜しながらこれを観ていました。

これを「野蛮人」と言わずして、誰を野蛮人と言うのだ？　と言いたい衝動に駆（か）られますが、そんな彼らが、自らを称して言います。

「我らこそが文明人である！」　――あっそ。

ちなみに。

筆者が講義中にこのような話をすると、受講生から苦情が来ます。

「講義を聴いてて気持ち悪くなった。そういう話はやめて下さい」と。

愚かな。これが歴史です。真実です。そして本質です。

「表」も「裏」も学んで、初めて「歴史」です。

「表（きれいごと）」だけ聴いて、歴史を知ったような気になっている者の多いこと。

それは歴史ではない、換骨奪胎（かんこつだったい）された「おとぎ話」にすぎません。

第３章 アメリカ独立革命

第８幕

信じられない敗北

ヨークタウンの戦

北部（ボストン包囲戦）でも、中部（サラトガの戦）でも敗北を喫したイギリス軍は、南部でも兵站（へいたん）の確保に苦しみ、ジリ貧となっていた。南部を転戦するコーンウォリス将軍は、ヨークタウンまで逃げ込み、海上からの物資の補給を待った。こいつを叩き出せば、大陸軍の勝利は見えてくる！ ここに最終決戦が始まった。

「対ニューヨーク防備軍を最小限に留め、それ以外の軍事力をすべてヨークタウンに結集させよ！」
フランスから
ロシャンボウ中将が援軍に
駆けつけてくれた！
彼の軍とともに
ヨークタウンを包囲する！
G．ワシントン

〈ヨークタウンの戦〉

「対ニューヨーク防備軍を最小限
に留め、それ以外の軍事力を
すべてヨークタウンに結集させよ！」
またまたぁ～
冗談ばっかりぃ～
我が大英帝国が植民地民兵ごときに
負けるわけないじゃ～ん！
おぬしも冗談ヘタじゃのぉ～
陛下…
ヨークタウンも陥落し
軍の士気も著しく低下…
もはやこれまでかと…
フランスから
ロシャンボウ中将が援軍に
駆けつけてくれた！
彼の軍とともに
ヨークタウンを包囲する！
ハノーヴァー朝 第3代
ジョージ3世
1760.10/25 - 1820.1/29
ボルティモア
A
B
C
D
フランス陸軍中将
ジャン=バティスト=ドナティエン=ド=ヴィムール
ロシャンボウ伯爵
1780 - 92
イギリス陸軍中将
チャールズ
コーンウォリス
1777 - 93
陸上包囲されてしまった今、
戦うにしろ、撤退するにしろ、
海上からの支援が不可欠！
それもチェサピーク湾の戦で
敗れてしまっては、
もはや降伏するしかない！
1781.
10/19
ヨークタウン
こ～と～ぶ
あともう
ひと押しだな
ジェームズタウン
ラファイエット侯爵
G.ワシントン
ヴァ
(ヘ
①
②
③

1781年

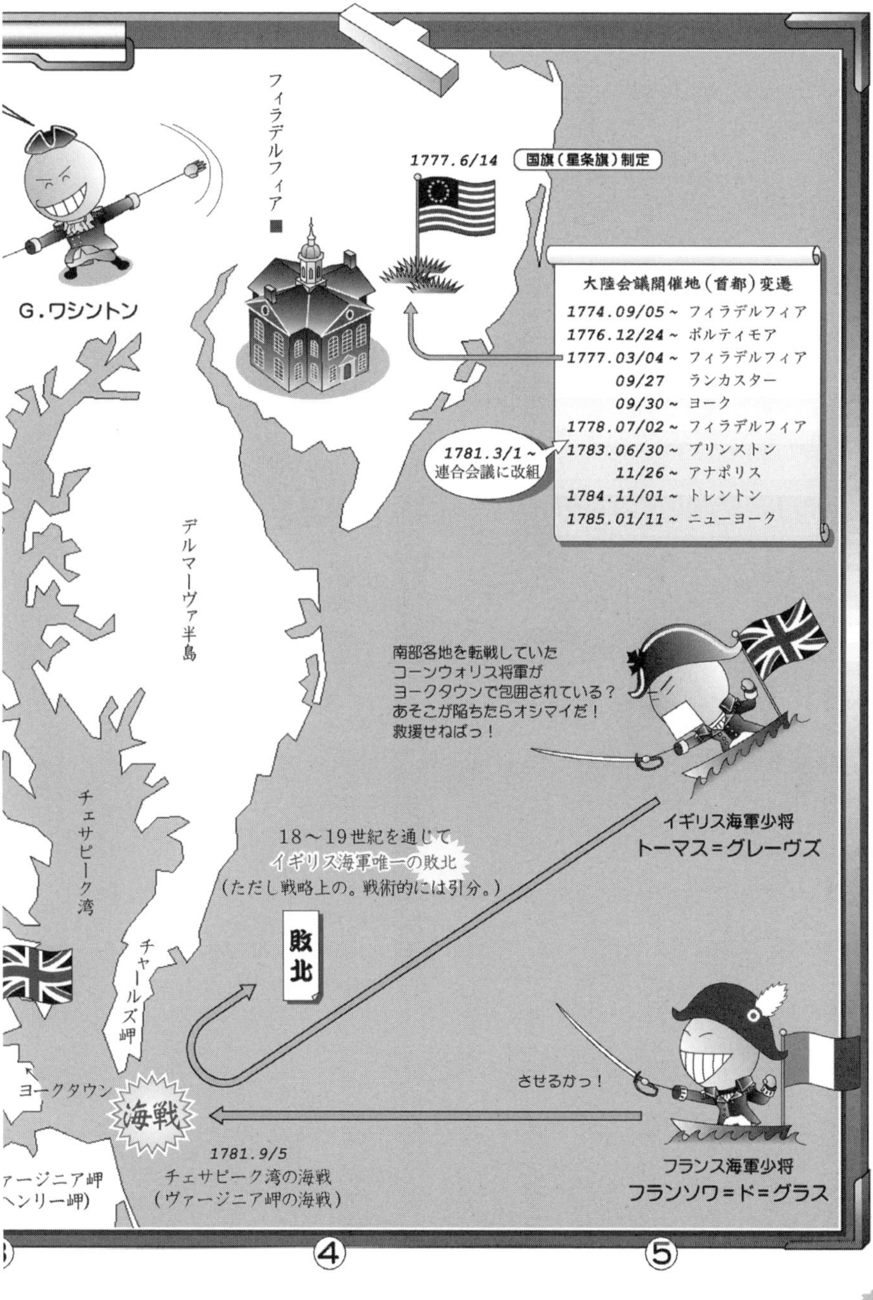
フィラデルフィア
1777.6/14
国旗（星条旗）制定
G.ワシントン
大陸会議開催地（首都）変遷
1774.09/05～ フィラデルフィア
1776.12/24～ ボルティモア
1777.03/04～ フィラデルフィア
09/27 ランカスター
09/30～ ヨーク
1778.07/02～ フィラデルフィア
1783.06/30～ プリンストン
11/26～ アナポリス
1784.11/01～ トレントン
1785.01/11～ ニューヨーク
1781.3/1～
連合会議に改組
デルマーヴァ半島
南部各地を転戦していた
コーンウォリス将軍が
ヨークタウンで包囲されている？
あそこが陥ちたらオシマイだ！
救援せねばっ！
イギリス海軍少将
トーマス＝グレーヴズ
チェサピーク湾
18～19世紀を通じて
イギリス海軍唯一の敗北
（ただし戦略上の。戦術的には引分。）
敗北
チャールズ岬
ヨークタウン
海戦
させるかっ！
1781.9/5
チェサピーク湾の海戦
（ヴァージニア岬の海戦）
ァージニア岬
ヘンリー岬）
フランス海軍少将
フランソワ＝ド＝グラス
④
⑤

さて、ふたたび目を北米東海岸に戻しましょう。

G.ワシントンがデラウエア川を渡って、クリスマスパーティーで士気の緩みきっていたトレントンを急襲、イギリス軍を駆逐した、あのつづきです。

ハウ将軍の脅威が去ると、ボルティモア(B-3)に避難していた大陸会議がふたたびフィラデルフィア(A-4)に舞い戻ってきます。

このときの大陸会議が制定したものに、誰でも知っている有名なものがあります。

それが「星条旗」です。

初めは、「赤と白の13本の縞模様」に、「青地に13の白星」をあしらったカントン(＊01)を持つデザインでしたが、星の数を、実際の州の数と一致させようとしたため、以後100年の間に26回もデザイン変更を繰り返す(＊02)ことになります。

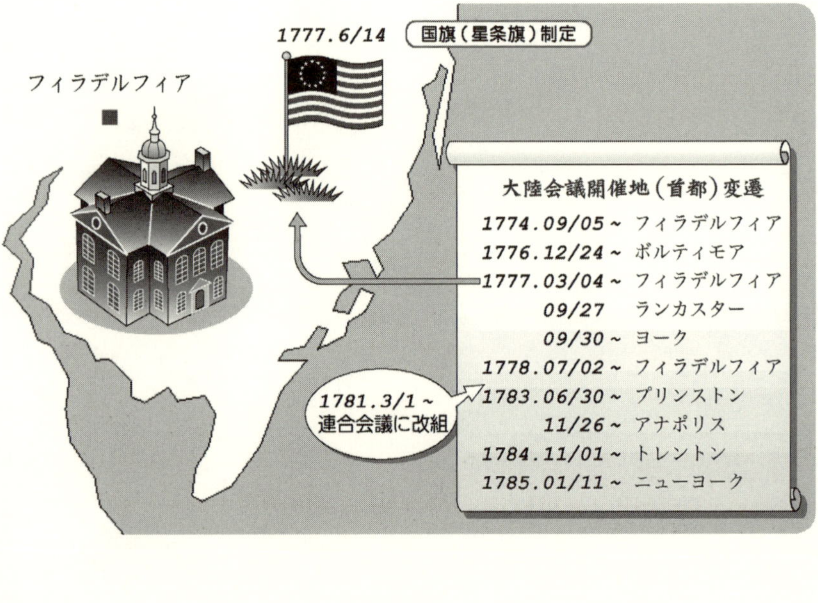

1777.6/14
国旗(星条旗)制定
フィラデルフィア
大陸会議開催地(首都)変遷
1774.09/05～ フィラデルフィア
1776.12/24～ ボルティモア
1777.03/04～ フィラデルフィア
09/27 ランカスター
09/30～ ヨーク
1778.07/02～ フィラデルフィア
1783.06/30～ プリンストン
11/26～ アナポリス
1784.11/01～ トレントン
1785.01/11～ ニューヨーク
1781.3/1～
連合会議に改組

(＊01) 紋章や旗などで、左上に四角く区切られた「枠」のこと。「枠」の幅が旗全体の幅の半分程度だと「クォーター」と呼ばれ、1/3程度だと「カントン」と呼ばれます。

(＊02) これにより、世界でもっとも変更回数の多い国旗となりました。

ところで。

独立戦争が始まるや、北部ではボストン包囲戦で勝利し、中部でもサラトガの戦で勝利した大陸軍でしたが、南部ではどうなっていたのでしょうか。

南部では、イギリス陸軍中将のＣ(チャールズ).コーンウォリスが奮闘していましたが、敵地での転戦は兵站(へいたん)の確保もままならず、徐々にジリ貧となり、海上からの補給を受けるべく、ヨークタウン（D-3）まで逃げ込んできます。

そのことを知ったＧ(ジョージ).ワシントンは、これを好機と見ます。

「対ニューヨーク防備軍を最小限に留め、
それ以外の軍事力をすべてヨークタウンに結集させよ！」（A-3）

「対ニューヨーク防備軍を最小限に留め、それ以外の軍事力をすべてヨークタウンに結集させよ！」
フランスから
ロシャンボウ中将が援軍に
駆けつけてくれた！
彼の軍とともに
ヨークタウンを包囲する！
G.ワシントン

これは英断でした。(＊03)

（＊03）孫子の兵法でも、クラウゼヴィッツの『戦争論』でも、洋の東西を問わず、「戦力の分散」や「戦力の逐次投入（小出し）」は厳に諫められています。
やると決めたなら、そこに全勢力を集中させる！　小出しにしない！
戦略の基本中の基本であるにもかかわらず、現実にはこれを決断できる人は少ない。
歴史に学ばない者は、「戦力分散」「逐次投入」を繰り返して破滅していくのです。

第1章　アメリカ13州の建設
第2章　アメリカ独立革命前夜
第3章　アメリカ独立革命
第4章　合衆国憲法の成立

ニューヨークはまだイギリス軍の支配下(＊04)にあったので、これに対する防備軍(A-4)までヨークタウンに向かわせるわけにはいきませんでしたが、それでもイギリス軍に悟られないようにこれを最小限に抑え、最大兵力をもって一点集中で敵(ヨークタウン)を叩く —— 軍略の基本です。

これにより、大挙押し寄せた大陸軍に包囲され、コーンウォリス将軍は、アッという間に窮地(きゅうち)に陥(おちい)ります。

こうなると、徹底抗戦するにしろ、撤退するにしろ、海上支援がなければどうしようもありません。

これを知ったイギリスは、ただちにT(トーマス).グレーヴズ提督率いる艦隊を救援としてヨークタウンに向かわせます。

「そうはさせじ!!」とフランス艦隊(F(フランソワ).グラス提督)もやってきます。

ここに「チェサピーク湾の海戦」(D-3/4)(＊05)が勃発しました。

しかし、そもそもフランスは陸軍国、イギリスは海軍国。

イギリスは、陸戦で後(おく)れを取ることはあっても、18世紀19世紀を通じて、海戦で敗北を喫したことは一度たりともない国です。

しかも、イギリス艦隊がフランス艦隊を発見したとき、フランス艦隊は湾の奥で錨(いかり)(＊06)を下ろしており、まったく戦闘準備が整っておらず、そのうえ、風向き、潮の流れまでも、イギリスに有利でした。

あたかも“勝利の女神”がイギリスに微笑(ほほえ)んでいるかのごとく。

ところが!!

なんと彼は、これほどの絶好のチャンスを活かすことができず、モタモタと“理想的な陣形”作りに入り、「神から与えられた貴重な時間」をみずからツブしてしまうのでした。

頭が固すぎて(悪すぎて)、彼は臨機応変に対応できなかったのです。

(＊04) ハウ将軍は「トレントンの戦」の敗戦ののち、1778年に更迭されていたため、当時のニューヨークは、その副官であったH.クリントン将軍に任されていました。

(＊05) チェサピーク湾の入口、チャールズ岬(D-3/4)とヴァージニア岬(ヘンリー岬)(D-3)の間あたりで行われたので、「ヴァージニア岬の海戦」とも言います。

(＊06) 船の「いかり」は、石製の場合は「碇」、金属製の場合は「錨」と書きます。

その間に、フランス艦隊は錨(いかり)を上げ、戦闘準備を整えることができました。

“女神の微笑(ほほえ)み”も「無能」の前ではまったく無力です。

千載一遇のチャンスを逃したグレーヴスは、無能ゆえの哀しさ、開戦後も判断ミスを繰り返し、結局、日没までに戦果なく戦闘終了。

お互いに１隻の敵艦も沈めることができなかったため、この海戦は、戦術のうえではあくまで「引き分け」です。

しかし、コーンウォリス軍を救援するという戦争目的を達せられなかったのですから、戦略上はイギリスの大敗で、本海戦は「18～19世紀におけるイギリス海軍唯一の敗北」と位置づけられています。

戦争というものは、「戦術」で負けても「戦略」で勝てばよく、逆に言えば、「戦術」でいかに連戦連勝しようとも、「戦略」に敗れれば、戦争全体では負けです。(＊07)

これにより、コーンウォリスのできることはもはや「白旗」を振ることのみ。

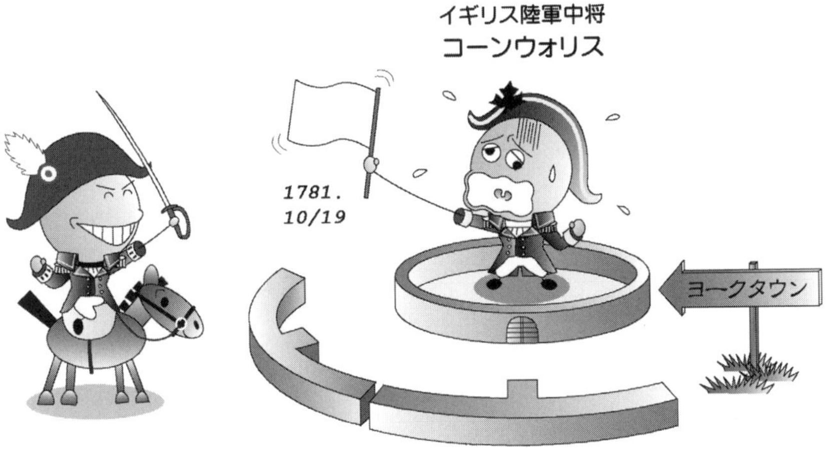
イギリス陸軍中将
コーンウォリス
1781.
10/19
ヨークタウン

(＊07) 好例では、項羽と劉邦です。ひとつひとつの局地戦（戦術）では、つねに勝ちつづけた項羽でしたが、戦争全体（戦略）では、つねに劉邦陣営の掌の上。結果、項羽はジリ貧となっていきます。「戦略」と「戦術」の違いが理解できなかった項羽は、憤然として叫びます。
「なぜだ！?　なぜつねに勝ちつづけているこの俺様が窮地に追い込まれるのだ！?」
項羽は、若いころ学問を軽んじましたが、そのツケを払わされることになったわけです。

イギリスは北部で駆逐され（ボストン包囲戦）、中部で大敗し（サラトガの戦）、今また南部でも降伏に追い込まれました。

その報告は、ただちに国王ジョージ３世の下に届きます。

「陛下！　我が軍、南部でも海に陸に敗北！！

士気の低下は著しく、もはやこれまでかと。陛下、ご決断を…」

しかし、ジョージ３世はこの報告を信じません。

―― わはははは、そちも冗談（ジョーク）を言うようになったか。

我が大英帝国軍が、植民地人の民兵ごときに負けるなど、天地がひっくり返ってもあるわけがなかろう！

「陛下、こんなことは冗談では言えません。誠にございます」

―― ま、冗談（ジョーク）はそれくらいにしておけ。あまり愉快な冗談（ジョーク）じゃないしのぉ。

またまたぁ～
冗談ばっかりぃ～
我が大英帝国が植民地民兵ごときに
負けるわけないじゃ～ん！
おぬしも冗談ヘタじゃのぉ～
陛下…
ヨークタウンも陥落し
軍の士気も著しく低下…
もはやこれまでかと…
ハノーヴァー朝 第3代
ジョージ3世

ジョージ３世はこの敗戦報告を、なんと１年半にわたって頑（がん）として信じようとしませんでした。

そのため、この間、条約交渉に入ることができず、実際に講和条約が締結されたのは、その２年もあとのことになります。

第3章 アメリカ独立革命

第9幕

フランス革命の導火線

1783年パリ条約

1783年、ついにパリ条約が締結され、独立は達成された。「13邦」は「ミシシッピ以東のルイジアナ」をも手に入れ、領土は一気に2倍以上となる。しかし、アメリカに協力したフランスは悲惨であった。この戦争に30億リーブルを注ぎ込み、亡国の一因としてしまうほどだったのに、もらえたのはセネガル程度であった。

植民地の民兵どもに敗れる
など想像だにできんかった…
第1条
独立承認
ハノーヴァー朝 第3代
ジョージ3世

〈1783 年パリ条約〉

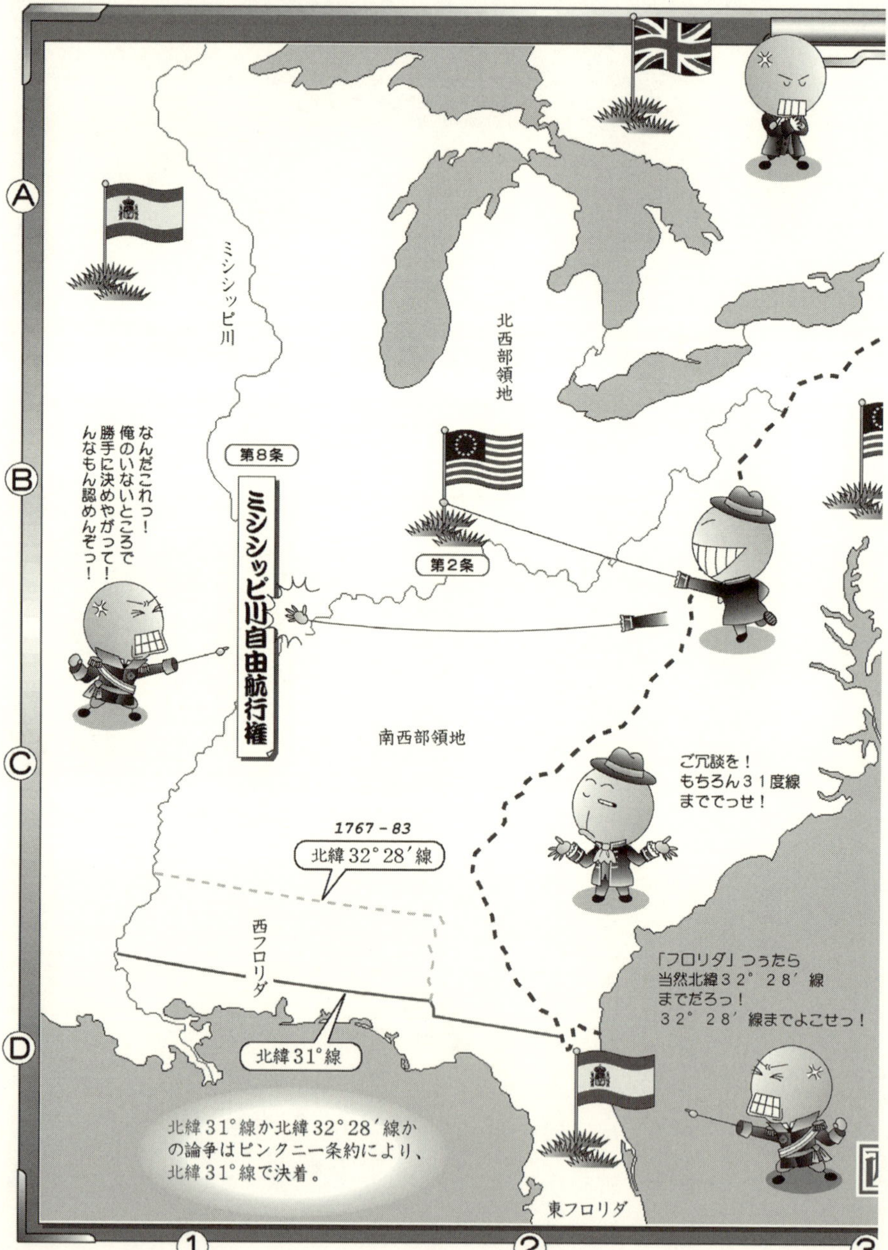
A
B
C
D
ミシシッピ川
北西部領地
なんだこれっ！
俺のいないところで
勝手に決めやがって！
んなもん認めんぞっ！
第８条
ミシシッピ川自由航行権
第２条
南西部領地
ご冗談を！
もちろん３１度線
まででっせ！
1767－83
北緯 32°28′線
西フロリダ
北緯 31°線
「フロリダ」つぅたら
当然北緯３２°２８′線
までだろっ！
３２°２８′線までよこせっ！
北緯 31°線か北緯 32°28′線かの論争はピンクニー条約により、北緯 31°線で決着。
東フロリダ
①
②
③

1783年

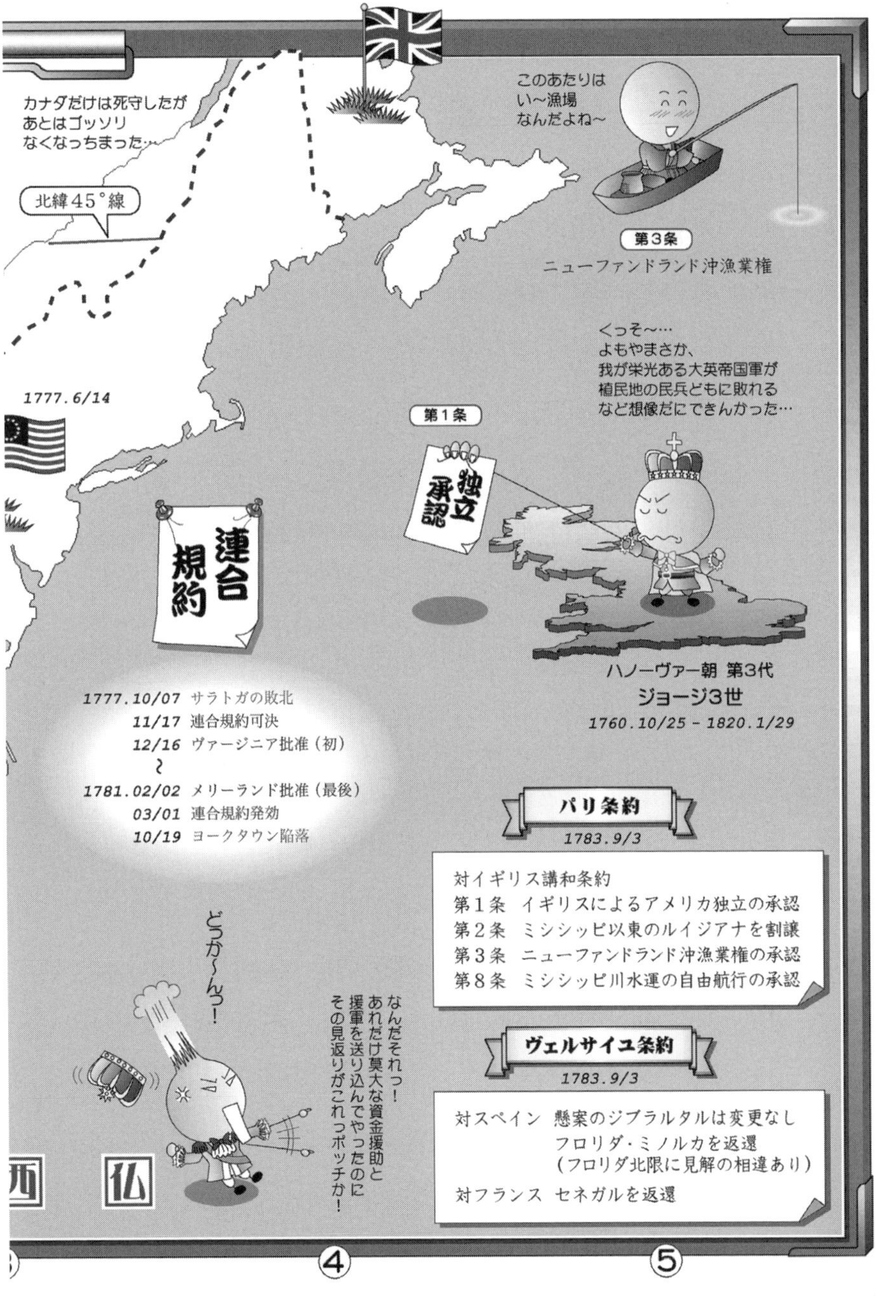
カナダだけは死守したが
あとはゴッソリ
なくなっちまった…
北緯45°線
このあたりは
い～漁場
なんだよね～
第３条
ニューファンドランド沖漁業権
くっそ～…
よもやまさか、
我が栄光ある大英帝国軍が
植民地の民兵どもに敗れる
など想像だにできんかった…
1777.6/14
第１条
独立承認
連合規約
ハノーヴァー朝 第3代
ジョージ3世
1760.10/25 - 1820.1/29
1777.10/07 サラトガの敗北
11/17 連合規約可決
12/16 ヴァージニア批准（初）
～
1781.02/02 メリーランド批准（最後）
03/01 連合規約発効
10/19 ヨークタウン陥落
パリ条約
1783.9/3
対イギリス講和条約
第１条　イギリスによるアメリカ独立の承認
第２条　ミシシッピ以東のルイジアナを割譲
第３条　ニューファンドランド沖漁業権の承認
第８条　ミシシッピ川水運の自由航行の承認
どっか～んっ！
なんだそれっ！
あれだけ莫大な資金援助と
援軍を送り込んでやったのに
その見返りがこれっポッチか！
ヴェルサイユ条約
1783.9/3
対スペイン　懸案のジブラルタルは変更なし
フロリダ・ミノルカを返還
（フロリダ北限に見解の相違あり）
対フランス　セネガルを返還
西
仏
④
⑤

アメリカ独立戦争は、こうして大陸側の勝利に終わりました。
頑(がん)として自国(イギリス)の敗北を認めようとしなかったジョージ３世もついにこれを認め、1783年、ようやく講和条約が締結される運びとなりました。

これが、「パリ条約」で、その第１条は「アメリカ独立の承認」(B-5)

第１条
独立承認
植民地の民兵どもに敗れる
など想像だにできんかった…
ハノーヴァー朝 第3代
ジョージ3世

そもそもこの戦争は、アメリカ側の「独立させろ！」という要求から始まったものですから、これが「第１条」にくるのは至極当然ですね。

しかし、アメリカの要求はこれだけに留まりません。

第２条「ミシシッピ川以東のルイジアナを割譲」。(B-2)

この地は、「1763年のパリ条約」でイギリスがフランスからブン捕った広大な領地でしたが、これを割譲させることに成功します。

その北限は北緯45°線(A-3)(＊01)で、北米大陸の東海岸にへばりつくように存在していたアメリカ13邦(ステーツ)の国土は、これにより大陸の奥深くまで拡がり、

(＊01) ここが現在に至るまで、アメリカ合衆国とカナダの国境線となります。
北緯45°というと、日本では北海道北端の地「宗谷」のあたりです。

その面積は一気に２倍以上になります。

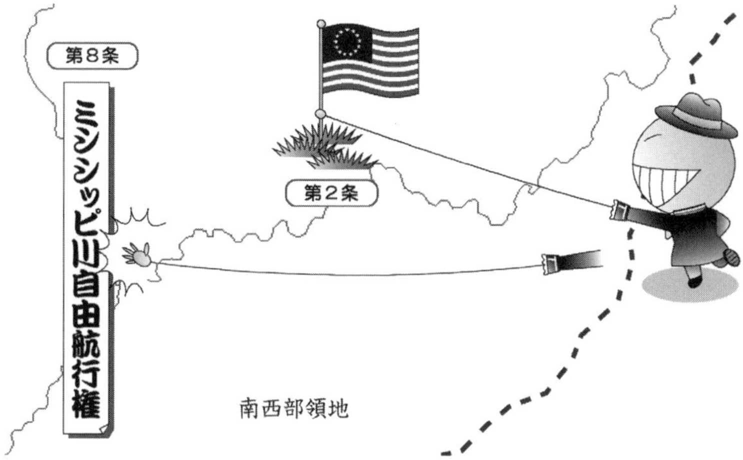
第８条
ミシシッピ川自由航行権
第２条
南西部領地

第３条「ニューファンドランド沖漁業権の承認」(A-5)

このあたりは鱈(タラ)の漁獲量がおびただしく、これにより莫大な富を得ていましたから、この漁業権ももらい受けています。(＊02)

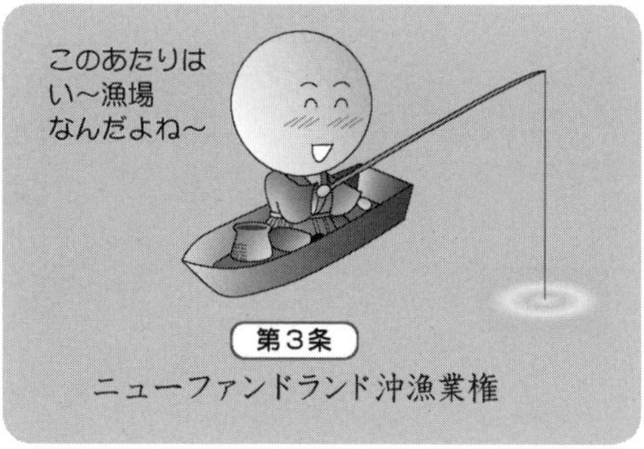
このあたりは
い～漁場
なんだよね～
第３条
ニューファンドランド沖漁業権

(＊02) もっとも「環境のことも考えず、後先も考えず、ただただ目先の利益のために無制限にまわりの富を食い尽くす」という白人特有の行動様式のせいで、漁業技術の向上とともに乱獲が進み、20世紀末までにはタラ漁獲量が激減、現在ではすっかりさびれてしまいましたが。

こうして、イギリスとの交渉は無難に終えましたが、アメリカ側に立って参戦してくれた、フランスやスペインとは波乱含みでした。

パリ条約の「第２条」では、ミシシッピ川（A/B-1）がアメリカとスペインの国境線（ボーダーライン）になりましたが、「第８条」（B/C-1）では、その国境線たる「ミシシッピ川もアメリカが自由に使ってよい」とされます。

これには、スペインが猛反発。（B/C-1）

―― ちょっと待て！　勝手に決めんじゃねぇよ！！

そのうえ。

スペインは、アメリカ側に立って参戦したお礼としてフロリダ（D-2）を返還してもらった（ヴェルサイユ条約（D-5））のですが、ジブラルタルの返還も期待していたスペインにとってはたいへん不満なものでしたし、そもそもフロリダの国境認識にも差異がありました。

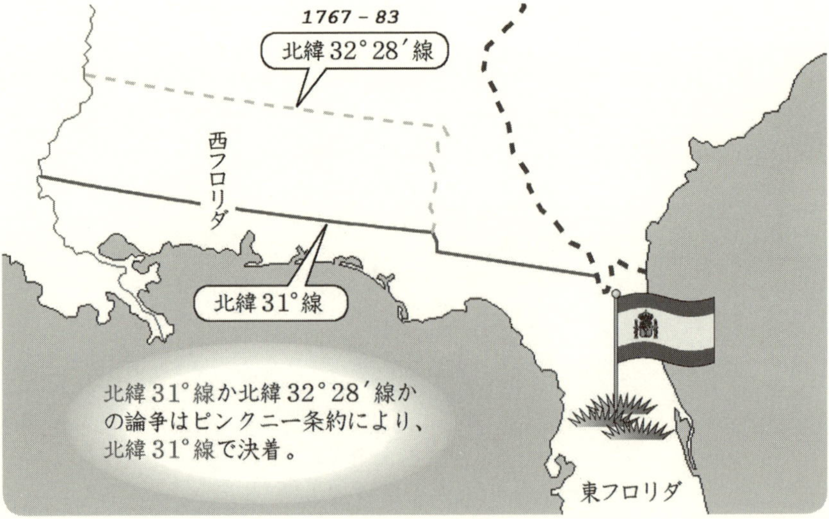
1767 – 83
北緯32°28′線
西フロリダ
北緯31°線
北緯31°線か北緯32°28′線かの論争はピンクニー条約により、北緯31°線で決着。
東フロリダ

スペインは北緯32°28′線を主張し、イギリスは北緯31°線を主張していたのです。

しかし、ついにスペインの要求が通ることはありませんでした。

（結局、1795年のピンクニー条約にて、北緯31°線で決着）

もうひとつの同盟国フランスに至っては、もっと悲惨です。

フランスは、アメリカに20億リーブルもの資金援助をし、10億リーブルもの戦費をはたいて、アメリカ側に全面協力（＊03）しました。

それというのもこれというのも、北米大陸に「ヌーヴェルフランス」を復興するため。

うまくすれば、世界に散らばるイギリス植民地をかすめ取るため。

さらには、ブリテン島本土への侵攻すら視野に入れていた、といいます。

ところが、フランスがその代償としてもらったのは、なんと、アフリカ西岸のセネガルと西インド諸島の一部だけでした。

独立戦争を挟んで、フランスの借款額は16億リーブルから45億リーブルに跳ね上がったにもかかわらず、その代償が「セネガル」程度では、フランス政府の大失態は免れません。

このことが「フランス革命」勃発の大きな要因となっていきます。

このように、「アメリカ独立革命」と「フランス革命」は、何かと密接な関係にあり、「フランス革命」の理解には「アメリカ独立革命」の理解が必須です。

「フロリダ」つぅたら
当然北緯32°28′線
までだろっ！
32°28′線までよこせっ！
西
仏
なんだそれっ！
あれだけ莫大な資金援助と
援軍を送り込んでやったのに
その見返りがこれっポッチか！

（＊03）アメリカ独立戦争に全面的に参戦したのはフランスだけで、スペインは最初からあまり積極的でなく、狙っていたフロリダ方面の作戦に兵を出した程度でした。オランダに至っては、北海方面で小規模に戦っただけで、大陸まで兵を出したことすらありませんでした。

ところで。

13邦（ステーツ）では、この独立戦争のまっただ中の、

まさにサラトガの戦の年（1777年）に「連合規約」が可決され、

まさにヨークタウンの戦の年（1783年）に、それが発効していました。

「連合規約」というのは、“憲法の卵”のようなもので、「合衆国憲法」はさしずめ、「連合規約から孵（かえ）った雛（ひな）」です。

（そしてその後、改正と追加を繰り返して、現在、「鶏（にわとり）」へと“成熟”していったというところでしょうか）

アメリカ合衆国の本質を理解するためには、「合衆国憲法」の理解が必須ですが、その「合衆国憲法」の理解のためには、“卵”たる「連合規約」の理解は欠かせません。

それでは、次章では、この「連合規約」について、詳しく見ていくことにいたしましょう。

連合規約

1777.10/07	サラトガの敗北
11/17	連合規約可決
12/16	ヴァージニア批准（初）
≀	
1781.02/02	メリーランド批准（最後）
03/01	連合規約発効
10/19	ヨークタウン陥落

第４章　合衆国憲法の成立

第１幕

13邦（ステーツ）の痛み分け

アメリカ連合規約

独立戦争中、大陸会議は「連合規約」を可決していた。現在の「アメリカ合衆国憲法」の卵となるものである。これにより、国号を「アメリカ合衆国」と定め、大陸会議は「連合会議」へ発展的に解消させる。しかし、各邦の発言権が強すぎて、中央政府には課税権も通商統制権も、常備軍保有権すらも与えられていなかった。

国防
外交
鋳貨
通商統制
常備軍保有権

〈アメリカ連合規約〉

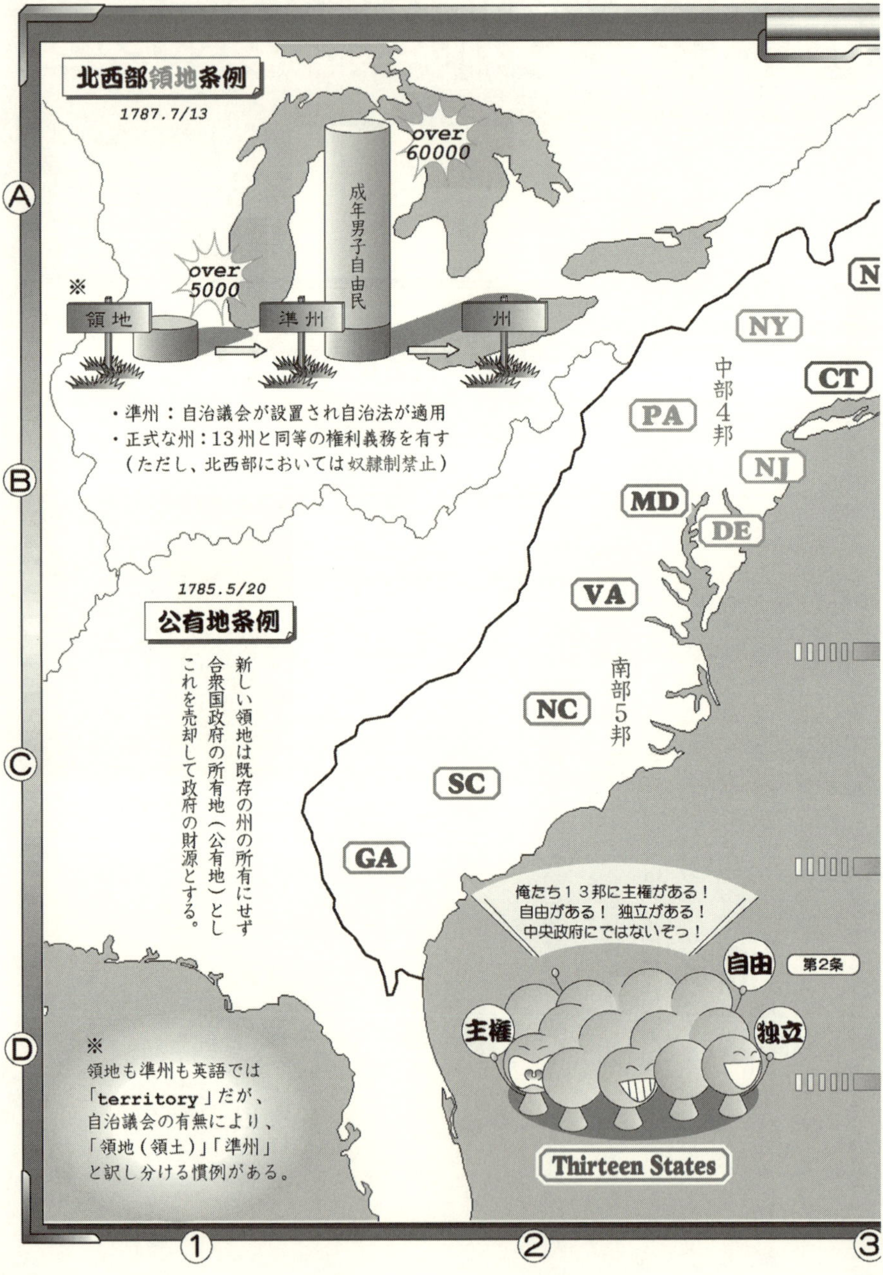

北西部領地条例
1787.7/13
over 60000
成年男子自由民
over 5000
※
領地
準州
州
・準州：自治議会が設置され自治法が適用
・正式な州：13州と同等の権利義務を有す
（ただし、北西部においては奴隷制禁止）
1785.5/20
公有地条例
新しい領地は既存の州の所有にせず合衆国政府の所有地（公有地）としこれを売却して政府の財源とする。
NY
CT
中部4邦
PA
NJ
MD
DE
VA
南部5邦
NC
SC
GA
俺たち１３邦に主権がある！
自由がある！ 独立がある！
中央政府にではないぞっ！
自由
第2条
主権
独立
Thirteen States
※
領地も準州も英語では「territory」だが、自治議会の有無により、「領地（領土）」「準州」と訳し分ける慣例がある。
A
B
C
D
1
2
3

1777 ～ 87 年

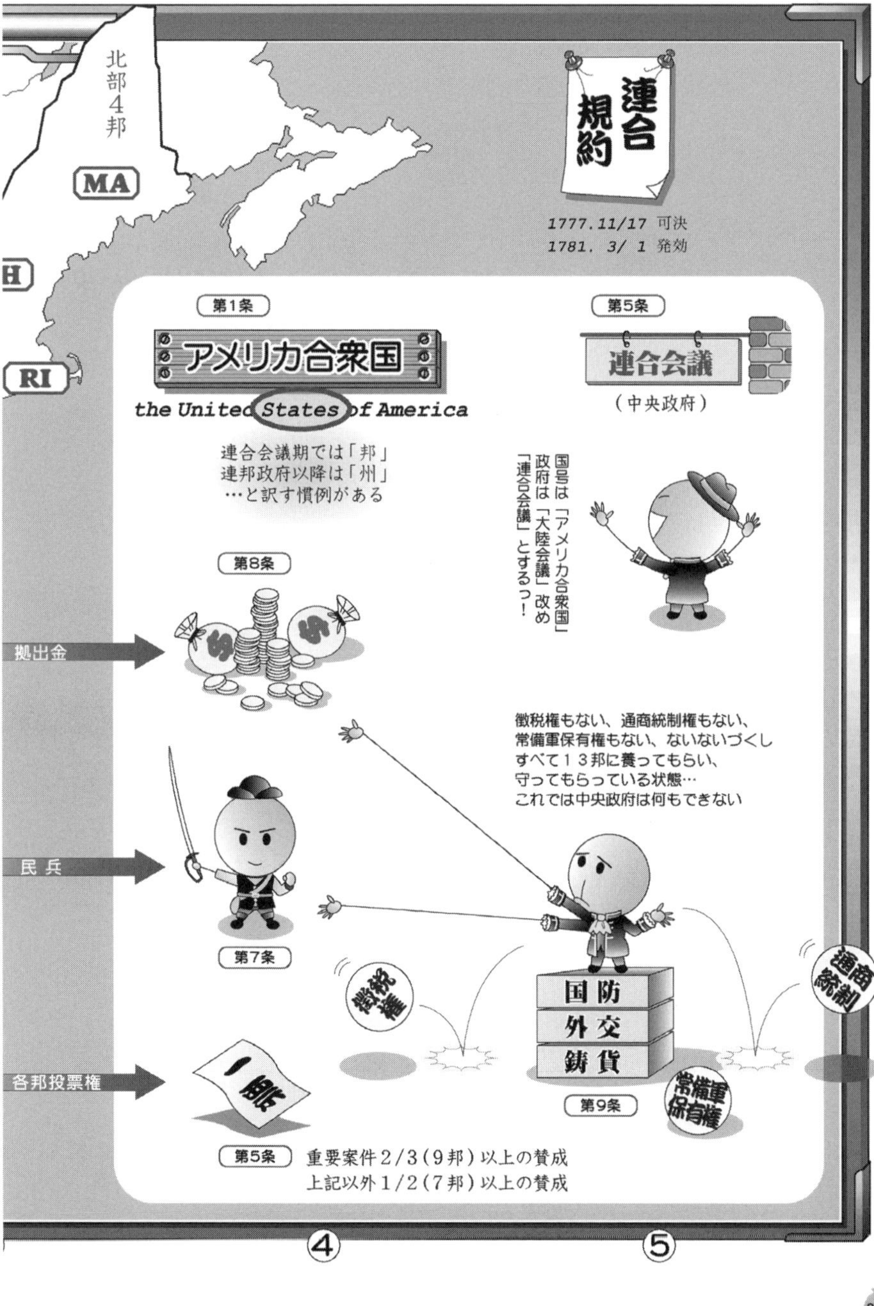
北部4邦
MA
H
RI
連合規約
1777.11/17 可決
1781. 3/ 1 発効
第1条
アメリカ合衆国
the United States of America
連合会議期では「邦」
連邦政府以降は「州」
…と訳す慣例がある
第5条
連合会議
（中央政府）
国号は「アメリカ合衆国」
政府は「大陸会議」改め
「連合会議」とするっ！
第8条
拠出金
徴税権もない、通商統制権もない、
常備軍保有権もない、ないないづくし
すべて１３邦に養ってもらい、
守ってもらっている状態…
これでは中央政府は何もできない
民兵
第7条
徴税権
通商統制
国防
外交
鋳貨
第9条
常備軍保有権
各邦投票権
一票
第5条
重要案件2/3（9邦）以上の賛成
上記以外1/2（7邦）以上の賛成
④
⑤

それでは、本幕では「連合規約」の詳しい内容について、見ていくことにいたしましょう。

じつは、連合規約が「可決」されたのが1777年なのに、それが「発効」したのは、それから3年以上も経った1781年になってからでした。

この3年強もの時間差(タイムラグ)はいったい何なのでしょう？

ちょっと小難しい話になりますが、じつは、多国家間で話し合った（国際会議）場合、たとえその会議で一定の合意に達した（可決）としても、それがすぐに効力を生む（発効）わけではありません。

連合規約

1777.11/17 可決
1781. 3/ 1 発効

通常、その会議に参加した代表は、可決された内容を自国へ持って帰り、今度はそれぞれの国の議会に諮(はか)らなければなりません。

そこで承認（批准(ひじゅん)）され、「可決」の条件を満たす批准国がそろって初めて、ようやく「発効」となります。(＊01)

つまり、連合規約は、「可決」はされたけれども、13邦(ステーツ)の「批准(ひじゅん)」に手間取ったというわけです。

なぜ、批准(ひじゅん)に3年もの時間がかかったのでしょうか。

その理由を知るためには、そもそも「独立戦争」を起こした真の理由が、「独立宣言」に謳(うた)われているような“きれいごと”ではない、ということを銘肝(めいかん)しておかなければなりません。

それは純粋に“私利私欲”であり、とくに「西部領地(ウェストテリトリ)（ミシシッピ川以東のルイジアナ）」の土地を狙っていた土地コロガシの要求が強かったからです。(＊02)

(＊01) たとえば、第1次世界大戦後のパリ講和で「国際連盟」を提唱したのはアメリカ（T.W.ウィルソン大統領）でしたが、それを自国に持って帰ったところ、上院の反対により批准に失敗してしまいます。その結果、「言い出しっぺのアメリカ自身が連盟に参加しない」という異常事態を生み、T.W.ウィルソンは国際社会で大恥をかかされています。

(＊02) かの「G.ワシントン」も土地コロガシでボロ儲けしていた人間のひとりです。

したがって、独立達成が現実味を帯びてくると、土地コロガシの陰謀が駆けめぐり、水面下で西部領地（ウェストテリトリ）の争奪戦が始まります。

この利害調整のために13邦（ステーツ）すべての批准（ひじゅん）に3年以上も要したわけで、「独立はきれいごとではない」という事実がここにも露呈（ろてい）しています。

さて。

それでは、具体的な内容を見ていきましょう。

中身は、「前文」と「13ヶ条の本文」と「署名」によって成り立っています。

第１条「国号を the United States of America と定める」（A/B-4）

知らぬ者のいない「アメリカ合衆国」という国号は、このときに定められたものです。

「united」は「連合」、「state」は「国家(＊03)」ですから、そのまま直訳すれば、「アメリカ国際連合(＊04)」となり、「state」を「州」と訳すなら、「アメリカ合州国」ですが、慣習的に「アメリカ合衆国」と訳しています。(＊05)

第1条
アメリカ合衆国
the United States of America
連合会議期では「邦」
連邦政府以降は「州」
…と訳す慣例がある

第5条
連合会議
（中央政府）
国号は「アメリカ合衆国」
政府は「大陸会議」改め
「連合会議」とするっ！

(＊03) ちなみに、日本語では「国家」という概念を表す言葉は１つしかありませんが、英語では、「state」「country」「nation」と３つを使い分けます。
この三者の概念の違いについては、かなり複雑ですので、本書では割愛いたします。

(＊04) ちなみに、本家「国際連合」の英語名は「United Nations」です。

(＊05) なぜ「合州国」ではなくて「合衆国」なのかは、諸説紛々、よくわかっていません。

また、中央政府の名称も改めています。

第５条「これまでの『大陸会議』改め、『連合会議』とする」(A/B-5)

── あれ？　連合会議なのに「政府」なんですか？

「会議」なら、それは「立法府」であって「行政府」じゃないのでは？

このような質問を受けることがありますが、当時はまだ「三権」が未分化でしたから、立法府が行政府を兼任していたのです。

現代日本では、「三権分立」が空気のように当たり前ですが、「日本で当たり前」のことが「他の時代・他の国でも当たり前」と思ってしまう習慣は、歴史を学ぶ者は厳(げん)に慎(つつし)まなければなりません。

では、この中央政府にはどんな権限が与えられるのか、については次の「第９条」に書かれています。

それが、「国防権」「外交権」「鋳貨(ちゅうか)権」の３つ。(D-5)

── え！？　たった「３つ」???

驚くべきことに、「徴税権」すらありません。(第８条)(D-4)

「政府みずから軍隊を保有する」ことすらできません。(第７条)(D-5)

「通商を統制する権限」すらありません。(D-5)(＊06)

これではもはや「主権国家(ソブリンステーツ)」と呼べないほどですが、それもそのはず。

当時のアメリカ人にとって、「13の邦(ステーツ)」こそが「主権国家(ソブリンステーツ)」だという認識であり、「合衆国(united states)」は、その名の示す通り、「国家の連合体(state united)」にすぎませんでした。

主権(ソブリン)はあくまで「13邦(ステーツ)」にある(第２条)(D-2)と考えたため、それらの重要な国家権力、「徴税権」「常備軍保有権」「通商統制権」はすべて「邦(ステーツ)」に与えられました。

(＊06) 徴税権も軍事権も地方政権に与えられる ── というのは、日本でいえば「幕藩体制」にも似ています。
そのため、「合衆国政府」と「徳川の幕藩体制」を比較・検証する研究も多い。
じつは、A.ハミルトンも、のちの憲法制定会議において、「我が国の連邦制導入に際し、徳川の幕藩体制を参考にしようではないか」と提案しているくらいです。

しかしながら。

徴税権なくして、中央政府はどうやって国家運営をするのでしょうか？

「国防権が与えられた」といっても、軍隊を保有できずして、どうやって外国軍から国を守るのでしょうか？

じつは、各邦（ステーツ）が国民から直接徴税し、その税収の一部を「拠出金」として中央政府に送ります。(B/C-4)

また、平時においては、各邦（ステーツ）が直接徴兵して「邦兵」を保有し、戦時には、13の邦兵が集まって、「合衆国兵」として戦うのです。

つまり、外から見れば一見「合衆国軍」ですが、中身は「13邦（ステーツ）の民兵の寄り合い所帯（じょたい）」というなんとも頼りないものでした。

要するに、中央政府は「邦（ステーツ）に養ってもらい、守ってもらっている」形となりますので、13邦（ステーツ）にまるで頭が上がりません。

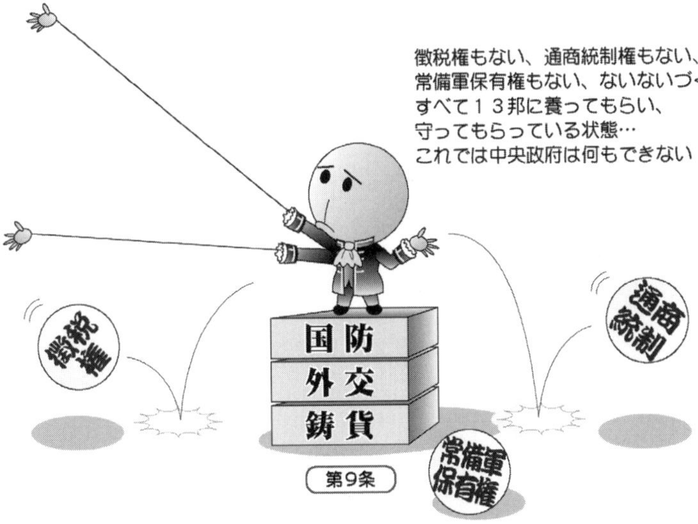
徴税権もない、通商統制権もない、
常備軍保有権もない、ないないづくし
すべて１３邦に養ってもらい、
守ってもらっている状態…
これでは中央政府は何もできない
国防
外交
鋳貨
第9条
徴税権
通商統制
常備軍保有権

そのうえ。

連合会議において、採決には通常1/2以上（7邦（ステーツ）以上）の賛成が、重要案件においては2/3以上（9邦（ステーツ）以上）の賛成が必要でした。

ところが、この「2/3以上の賛成票を獲得」というのは、現実には、たいへん困難な数字でした。

なんとなれば、当時は、北部4邦、中部4邦、南部5邦というグループを構成しており、とくに、「北部＆中部vs南部」で利害が対立していましたので、北部（＆中部）が提議（8票）するものは南部が反対、南部（5票）が提議するものは北部が反対するため、どちらの提議する案件も2/3（9票以上）に達することが非常に困難だったからです。

もっとも、いくつか通過した重要法案もあります。

そのひとつが「公有地条例（1785年）」。(B/C-1)

1783年パリ条約以降、イギリスからブン捕った「西部領地（ミシシッピ川以東のルイジアナ）」には、死肉に群がるハイエナの如き13邦の熾烈な争奪戦が繰り広げられていましたが、どの邦も退かず、ラチが明かない。

このままでは内乱に発展するかもしれない。

そこでこうすることになりました。

「西部領地は、13邦の所有とせず、公有地（合衆国政府の所有地）とする。

そして、この売却益を政府の財源とする」

「13邦の痛み分け」とすることでようやく決着を見たわけです。

そして、もうひとつが「北西部領地条例（1787年）」。(A-1)（＊07）

これは、「領地」から「state（邦/州）」に昇格する規定を定めたものです。

「領地」は、その地区の住民が5,000人を超えた場合、自治議会の設置が認められ、「準州」となります。（＊08）

さらに、「準州」に住む成年男子自由民の数が60,000人を超えると、正式

（＊07）「北西部領土条例」「北西部土地条例」、あるいは単に「北西部条例」とも呼ばれます。

（＊08）「state（邦/州）」以外の地は、英語では、すべて「territory」と呼ばれます。
しかしながら、これを日本語に訳すときは、「自治議会設置以前のterritory」なら「領土」「領地」、あるいは単に「土地」などと訳し、「自治議会設置以後のterritory」の場合は「準州」として、厳に訳し分けられています。

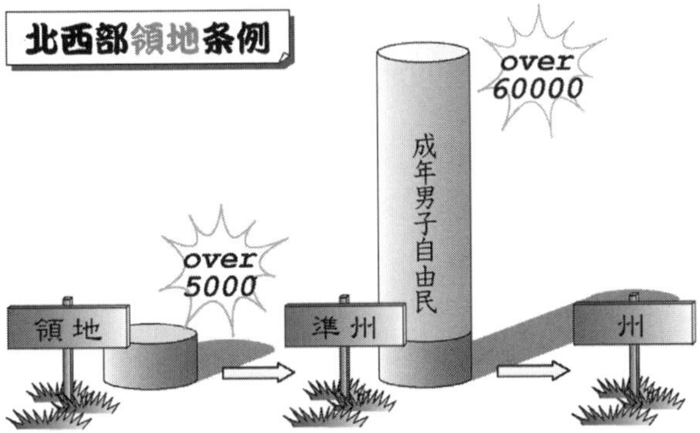
北西部領地条例
over 60000
成年男子自由民
over 5000
領地
準州
州

に「state(邦/州)」に昇格し、「独立 13 邦(ステーツ)」と同等の権利が与えられることになりました。

さらに、「北西部(＊09)においては、奴隷制を禁止する」という条項も盛り込まれ、「西部領地(ウェストテリトリ)における北部と南部の境界線」が決定的になりました。

ちなみに、この条例は、「ミシシッピ川以西の地」についてはまったく想定外だったため、のちに「ミズーリ(＊10)」が州に昇格する際に、国を揺るがす大問題に発展することになります。(＊11)

さて。

このように、連合規約は、あまりにも「邦(ステーツ)」に権力を与えすぎてバランスを欠き、たちまち国難に逢着(ほうちゃく)することになります。

その具体的な内容については、次幕に譲りましょう。

(＊09) ちなみに「西部領土(ミシシッピ川以東のルイジアナ)」は、オハイオ川で南北に区切られ、以北を「北西部領土」、以南を「南西部領土」と呼びます。

(＊10)「ミシシッピ川以西の地」において、最初に「州」に昇格した Territory です。
(ルイジアナ州はミズーリ州より先に州に昇格していますが、州都が河東にあるため数に入れません)

(＊11) このことについては、本書では触れません。また別の機会に。

Column　植民地か、邦か、州か

最初にイギリス人が東海岸に植民してきたころは、「ヴァージニア植民地」とか、「ニューイングランド植民地」などのように、その行政単位は「植民地（colony）」と呼ばれていました。

しかし、やがて1776年、独立宣言が発せられ、独立の意志が表明されるようになると、いつまでも「植民地（colony）」のままでは具合が悪い。

そこで「colony」を「state」と改め、現在に至っています。

これを日本では一般的に「州」と訳すのですが、ひとつ問題が。

合衆国は、独立当初の10年は「連合規約」に基づいて、1787年以降は「合衆国憲法」に基づいて国家運営がなされるのですが、じつはこの2つでは「state」の捉（とら）え方がまったく違っていたのです。

そこで、その違いを明確化するために、1787年以前の「連合規約下のstate」を「邦」、以後の「合衆国憲法下のstate」を「州」として訳し分ける慣例が生まれました。

つまり、年表にしてみると下記のような感じになります。

1607～1776　植民地（colony）
1776～1878　邦　（state）　※ただし「州」と訳してもよい。
1878～　州　（state）

さらにややこしいことに、他の州と同じようにサラリと「州」と訳されながら、「state」でない「州」もあります。

じつは、「マサチュセッツ州」「ペンシルヴァニア州」「ヴァージニア州」「ケンタッキー州」の4州は、歴史のうねりの中で「state」ではなく、慣習的に「commonwealth（共和国／連邦）」なのですが、法律上は「state」となんら変わらないため、日本では見て見ぬフリをするように「州」と訳しています。

日本でも、歴史のうねりの中で「都」「道」「府」「県」という4種の行政区名が生まれましたが、現在ではまったく区別されていません。

それとよく似ています。

第4章 合衆国憲法の成立

第2幕

政変まがいのだまし討ち会議

フィラデルフィア憲法制定会議

独立早々、はやくも「建国の父」たちの化けの皮が剝げはじめる。そもそも彼らは、抵抗権（革命権）を主張して反乱を起こした者たち。その彼らが、権力者側にまわった瞬間、叫ぶ。「反乱を犯す者は死刑に処す！」ひとたび権力の座に就いた彼らはさらなる権力を欲した。こうして憲法制定会議が招集されることとなる。

連合規約は全廃！
新たに強い中央政府を持った
合衆国憲法を制定する！
合衆国憲法
連合規約
ごみ箱

憲法制定会議 議長
ジョージ＝ワシントン

〈フィラデルフィア憲法制定会議〉

「我々は、独立革命でお前たちがしてきた同じことをやっているだけだ！」
独立宣言で革命権が認められているだろう！反乱起こして何が悪い！
「法に触れないように行動せよ！」「法を犯すものは死刑に値する！」
反逆罪を扇動した張本人
法律も守れん輩は皆殺しにすりゃいいんだ！
マサチュセッツ議会議員
サミュエル＝アダムズ
1781 – 88
こんな事態になるのは、そもそも連合規約が欠陥品だからだ！このことについて話し合う場をフィラデルフィアに設けよう！
1787.2/21
連合規約は全廃！新たに強い中央政府を持った合衆国憲法を制定する！
合衆国憲法
連合規約
ごみ箱
1787.9/17 草案
1788.6/21 成立
憲法制定会議 議長
ジョージ＝ワシントン
1787
憲法制定会議
1787.5/25 – 9/17
え！ なにそれ？ 連合規約をちょこっと修正するだけじゃないの？ これはクーデタでは？？
フィラデルフィア
（ペンシルヴァニア邦議事堂）
インディペンデンスホール
A
B
C
D
1
2
3

1786～87年

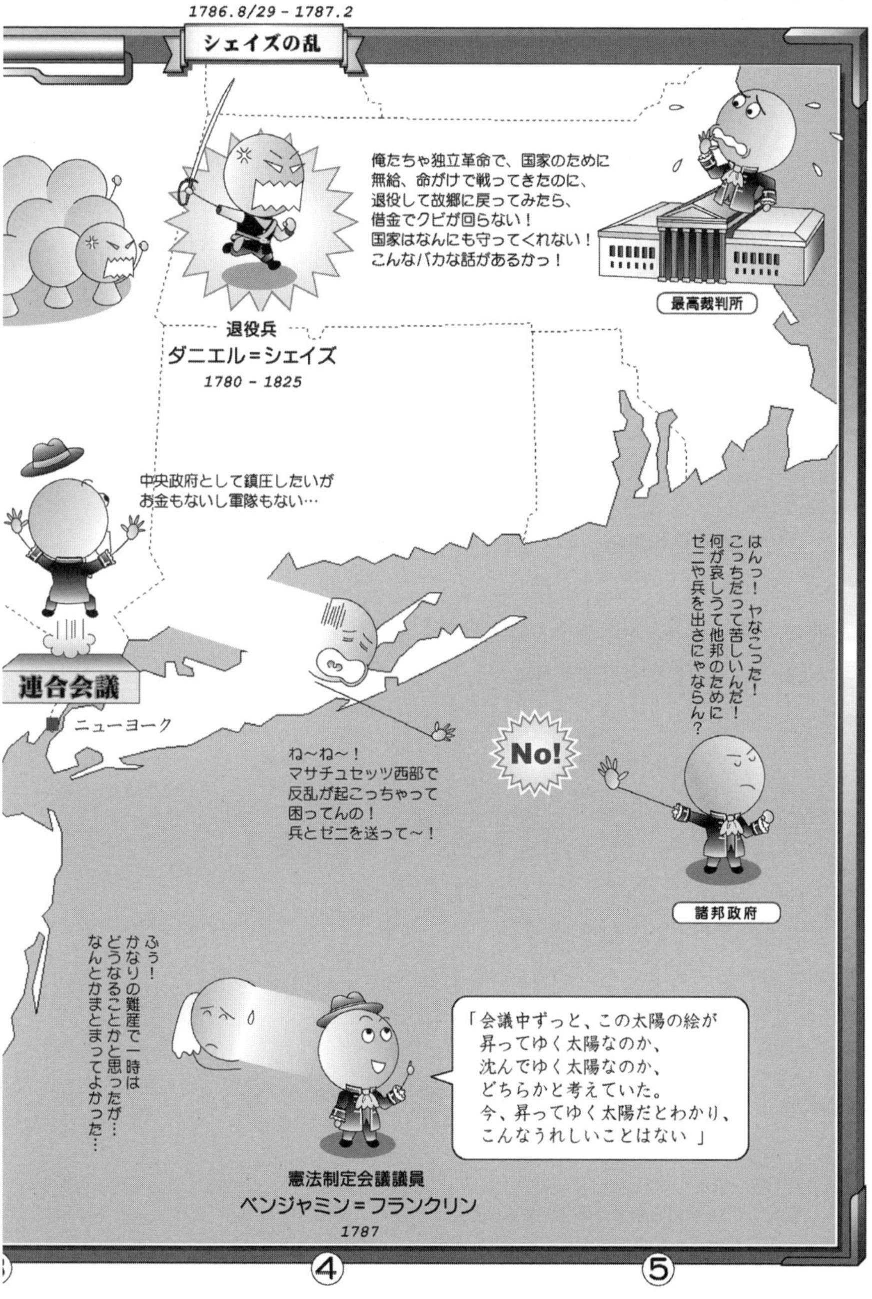

1786.8/29 - 1787.2
シェイズの乱
俺たちゃ独立革命で、国家のために無給、命がけで戦ってきたのに、退役して故郷に戻ってみたら、借金でクビが回らない！国家はなんにも守ってくれない！こんなバカな話があるかっ！
最高裁判所
退役兵
ダニエル＝シェイズ
1780 - 1825
中央政府として鎮圧したいがお金もないし軍隊もない…
連合会議
ニューヨーク
はんっ！やなこった！こっちだって苦しいんだ！何が哀しうて他邦のためにゼニや兵を出さにゃならん？
ね～ね～！マサチュセッツ西部で反乱が起こっちゃって困ってんの！兵とゼニを送って～！
No!
諸邦政府
ふぅ！かなりの難産で一時はどうなることかと思ったがなんとかまとまってよかった…
「会議中ずっと、この太陽の絵が昇ってゆく太陽なのか、沈んでゆく太陽なのか、どちらかと考えていた。今、昇ってゆく太陽だとわかり、こんなうれしいことはない」
憲法制定会議議員
ベンジャミン＝フランクリン
1787
④
⑤

それでは、本幕では「連合規約の欠陥」が、生まれたばかりの合衆国にどのような試練を与えていくことになるのか、を見ていくことにいたしましょう。

じつは、その重要人物（キーパーソン）となるのが、D（ダニエル）．シェイズという“名もなき貧しい一農夫”でした。

彼は、ご多分に漏（も）れず、独立派（インディペンデント）たちの「御為（おため）ごかし」「美辞麗句（きれいごと）」を、言葉どおりにマに受け、独立戦争にあたっては意気揚々、「正義と自由のため」に立ち上がり、自ら率先して大陸軍に志願し、命を賭けて戦いました。(＊01)

レキシントン＝コンコードの戦、バンカーヒルの戦、サラトガの戦…。

彼は、ほとんど無給に近いかたちで各地を転戦して戦いましたが、やがて負傷し、除隊され、帰郷の途にあっても、心は満足感と誇りに満ちあふれていました。

「俺は、お国のため、理想のため、正義のために戦い抜いたのだ！
　これ以上の誉（ほま）れがあろうか！」

ところが。

彼が帰郷してみると、自分が家を留守にしている間に、残された家族は、土地を取られ、借金も返せず債権者から訴えられる、という窮状（きゅうじょう）に陥（おちい）っていました。

D（ダニエル）．シェイズは憤慨（ふんがい）します。

「なんだ！？　これは一体どうしたことだっ！？
　お国のために無給で、命を賭けて戦って、満身創痍（まんしんそうい）になって帰ってきたら、
　家は破産状態だなんて、そんなバカな話があるか！！
　政府は何をやってるんだ！？
　俺の留守中、家を守ってくれるのが政府の役目じゃないのか！？」

(＊01)「哀しいことに」というべきか、「滑稽なことに」というべきか、建国以来、現在に至るまで、アメリカ合衆国が戦争をするたびに、アメリカ国民は一斉に「ダニエル＝シェイズ」になります。何度ダマされても、その都度、ダマされつづけています。

シェイズはまったくわかっていませんでした。

その政府こそが“悪の巣窟（そうくつ）”だったのです。

独立戦争で、政府は莫（ばく）大な借金を抱えることになってしまいましたが、この肩代わりをぜんぶ社会的弱者に押しつけようと、政府と有産者階級（ブルジョワ）が結託し、陰謀を巡らせ、そのための法整備に奔走（ほんそう）していたのです。(＊02)

その結果が、社会的弱者の没落となって社会問題化していました。

ここでもまた、「独立宣言」に高らかに謳（うた）われた言葉、

──「人間はみな平等」だの、

──「すべての人は、生命、自由、幸福を追求する権利がある」だの

…が、いかに“御為（おため）ごかし”かということがよく表れています。

もし、「独立派（インディペンデント）」どもが、ほんとうに「独立宣言」の言葉どおりの理想に燃え、無私の精神で立ち上がったのなら、けっして弱者にシワ寄せが行かないように、全力で努力したことでしょう。

彼らはそうしなかったどころか、むしろ全身全霊かけて、自分たちの保身に尽力し、自分たちが私心で起こした独立戦争の結果うまれた借金を、貧しい者たちに背負わせようというのです。

彼ら（独立派）はこう言っています。

「せっかく苦労して独立を達成したのに、そのためにできた借金を返していかねばならぬなら、我々はなんのために独立したのかわからんではないか！」

“語るに落ちた”とは、まさにこのこと。

上の言葉は、こう言っているのと同じです。

「俺たちはゼニ儲けのために独立戦争を起こしたのだ！
そのためにできた借金など貧乏人に負わせるのがあたりまえだろうが！」

…と。

（＊02）たとえば、「国王派」の土地を取り上げることができるよう法整備。これを小農民や小作人に買わせて、その収入で私腹を肥やせるよう法整備。戦後の経済不況で小農民たちが土地代金のローンを支払えなくなると、すぐに投獄できるよう法整備。その土地も問答無用で取り上げることができるよう法整備。悪徳商人もびっくりの「政治」を行っていました。

こうして、彼らは、まだ独立戦争も終わっていないうちから早くも馬脚を現しはじめます。

農民たちは、自分たちの窮状（きゅうじょう）と救済を司法に訴えましたが、ムダでした。

もちろん、司法もグルだからです。

ついに、D（ダニエル）.シェイズの怒りが爆発します。

彼が1500名の没落農民をひきつれ、邦（ステーツ）議会を襲撃するや、アッという間に、火の手はマサチュセッツ邦の中部・西部に拡がっていきます。

世にいう「シェイズの乱」です。（A-4）

彼らは叫びました。

「我々は、独立革命でお前たちがしてきた同じことをやっているだけだ！」
独立宣言で革命権が
認められているだろう！
反乱起こして何が悪い！
シェイズの乱
退役兵
ダニエル＝シェイズ

「我々は、独立戦争でお前たちがしてきたことと
　同じことをやっているだけだ！」（A-2/3）

まったくの正論、非の打ちどころのない正論。

「独立宣言」の前文を思い起こしてみてください。

―― もし政府が、人民の生命、自由、幸福を追求する権利を侵（おか）すようなことがあらば、そのような政府を廃止することは、人民の正当な権利である！

…と、「抵抗権（革命権）」の正当性を堂々と謳（うた）っていたではありませんか。

ほんの10年前のことです。

その舌の根も乾かぬうちに、今まさに、合衆国政府は「人民の幸福を追求する権利」を侵す“人民の敵”となり果てたわけですから、滅ぼされても文句は言えないはずです。

ところが。

これに対して、「建国の父」のひとりであるＳ．アダムズ（＊03）は、反徒に向かってこう吐き捨てました。

「法に触れないように行動せよ！」

「法を犯す者は死刑に処す！」

よくもまぁ、いけしゃあしゃあと！！

どうやら、自分たちこそが、ついこの間、反逆罪という「四ッ裂きの刑」に相当する最重罪を犯したことはスッカリお忘れのようで。

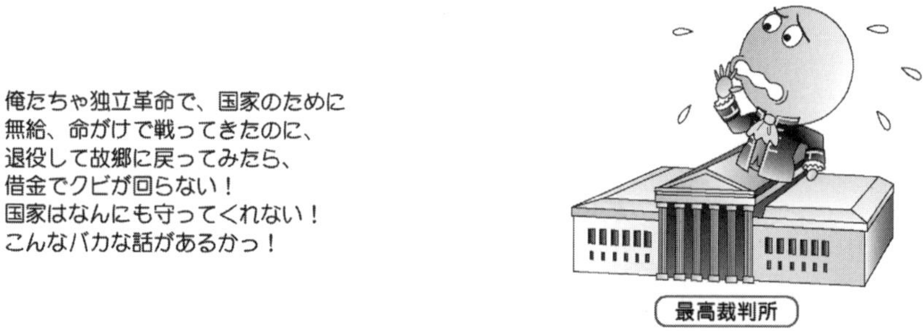
俺たちゃ独立革命で、国家のために
無給、命がけで戦ってきたのに、
退役して故郷に戻ってみたら、
借金でクビが回らない！
国家はなんにも守ってくれない！
こんなバカな話があるかっ！
最高裁判所

さて。

合衆国政府は、彼らの「抵抗権」を認めようともせず、ただちに鎮圧しようと欲しますが、これに手こずります。

（＊03）早くから「自由の息子たち」を結成し、独立を煽った急先鋒。
ボストン茶会事件を後ろから操り、大陸会議の議員として独立を煽り、ときの国王ジョージ３世から「反逆罪での逮捕状」が出たほどでした。
独立宣言に署名し、連合規約にも署名しています。
ただ、Ｇ．ワシントンとは折合が悪かったようですが。

この反乱自体は大したものでもなかったにもかかわらず、です。

前幕でご説明いたしましたように、中央政府（連合会議）（B/C-3）（＊04）には、徴税権も常備軍保有権も与えられていませんでしたから、反乱鎮圧のための戦費も兵も、全面的に「13邦（ステーツ）」に頼らざるを得ません。

しかし、肝心の「13邦（ステーツ）」が協力的でなかったからです。（C-5）（＊05）

翌年2月には、なんとか反乱自体は鎮圧できたものの、今回の出来事は、中央政府に大いなる危機感を感じさせることになりました。

「この程度の反乱にこうも手こずるとは！

もはや、連合規約が欠陥品であることは明白だ！」

そこで、「連合規約の微修正」について、もう一度話し合おうと、会議が催されることになりました。

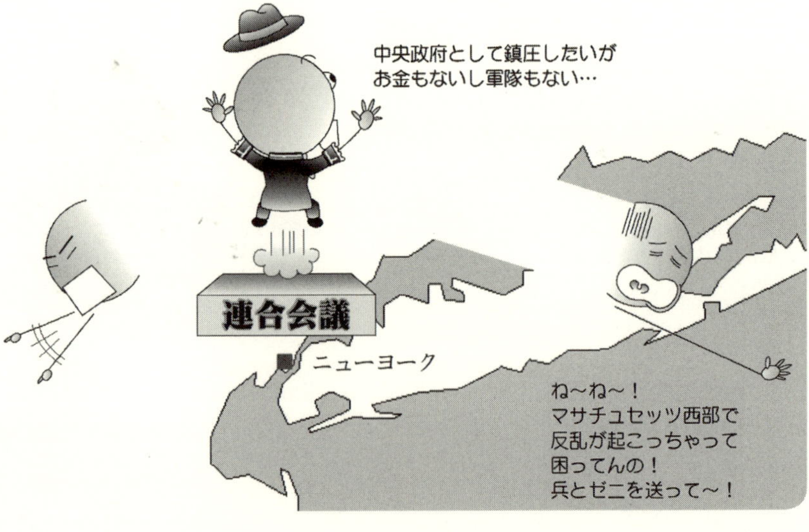
中央政府として鎮圧したいが
お金もないし軍隊もない…
連合会議
ニューヨーク
ね～ね～！
マサチュセッツ西部で
反乱が起こっちゃって
困ってんの！
兵とゼニを送って～！

（＊04）当時の連合会議はフィラデルフィアにはありません。イギリス軍をトレントンから駆逐してフィラデルフィアに戻ったあと、ランカスター → ヨーク → フィラデルフィア → プリンストン → アナポリス → トレントンを経て、当時はニューヨークに設置されていました。

（＊05）当時は、独立戦争後の大不況が襲っていたため、13邦にも、中央政府に資金や兵を出す余裕がなかった、という事情もありました。

こうして、「12 邦（ステーツ）」の代表(＊06)がフィラデルフィアのインディペンデンスホール（D-2）(＊07)に集まり、「憲法制定会議」を開き、議長にはＧ（ジョージ）．ワシントン（C-1/2）を選出しました。

連合規約が可決されたのが 1777 年でしたから、それからちょうど 10 年目の 1787 年のことです。

ところが。

いざ、会議が開催されると、集まった諸 邦（ステーツ）の代表は仰天します。

今回の会議は、あくまで「連合規約の内容を**微修正**」するためと聞かされていたのに、フタを開けてみれば、「連合規約はそっくりそのまま廃案にして、まったく新しい合衆国憲法を作ろう！」というものだったからです。

連合規約は全廃！
新たに強い中央政府を持った
合衆国憲法を制定する！
合衆国憲法
連合規約
ごみ箱

憲法制定会議 議長
ジョージ＝ワシントン

「ちょっと待て！！　これは、クーデタではないか！？」

（＊06）唯一、ロードアイランド邦だけが出席を拒否しました。
彼らは「憲法制定会議」のウサン臭さを敏感に感じとっていたからでしたが、ロードアイランドの人たちの予感は見事に的中しました。
じつは、あのＰ．ヘンリーも同じ理由で出席を拒否しています。

（＊07）この 11 年前、「独立宣言」が発せられた場所でもあります。

議場に動揺が走ります。

侃々諤々、丁々発止の議論が交わされましたが、ついに改憲派は反対派を抑え込むことに成功します（詳しくは次幕にて）。

こうして「クーデタ」まがいのことをしてまで成立した憲法こそが、追加・改正を繰り返しながらも現在まで存在している「合衆国憲法」です。

合衆国憲法の成立に、ホッと胸をなでおろしたB.フランクリンはこう言っています。

「会議中ずっと、あの太陽の絵（＊08）が、昇ってゆく太陽なのか、沈んでゆく太陽なのか、どちらなのかと思案していました。

今、これが昇ってゆく太陽だとわかり、こんなにうれしいことはありません」（D-5）

合衆国の行く末を「太陽」になぞらえ、「合衆国憲法が合衆国の発展に大いに寄与するだろう」と言っているわけです。

それでは、次幕では、合衆国憲法の詳しい中身を見ていくことにいたしましょう。

ふぅ！
なんとかまとまってよかった…
「会議中ずっと、この太陽の絵が
昇ってゆく太陽なのか、
沈んでゆく太陽なのか、
どちらかと考えていた。
今、昇ってゆく太陽だとわかり、
こんなうれしいことはない」
憲法制定会議議員
ベンジャミン＝フランクリン

（＊08）このときの「太陽の絵」というのが、「インディペンデンスホールに掲げられていた絵画」だという説と、「議場の椅子に彫られていた意匠」という説があります。

第4章　合衆国憲法の成立

第3幕

「大いなる妥協」

アメリカ合衆国憲法

政変（クーデタ）まがいの騙（だま）し討ち会議で、ついに合衆国憲法は成立した。13邦の利害は衝突し、A・ハミルトンは途中退場、一時は流会の危機に陥るも、B・フランクリンの仲裁によって、なんとか成立。以来、わずかな「修正条項」が加えられただけで、連邦主義・三権分立主義・民主主義など、現在に至るまで、基本は変わっていない。

大統領

初代大統領
ジョージ=ワシントン

〈アメリカ合衆国憲法〉

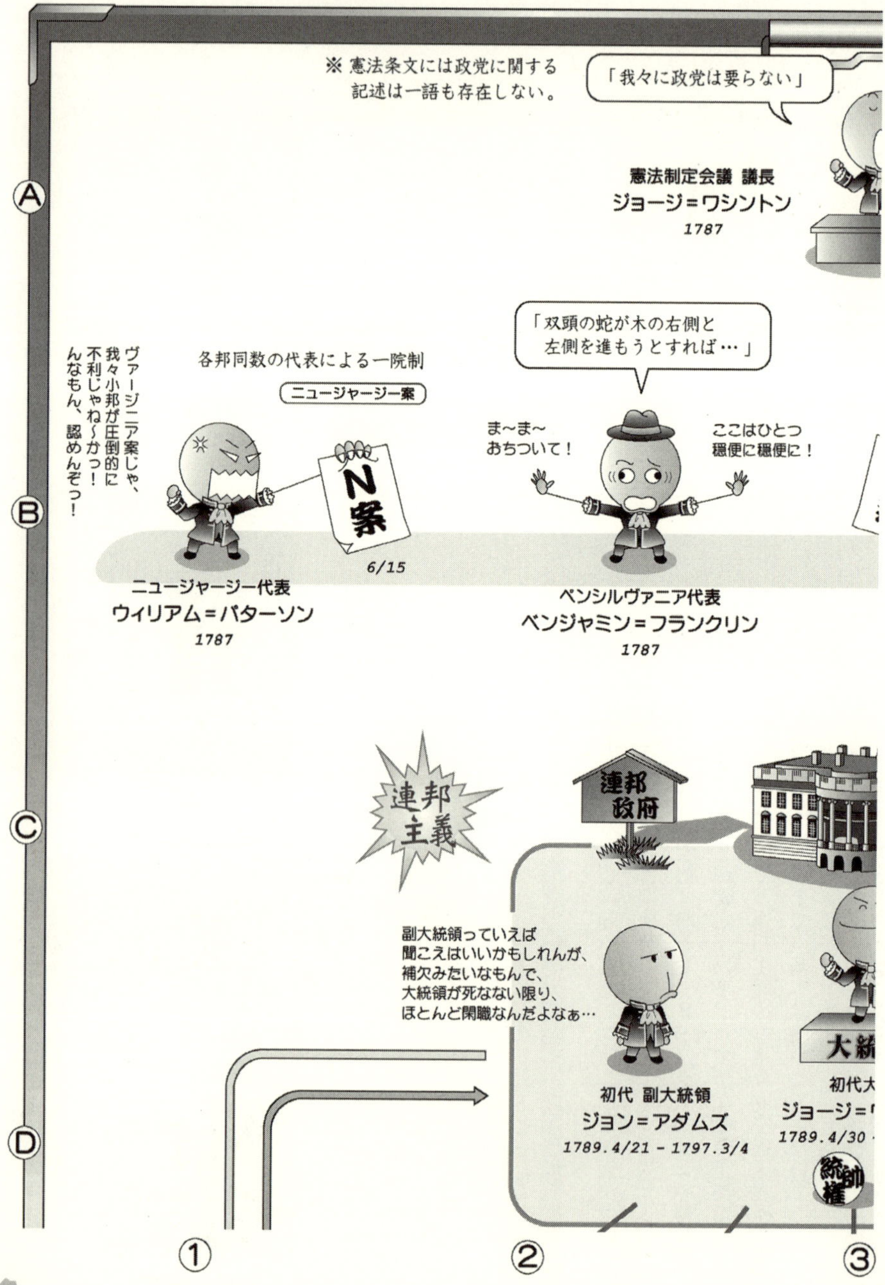

※ 憲法条文には政党に関する記述は一語も存在しない。
「我々に政党は要らない」
憲法制定会議 議長
ジョージ＝ワシントン
1787
ヴァージニア案じゃ、我々小邦が圧倒的に不利じゃね～かっ！ んなもん、認めんぞっ！
各邦同数の代表による一院制
ニュージャージー案
N案
6/15
ニュージャージー代表
ウィリアム＝パターソン
1787
「双頭の蛇が木の右側と左側を進もうとすれば…」
ま～ま～ おちついて！
ここはひとつ 穏便に穏便に！
ペンシルヴァニア代表
ベンジャミン＝フランクリン
1787
連邦主義
連邦政府
副大統領っていえば 聞こえはいいかもしれんが、 補欠みたいなもんで、 大統領が死なない限り、 ほとんど閑職なんだよなぁ…
初代 副大統領
ジョン＝アダムズ
1789.4/21 - 1797.3/4
初代大
ジョージ＝
1789.4/30
統帥権
A
B
C
D
①
②
③

1787年

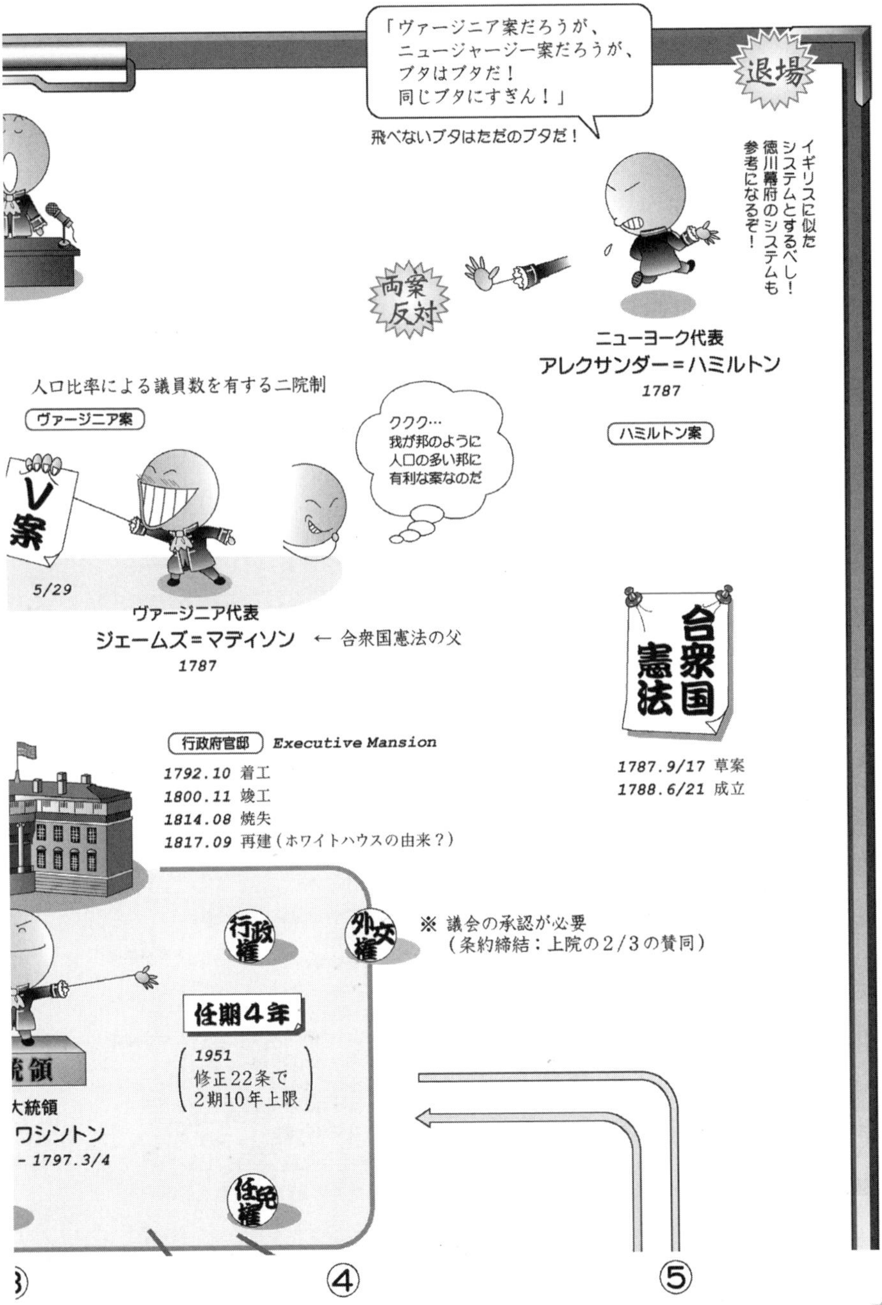
「ヴァージニア案だろうが、
ニュージャージー案だろうが、
ブタはブタだ！
同じブタにすぎん！」
飛べないブタはただのブタだ！
退場
イギリスに似た
システムとするべし！
徳川幕府のシステムも
参考になるぞ！
両案反対
ニューヨーク代表
アレクサンダー＝ハミルトン
1787
ハミルトン案
人口比率による議員数を有する二院制
ヴァージニア案
クククッ…
我が邦のように
人口の多い邦に
有利な案なのだ
V案
5/29
ヴァージニア代表
ジェームズ＝マディソン　← 合衆国憲法の父
1787
合衆国憲法
1787.9/17 草案
1788.6/21 成立
行政府官邸 Executive Mansion
1792.10 着工
1800.11 竣工
1814.08 焼失
1817.09 再建（ホワイトハウスの由来？）
行政権
外交権
※ 議会の承認が必要
（条約締結：上院の2/3の賛同）
任期４年
1951
修正22条で
2期10年上限
統領
大統領
ワシントン
－ 1797.3/4
任免権
③
④
⑤

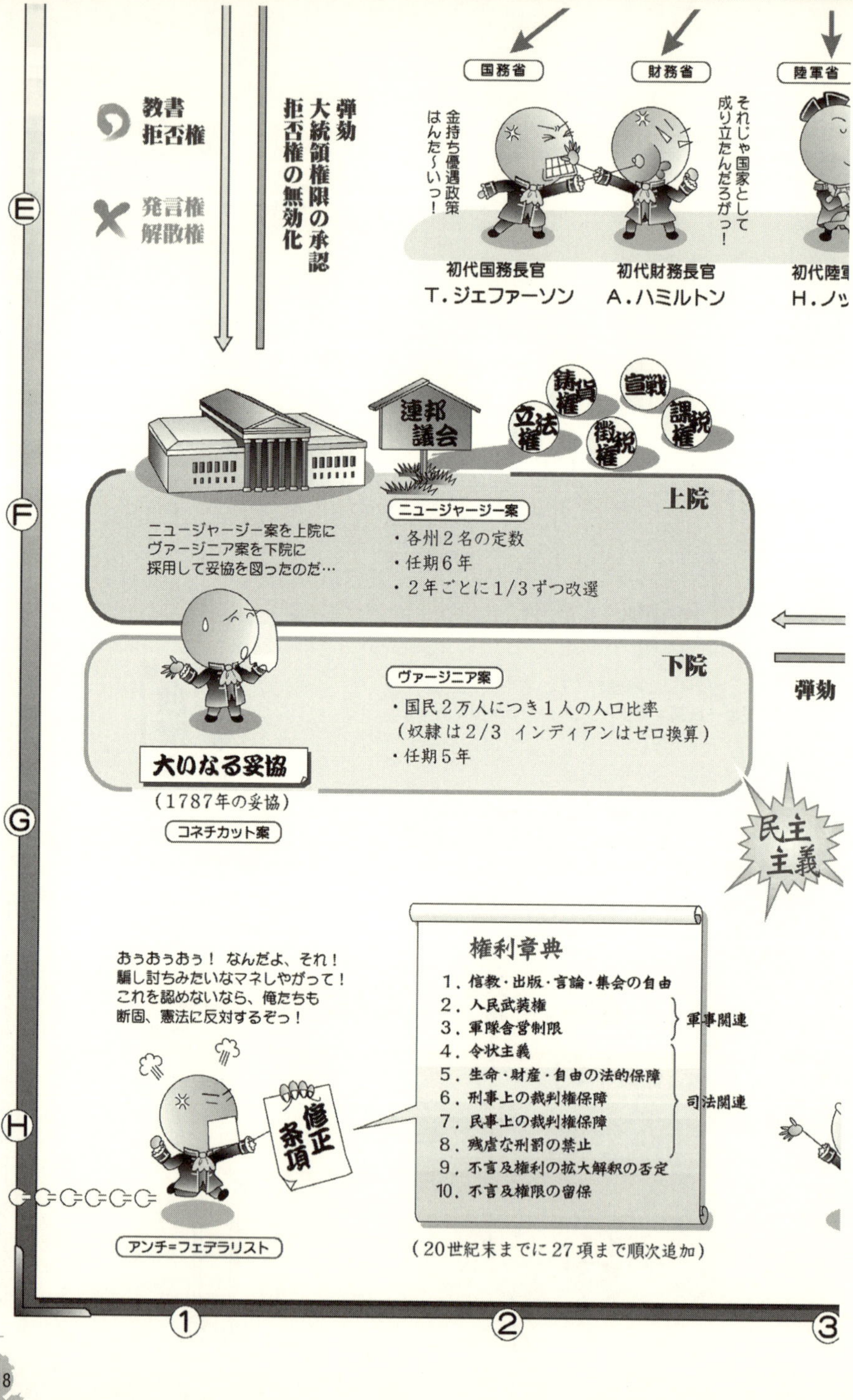
国務省
財務省
陸軍省
教書
拒否権
発言権
解散権
弾劾
大統領権限の承認
拒否権の無効化
金持ち優遇政策はんた〜いっ！
それじゃ国家として成り立たんだろがっ！
初代国務長官
T.ジェファーソン
初代財務長官
A.ハミルトン
初代陸軍
H.ノッ
E
連邦議会
鋳貨権
宣戦
立法権
徴税権
課税権
上院
ニュージャージー案を上院に
ヴァージニア案を下院に
採用して妥協を図ったのだ…
ニュージャージー案
・各州2名の定数
・任期6年
・2年ごとに1/3ずつ改選
F
下院
ヴァージニア案
・国民2万人につき1人の人口比率
（奴隷は2/3 インディアンはゼロ換算）
・任期5年
弾劾
大いなる妥協
（1787年の妥協）
コネチカット案
G
民主主義
おぅおぅおぅ！ なんだよ、それ！
騙し討ちみたいなマネしやがって！
これを認めないなら、俺たちも
断固、憲法に反対するぞっ！
修正条項
権利章典
1、信教・出版・言論・集会の自由
2、人民武装権
3、軍隊舎営制限
軍事関連
4、令状主義
5、生命・財産・自由の法的保障
6、刑事上の裁判権保障
7、民事上の裁判権保障
8、残虐な刑罰の禁止
司法関連
9、不言及権利の拡大解釈の否定
10、不言及権限の留保
H
アンチ=フェデラリスト
（20世紀末までに27項まで順次追加）
①
②
③

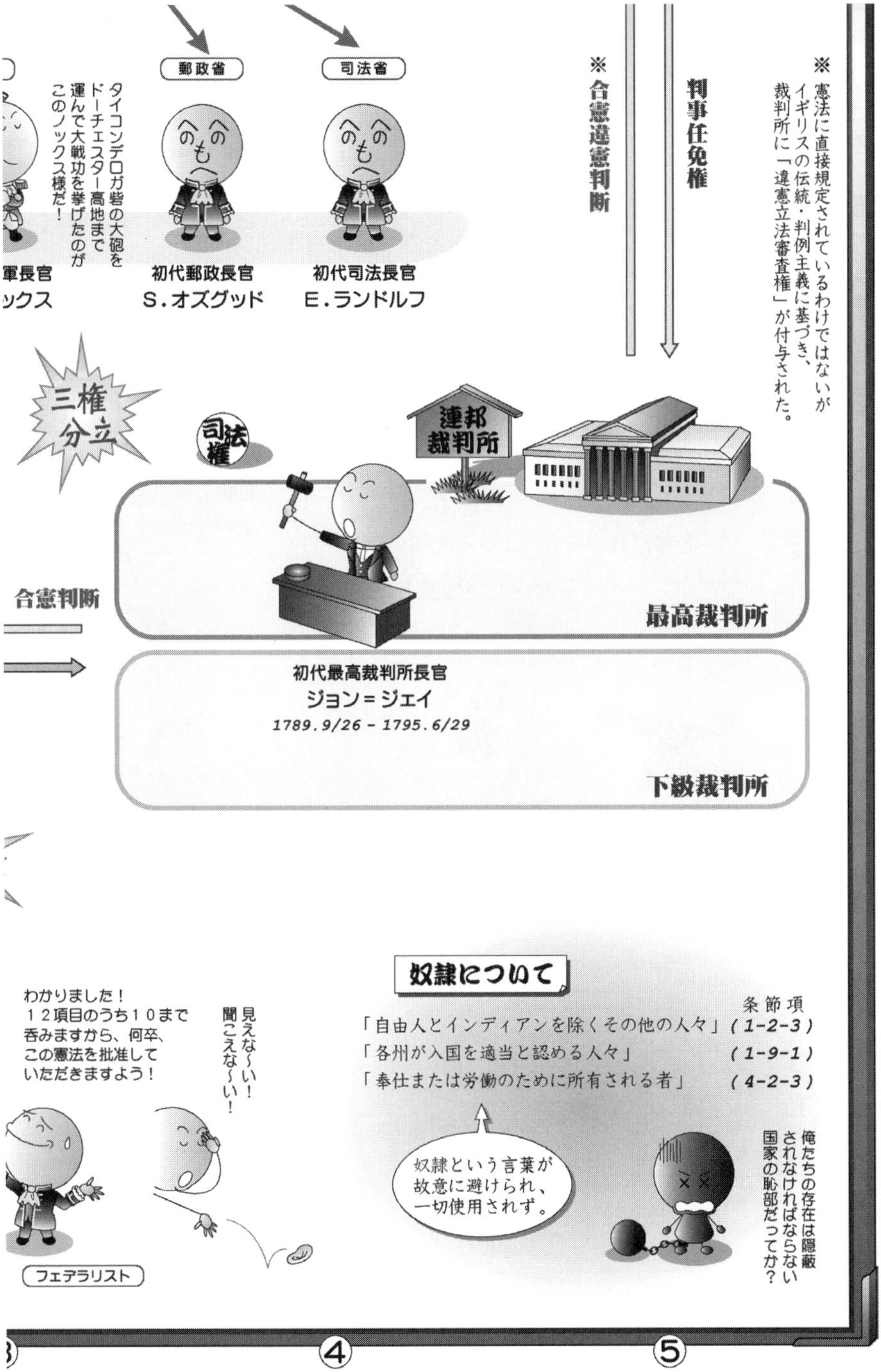
※憲法に直接規定されているわけではないがイギリスの伝統・判例主義に基づき、裁判所に「違憲立法審査権」が付与された。
判事任免権
※合憲違憲判断
司法省
郵政省
タイコンデロガ砦の大砲をドーチェスター高地まで運んで大戦功を挙げたのがこのノックス様だ！
軍長官
ックス
初代郵政長官
S.オズグッド
初代司法長官
E.ランドルフ
三権分立
司法権
連邦裁判所
合憲判断
最高裁判所
初代最高裁判所長官
ジョン＝ジェイ
1789.9/26 - 1795.6/29
下級裁判所
奴隷について
条 節 項
「自由人とインディアンを除くその他の人々」(1-2-3)
「各州が入国を適当と認める人々」(1-9-1)
「奉仕または労働のために所有される者」(4-2-3)
奴隷という言葉が故意に避けられ、一切使用されず。
俺たちの存在は隠蔽されなければならない国家の恥部だってか？
わかりました！
１２項目のうち１０まで呑みますから、何卒、この憲法を批准していただきますよう！
見えな～い！聞こえな～い！
フェデラリスト
④
⑤

本書最後となります本幕では、「合衆国憲法」の詳しい内容について、見ていくことにいたします。

まず、前幕ではほとんど触れられなかった「憲法制定会議」の具体的な内容について、すこし触れましょう。

じつは、一番モメたのが、議会に代表を送り込む方式について。

これについては、3つの案がありました。

ひとつは小邦を代弁するW(ウィリアム).パターソン(B-1)が唱えた「ニュージャージー案」。

ヴァージニア案じゃ、我々小邦が圧倒的に不利じゃね～かっ！んなもん、認めんぞっ！
各邦同数の代表による一院制
ニュージャージー案
N案
6/15
ニュージャージー代表
ウィリアム＝パターソン
「双頭の蛇が木の右側と左側を進もうとすれば
ま～ま～おちついて！
ペンシルヴァニア代表
ベンジャミン＝フランク

── 我々13邦(ステーツ)はすべて平等なのだから、邦の大小にかかわらず、同数の議員を中央に送り込めるようにするべきである！

これに対して、大邦を代弁するJ(ジェームズ).マディソン(B-3/4)(＊01)が唱えた「ヴァージニア案」。

(＊01) のちに「第4代大統領」として「第2次独立戦争(米英戦争)」を戦うことになる人物で、「合衆国憲法の父」とも呼ばれます。

――「13邦（ステーツ）」「13邦（ステーツ）」とは言っても、多くの人口を抱える「大邦」から人口の少ない「小邦」まであり、これを一括り（ひとくくり）に考えるべきではない！
各邦条件が違うのに、議員の数を同数にするだなんて、それこそが逆差別である！
当然、議員数は「人口比別」で設定するべきである。

小邦は「小邦にとって都合のいい主張」を、大邦は「大邦にとって都合のいい主張」をしているだけで、どちらも「天下国家を見据（す）えた意見」でもなんでもないため(＊02)、接点も歩み寄りもなく、ラチが明きません。

…」
人口比率による議員数を有する二院制
ヴァージニア案
ここはひとつ
穏便に穏便に！
V案
5/29
ククク…
我が邦のように
人口の多い邦に
有利な案なのだ
ヴァージニア代表
ジェームズ＝マディソン　← 合衆国憲法の父
リン

このままでは決裂ですが、決裂してしまえば、二度と「合衆国憲法」をつくるチャンスが訪れないかもしれません。
そこで登場するのが、いつでも仲介役のB（ベンジャミン）．フランクリン。(B-2)
彼は以前、「結集せよ！　さもなくば死あるのみ！（JOIN or DIE）」のスローガンとともに、

(＊02) もっとも、いつの時代でもどこの国でも、政治家なんてこんなもんですが。
口先では「天下国家」を叫んでいますが、その手でやってることは…。

「寸断された蛇」の絵で自分たちを表現したことがありましたが、今回も、合衆国を「蛇(へび)」に譬えて叫びます。

―― 双頭の蛇がいて、右の頭が木の右側を、左の頭が木の左側を進もうとすれば、どうなるか！？（A-2/3）

こうして、彼の懐柔(かいじゅう)、説得があって、ようやく折衷(せっちゅう)案が採択されます。

具体的には、

連邦議会（F-2）は、「二院制」とし、その上院は、ニュージャージー案が採用（各邦２名ずつの定数）され、下院は、ヴァージニア案が採用（国民２万人につき１名の人口比別議員数（＊03））されることになりました。

アメリカ連邦議会は、「大いなる妥協（G-1）（＊04）」の産物だったということがわかります。

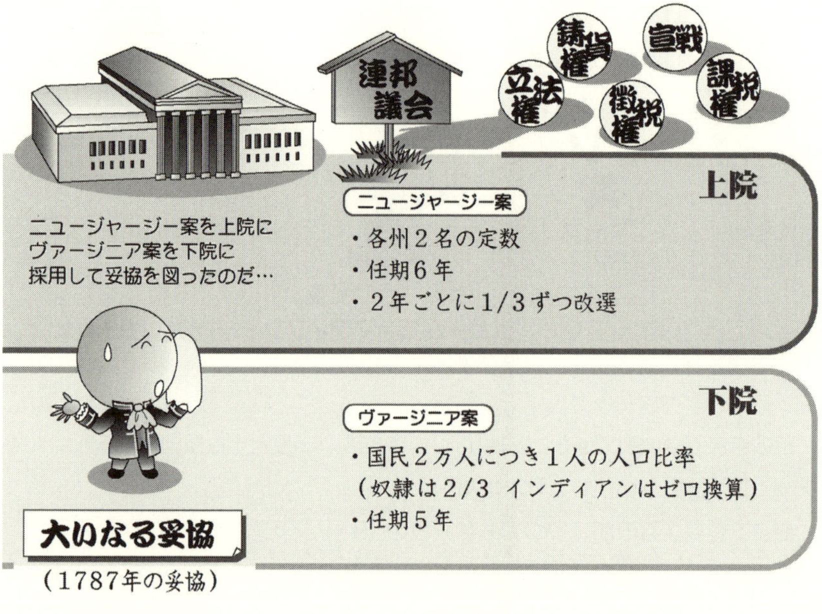
連邦
議会
立法権
鋳貨権
宣戦
徴税権
課税権
上院
ニュージャージー案
・各州２名の定数
・任期６年
・２年ごとに1/3ずつ改選
ニュージャージー案を上院に
ヴァージニア案を下院に
採用して妥協を図ったのだ…
下院
ヴァージニア案
・国民２万人につき１人の人口比率
（奴隷は2/3　インディアンはゼロ換算）
・任期５年
大いなる妥協
（1787年の妥協）

（＊03）「もちろん」というべきか、この「２万人」の中にはインディアンは含まれません。黒人奴隷は2/3換算されましたが、これは「黒人奴隷にも少しは人権を与えようとした」ことを意味しているのではありません。単に奴隷主たちが自分たちを有利にするためです。

（＊04）「1787年の妥協」とも呼ばれ、コネチカット邦が提案した妥協案でした。

「ヴァージニア案だろうが、
ニュージャージー案だろうが、
ブタはブタだ！
同じブタにすぎん！」
飛べないブタはただのブタだ！
退場
イギリスに似たシステムとするべし！
徳川幕府のシステムも参考になるぞ！
両案反対
ニューヨーク代表
アレクサンダー＝ハミルトン

「ニュージャージー案」「ヴァージニア案」の他にもうひとつ、Ａ．ハミルトンの唱えた「ハミルトン案」がありました。

彼は、

―― イギリス本国の政治システム、あるいは、徳川幕府の幕藩体制を見本(＊05)として憲法を定むべし！

…と叫びましたが、ほとんど相手にされず、彼はフテくされて途中退場してしまいます。

「ヴァージニア案だろうが、ニュージャージー案だろうが、ブタはブタだ！
同じブタにすぎん！」(＊06)

…という棄てゼリフを残して。

それでは、行政府はどうだったでしょうか。

(＊05)「徳川の幕藩体制を見本とせよ」とは、日本人にはたいへん意外に感じますが、「当時のアメリカの政治システムと幕藩体制はたいへん似たところがあった」ということはすでに述べました。

(＊06)「飛べないブタはただのブタだ」と言ったかどうかは定かではありません…というか、言っていません。残念ながら。

連邦政府（C-2/3）は、大統領を頂点として、大統領に「行政権」「外交権」「軍隊統帥権」「各省長官の任免権」を与えています。（D-3）

これは、「連合規約」では考えられないほどの強大な権力です。

任期は４年、再任制限はなし。[＊07]

行政権
外交権
任期4年
1951
修正22条で
2期10年上限
大統領
初代 副大統領
ジョン＝アダムズ
1789.4/21 - 97.3/4
初代大統領
ジョージ＝ワシントン
1789.4/30 - 97.3/4
統帥権
任免権

かようにして、「連合規約」に比べて、中央政府にかなり強大な権力を与えるやり方を「連邦主義（フェデラリズム）」（C-2）と言います。

各省は、当初、国務省・財務省・陸軍省・郵政省・司法省のたった５つ。

ちなみに。

初代大統領がG（ジョージ）．ワシントン（C/D-3）。説明は不要でしょう。

初代副大統領がJ（ジョン）．アダムズ（C/D-2/3）。のちの第２代大統領です。

初代国務長官がT（トーマス）．ジェファーソン（E-2）。のちの第３代大統領です。

（＊07）しかし、初代G．ワシントンが「長期政権の不当性」を訴える演説を残して、３選を拒否したため、「３期目は立候補しない」という“慣例”が生まれました。
しかし、F．D．ローズヴェルトが初めてこの慣例を破り、４期12年務めると、二度と慣例が破られることのないよう、1951年、正式に憲法が修正され（修正22条）、「２期10年を上限」とする再任制限が設けられました。

初代財務長官が A（アレクサンダー）.ハミルトン（E-2/3）。

彼は、以後、連邦派（フェデラリスト）のリーダーとなる人物で、反連邦派（アンチフェデラリスト）のＴ（トーマス）.ジェファーソンとは犬猿の仲となっていきます。

初代陸軍長官がＨ（ヘンリー）.ノックス（E-3）。

彼は、ボストン包囲戦で、59門もの大砲をタイコンデロガから56日間（480km）かけて運んだ、あの人物です。

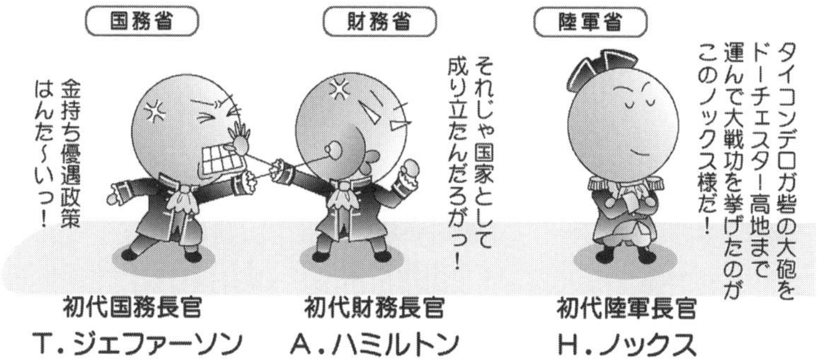
国務省
金持ち優遇政策はんた〜いっ！
財務省
それじゃ国家として成り立たんだろがっ！
陸軍省
タイコンデロガ砦の大砲をドーチェスター高地まで運んで大戦功を挙げたのがこのノックス様だ！
初代国務長官
T.ジェファーソン
初代財務長官
A.ハミルトン
初代陸軍長官
H.ノックス

このように、行政府の「初代」たちをつらつら眺（なが）めてみるに、錚々（そうそう）たるメンバーだということがわかります。

さて、最後に、司法府の連邦裁判所について。

司法府も、立法府と同じように「二層構造」となっていて、「最高裁判所」と「下級裁判所」に分かれています。（F/G-5）（＊08）

その初代長官がＪ（ジョン）.ジェイ。

本書では初登場ですが、大陸会議では議長を務めたこともある人物で、のちに、彼の名を冠した「ジェイ条約」というものも生まれますが、このことについてはまたの機会に。

（＊08）立法府同様、この「二重構造」は、現代日本も同じです。
日本の下級裁判所は、高等裁判所・地方裁判所・簡易裁判所・家庭裁判所がこれにあたります。

この３つの機関「連邦政府」「連邦議会」「連邦裁判所」が、“三すくみ”の状態になっており、お互いがお互いを牽制（けんせい）しあえるようになっています。

たとえば、大統領は「行政権」「外交権」などを存分に揮（ふる）うことができるとはいえ、これに対して議会は、「弾劾（だんがい）」決議をし、大統領の暴走を止めることができ、場合によっては大統領を辞めさせせることすらできます。(D/E-1/2)(＊09)

議会も、「立法権」「宣戦講和決定権」「課税権」など強大な権力を持っていますが、これらの決定に対して、大統領は「拒否権」を発動することができます。

裁判所も大統領に「判事任免権」を握られている弱みがありますが、大統領のすることに対して「合憲違憲判断」をすることができます。(D/E-5)(＊10)

司法権
連邦裁判所
初代最高裁判所長官
ジョン＝ジェイ
最高裁判所

けっしてどれかひとつに専制的な権力を握らせない。

こういう構造を「三権分立」と言います。(F-3)

以上見てきたように、合衆国憲法は、「連邦主義（フェデラリズム）」「三権分立主義（セパレーション オブ パワーズ）」「民主主義（デモクラシー）」という「３つの主義」から成り立っています。

(＊09) 現在に至るまで、「弾劾」によって大統領が「辞任」にまで追い込まれた例は、唯一、Ｒ．Ｍ．ニクソンだけです。もっとも彼は「弾劾決議によって解任させせらた大統領」という汚名を嫌い、弾劾決議の直前になって「自らの意志で辞任」という形を取りましたが。

(＊10) 連邦裁判所から「違憲判決」を喰らった例としては、Ｆ．Ｄ．ローズヴェルト大統領のニューディール政策があります。ＮＩＲＡやＡＡＡなどが「違憲」とされました。

さて。

難産の末、ようやく生まれた「合衆国憲法」でしたが、この内容が世間に知らされると、一部の人たち（反連邦派(アンチフェデラリスト)）（H-1）から猛反発を受けてしまいます。

「なんだ、これは！！　騙(だま)し討ちみたいなマネしやがって！！

今回の会議は、あくまで連合規約の微修正じゃなかったのか！？

認めんぞ、こんなもん！」

たしかに、今回の「憲法制定会議」は、政変(クーデタ)に近いものでしたので、彼らの言い分にも一理あります。

とはいえ、もう決まってしまったものをひっくり返すのも至難であることは、彼らにも理解できましたので、そこで、交換条件を出します。

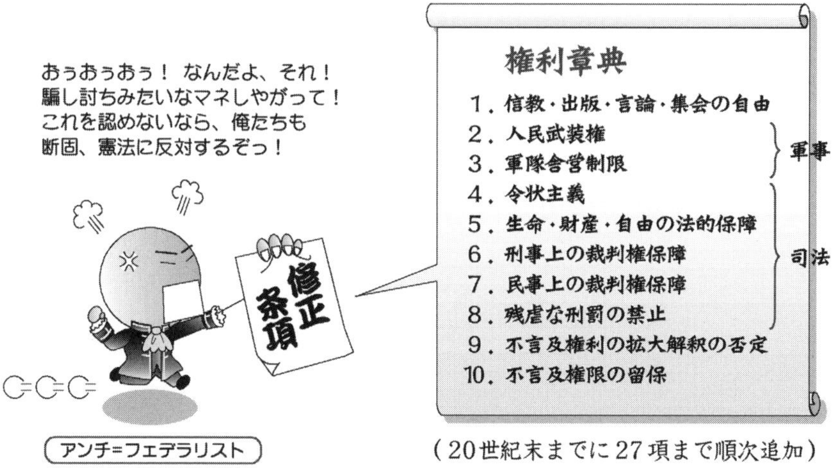
おぅおぅおぅ！　なんだよ、それ！
騙し討ちみたいなマネしやがって！
これを認めないなら、俺たちも
断固、憲法に反対するぞっ！
修正条項
アンチ=フェデラリスト
権利章典
1．信教・出版・言論・集会の自由
2．人民武装権
3．軍隊舎営制限
軍事
4．令状主義
5．生命・財産・自由の法的保障
6．刑事上の裁判権保障
7．民事上の裁判権保障
8．残虐な刑罰の禁止
司法
9．不言及権利の拡大解釈の否定
10．不言及権限の留保

（20世紀末までに27項まで順次追加）

「合衆国憲法を認めてほしくば、我々の要求する12の修正条項を呑(の)め！

もし、この要求が認められないというなら、我々は、命を賭(と)してでも断固反対するであろう！」（H-1）

そこで、負い目もある連邦派(フェデラリスト)は折れます。

「12条項すべてというわけにはいかないが、10条項まで認めよう」（H-3）

こうして追加された「10の憲法修正条項」が「権利章典」です。(H-2)(＊11)

以後、憲法修正条項は順次追加されていき、20世紀末までに27項目(＊12)を数えます。

ところで。

合衆国憲法には、「書いてあって然るべきなのに、なぜか一言も書かれていない」という言葉がいくつかあります。

ひとつは「政党」という言葉。

アメリカといえば、典型的な二大政党政治。

当時はまだ、れっきとした「政党」というものは生まれていませんでしたが、しかし、すでにその萌芽はありました。

イギリスでもすでに政党政治に向かっていましたし、アメリカもそれを踏まえて、憲法に「政党」の規定を盛り込むのは、至極当然のことと言えます。

にもかかわらず、「政党」という言葉が一度も出てこないのは、いかにも不自然です。

じつは、憲法制定会議議長のG.ワシントンが、個人的に「政党政治」を忌み嫌っており、これに断固反対したからです。

「我々に政党は要らない！」(A-2/3)

「我々に政党は要らない」
憲法制定会議 議長
ジョージ=ワシントン

(＊11) 1689年にイギリスで成立した「権利章典」の名前をそのまま持ってきましたので、同じ名前です。ややこしい…。

(＊12) とはいえ、現在では「修正第18条」は存在しませんので、それを数えないとするなら「26項目」と言えます。ちなみに、消された「第18条」とは、あの悪名高き「禁酒法」のことで、1933年の「修正第21条」で廃止されました。

そのため、「合衆国憲法」も、「政党が存在しない」ことを前提に作られることになってしまいます。（＊13）

そして、もうひとつ、合衆国憲法にあって然るべきなのに存在しない言葉があります。

それが「奴隷」。

「政党」という言葉が憲法に出てこないことについては、当時はまだ「政党」が萌芽の状態でしたから、弁解の余地もあります。

しかし、「奴隷」は厳然として目の前に存在し、「これをどう扱い、どう規定するか」合衆国憲法に書かないわけにはいかないはずです。

にもかかわらず、一度も出てこない。

これはいったい……???

じつは。

ネタをバラすと、ちゃんと書いてあるのです。

「自由人とインディアンを除くその他の人々」（第１条 第２節 第３項）
「各州が入国を妥当と認める人々」（第１条 第９節 第１項）
「奉仕または労働のために所有される人々」（第４条 第２節 第３項）
…と。（G/H-4/5）

これらはすべて「奴隷」を表す隠語です。

「奴隷」という言葉は、故意に、執拗に、避けられていたのでした。

それでは、彼らはなぜわざわざ「奴隷」という存在を隠そうとしたのでしょうか。

答えはカンタン、自分たちが行っている悪逆非道を隠蔽するためです。

じつは、彼らもほんとうは分かっているのです。

自分たちが行っている「奴隷制度」というのが、いかに残虐無慈悲で、人非人で、破廉恥な行為か、ということを。

（＊13）とはいえ、まもなく政党は生まれ、アメリカは政党政治へ驀進していきますので、彼の抵抗はムダなことでしたが。
人類悠久の歴史の中で、何人たりとも「歴史の流れ」には逆らえません。

奴隷について
条 節 項
「自由人とインディアンを除くその他の人々」（1-2-3）
「各州が入国を適当と認める人々」（1-9-1）
「奉仕または労働のために所有される者」（4-2-3）
奴隷という言葉が故意に避けられ、一切使用されず。
見えな～い！聞こえな～い！
俺たちの存在は隠蔽されなければならない国家の恥部だってか？

しかし、それがわかっていてもなお、彼らはそれをやめられない。

すべては不労所得を得たいがため、私腹を肥やしたいがため。

そのためには、知らぬ存ぜぬ、見て見ぬふりを決め込む。

それが「隠語」という形になって表れているのです。

すでに見てきたように、彼らは「独立宣言」でこう高らかに謳(うた)いあげました。

「all **men** are created equal」

彼らはなぜ、「human beings」でも、「persons」でも、「people」でもなく、「men」を使用したのでしょうか。

「他意はない。ついうっかり筆を走らせたら、たまたま『men』だった」…などという言い逃れは通りません。

この「宣言」文は、T(トーマス).ジェファーソン、J(ジョン).アダムズ、B(ベンジャミン).フランクリン、R(ロジャー).シャーマン、R(ロバート).リヴィングストンら、頭脳(ブレーン)らが、ガン首そろえて、目を皿のようにして、一言一句に至るまで、丹念に丹念に検証しているのですから。

「ついうっかり」などまったく通用しません。

彼らは、敢(あ)えて、意図的に「men」を使ったのです。

この言葉は、「human beings」とも「white adult male」とも、どち

らとも解釈できる曖昧（あいまい）な言葉であり、それが「本音」と「建前」を巧妙に使い分けるのに、たいへん都合のよい単語だったからです。

表向きでは「human beings」という意味として御為（おため）ごかしを高らかに謳（うた）い、現実の法律上では、「white adult male」という意味として、平然と人種差別、性差別を実行する。

したがって、「建前」にとって都合の悪い存在である奴隷（slave）は「その他の人々」「所有される人々」と言葉を濁（にご）して隠蔽（いんぺい）しようとしたわけです。

こういうところに、「アメリカの本性」が見事に顕（あらわ）れていることを見抜けなければなりません。

さて。

ともあれ、合衆国憲法はこうして生まれました。

「現在のアメリカ合衆国の本性・本質・行動様式」を知りたければ、その基盤となっている「合衆国憲法」を知らなければならず、その「合衆国憲法の本質」を理解するためには、それが生まれる背景となった「アメリカ合衆国の隠されざる建国の歴史」を知らなければなりません。

本書は、その一端を見てまいりました。

本書が書かれている2013年、シリアでの化学兵器の使用疑惑が報道され、アメリカは戦争も辞さない態度で、シリアを強烈に非難しました。

「多数の市民を無差別に殺害したことは国際法違反に当たる！」と。

この言葉だけ聞けば、まったくごもっとも。そのとおり。

しかし、これが「インディアンたちを、女性も子供も老人も無差別に大量虐殺し、ときには細菌兵器まで用いて建国した国」の言葉だということを認識できている日本人がどれだけいるでしょうか。

ましてや、我が国に「人類史上最強の無差別大量殺戮兵器」である原爆を２つも落としている国です（核兵器を町の真ん中に落とす、という人類史上比類のない残虐行為を働いた国は、後にも先にもアメリカのみ）。

「独立宣言」以来、彼らの「行動様式」は何ひとつ変わっていません。

すなわち。

口先だけは「美辞麗句」。しかし、その手は「血塗られている」。

Column 連合規約の正式名称

「連合規約」の正式名称は、

「Articles of Confederation and Perpetual Union」です。

直訳すれば、「連合(Confederation)および永遠なる連合(Union)の規約」となります。

英語では明確に区別される「Confederation」と「Union」という2つの概念も、日本語では区別されずどちらも「連合」と訳されるため、直訳すると意味不明になります。

「man」や「state」のところでも触れましたように、日本人と白人では、根本的に文化が違うため、訳せない言葉がいっぱいあります。

たとえば、南北戦争は、「北」のアメリカ**合衆国**と、「南」のアメリカ**連合国**の戦争でしたが、それぞれの国名を英語で書き表しますと、

アメリカ合衆国：　United　　States of America
アメリカ連合国：Confederate　States of America

…となり、ここでも、この2つの言葉は、明確に区別されています。

じつは、どちらも「個」を維持した状態で、共通の目的や利害の一致により「連合」したものであることは同じなのですが、

「Confederation」は、「個」に重きが置かれ、「連合体」にはほとんど主権が与えられないため、外から見ても「集団」に映ります。

対して、「Union」は、「個」は維持しつつも、「連合体」に重きが置かれて、これに一定の主権が与えられているため、外から見れば、それが「単一体」に見えます。

果物(くだもの)で譬(たと)えるなら、「Confederation」は、一見して粒に分かれているけれども、一応房(ふさ)でつながっている「葡萄(ぶどう)」のようなもので、

「Union」は、一見すると“ひとつ”に見えるけど、一皮むくと、いくつかの瓤嚢(ふくろ)に分かれている「蜜柑(みかん)」のようなものでしょうか。

冒頭の「Articles of Confederation and Perpetual Union」を意訳すると、「（制度上は）弱い結びつき(Confederation)だが、（精神的には）永遠なる強い結びつき(Union)からなる連合の規約」といったところでしょうか。

おもな参考文献（順不同）

『世界各国史 24 アメリカ史』紀平英作編（山川出版社）

『詳説世界史 教授資料』（山川出版社）

『世界の歴史』シリーズ（中公文庫）

『新書アメリカ合衆国史（1）大陸国家の夢』安武秀岳著（講談社現代新書）

『インディアスの破壊についての簡潔な報告』ラス・カサス著、染田秀藤訳（岩波文庫）

『世界史資料（7）南北アメリカ』歴史学研究会編（岩波書店）

『アメリカの歴史を知るための 62 章』富田虎男、佐藤円、鵜月裕典著（明石書店）

『学校では教えてくれない本当のアメリカの歴史（上）』ハワード・ジン、他著、鳥見真生訳（あすなろ書房）

『世界軍事史』小沢郁郎著（同成社）

『図解兵法』大橋武夫著（ビジネス社）

『日本人のための宗教原論』小室直樹著（徳間書店）

『アメリカの逆襲』小室直樹著（光文社）

『大陸別世界歴史地図（3）北アメリカ大陸歴史地図』ロン・メンデル、他著、増田義郎訳（東洋書林）

『図説世界の歴史 4 大西洋時代の開幕』今井宏著（学研マーケティング）

『聖書 新共同訳』日本聖書協会

『プロテスタンティズムの倫理と資本主義の精神』マックス・ヴェーバー著、大塚久雄訳（岩波文庫）

附録 〈アメリカ合衆国 50 州 MAP〉

42
ワシントン州
1889.11/11
41
モンタナ州
1889.11/8
39
ノースダコタ州
1889.11/2
33
オレゴン州
1859.2/14
43
アイダホ州
1890.7/3
40
サウスダコタ州
1889.11/2
44
ワイオミング州
1890.7/10
36
ネバダ州
1864.10/31
37
ネブラスカ州
1867.3/1
45
ユタ州
1896.1/4
38
コロラド州
1876.8/1
31
カリフォルニア州
1850.9/9
34
カンザス州
1861.1/29
フォーコーナーズ
48
アリゾナ州
1912.2/14
47
ニューメキシコ州
1912.1/6
46
オクラホマ州
1907.11/16
28
テキサス州
1845.12/29
49
アラスカ州
1959.1/3
50
ハワイ州
1959.4/21
どの地区が、いつ州に昇格しているのか知りたいときこのページで確認しよう！
自由州と奴隷州、年代順などいろいろ工夫して塗り絵すると、それまで見えなかったものが、見えてくるようになるぞ！
神野
世界史劇場講師
神野 正史
じんの まさふみ
①
②
③
④

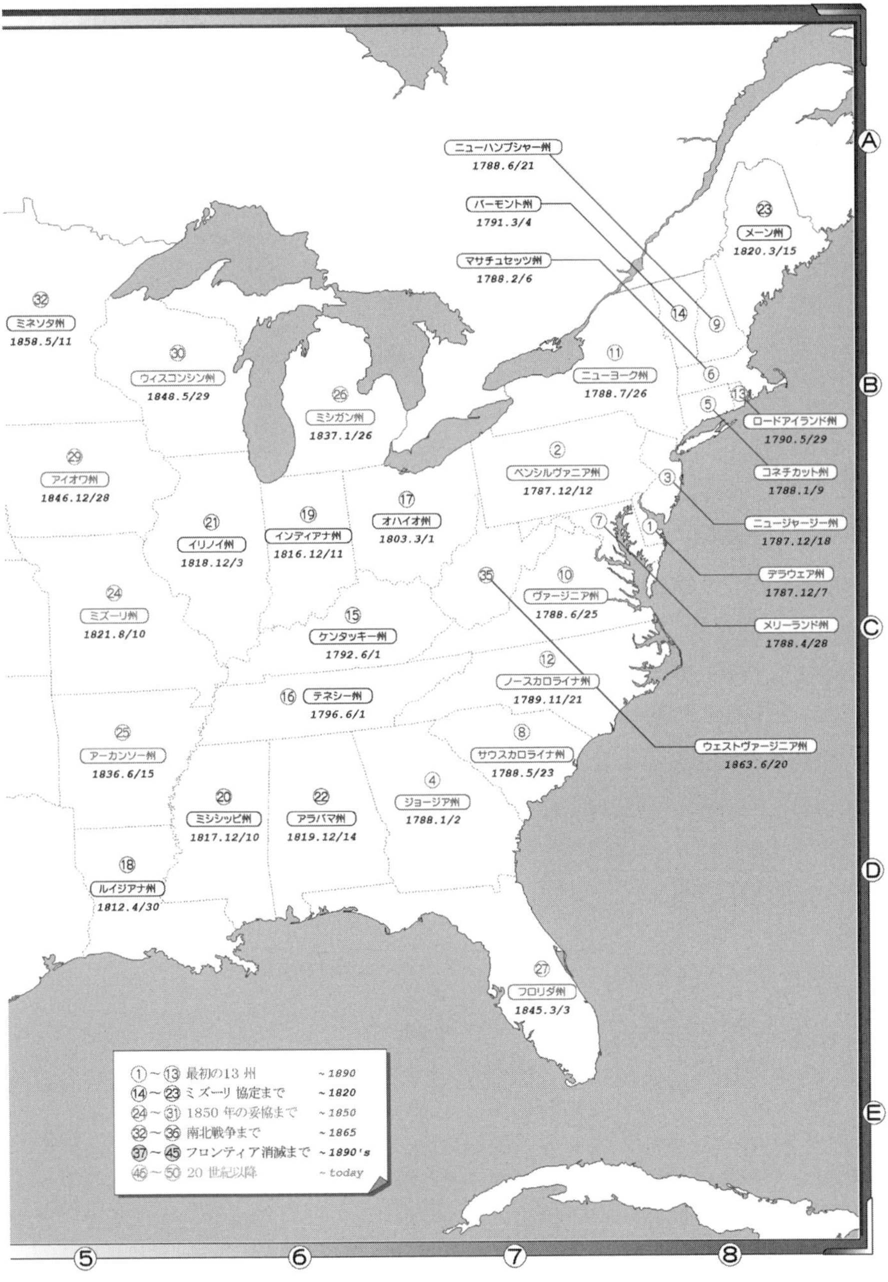
A
B
C
D
E
5
6
7
8
ニューハンプシャー州
1788.6/21
バーモント州
1791.3/4
マサチュセッツ州
1788.2/6
㉓
メーン州
1820.3/15
㉜
ミネソタ州
1858.5/11
㉚
ウィスコンシン州
1848.5/29
㉖
ミシガン州
1837.1/26
⑪
ニューヨーク州
1788.7/26
⑭
⑨
⑥
⑤
⑬
ロードアイランド州
1790.5/29
②
ペンシルヴァニア州
1787.12/12
コネチカット州
1788.1/9
㉙
アイオワ州
1846.12/28
③
ニュージャージー州
1787.12/18
㉑
イリノイ州
1818.12/3
⑲
インディアナ州
1816.12/11
⑰
オハイオ州
1803.3/1
⑦
①
デラウェア州
1787.12/7
㉔
ミズーリ州
1821.8/10
㉟
⑩
ヴァージニア州
1788.6/25
メリーランド州
1788.4/28
⑮
ケンタッキー州
1792.6/1
⑫
ノースカロライナ州
1789.11/21
⑯
テネシー州
1796.6/1
ウェストヴァージニア州
1863.6/20
㉕
アーカンソー州
1836.6/15
⑧
サウスカロライナ州
1788.5/23
⑳
ミシシッピ州
1817.12/10
㉒
アラバマ州
1819.12/14
④
ジョージア州
1788.1/2
⑱
ルイジアナ州
1812.4/30
㉗
フロリダ州
1845.3/3
①〜⑬ 最初の13 州 ~1890
⑭〜㉓ ミズーリ 協定まで ~1820
㉔〜㉛ 1850 年の妥協まで ~1850
㉜〜㊱ 南北戦争まで ~1865
㊲〜㊺ フロンティア消滅まで ~1890's
㊻〜㊿ 20 世紀以降 ~today

神野（じんの） 正史（まさふみ）

河合塾世界史講師。世界史ドットコム主宰。ネットゼミ世界史編集顧問。ブロードバンド予備校世界史講師。歴史エヴァンジェリスト。1965年、名古屋生まれ。出産時、超難産だったため、分娩麻痺を発症、生まれつき右腕が動かない。剛柔流空手初段、日本拳法弐段。立命館大学文学部史学科卒。教壇では、いつも「スキンヘッド」「サングラス」「口髭」「黒スーツ」「金ネクタイ」という出で立ちに、「神野オリジナル扇子」を振るいながらの講義、というスタイル。既存のどんな学習法よりも「たのしくて」「最小の努力で」「絶大な効果」のある学習法の開発を永年にわたって研究し、開発された『神野式世界史教授法』は、毎年、受講生から「歴史が“見える”という感覚が開眼する！」と、絶賛と感動を巻き起こす。「歴史エヴァンジェリスト」として、TV出演、講演、雑誌取材、ゲーム監修など、多彩にこなす。著書に『世界史劇場イスラーム世界の起源』『世界史劇場日清・日露戦争はこうして起こった』（ベレ出版）、『神野の世界史劇場』（旺文社）、『世界史に強くなる古典文学のまんが講義（全３巻）』（山川出版社）、『爆笑トリビア解体聖書』（コアラブックス）など多数。

世界史劇場（せかいしげきじょう） アメリカ合衆国（がっしゅうこく）の誕生（たんじょう）

2013年11月25日　初版発行

著者　神野（じんの） 正史（まさふみ）

DTP　WAVE 清水 康広

カバーデザイン　川原田 良一（ロビンソン・ファクトリー）

発行者　内田 眞吾

発行・発売　ベレ出版

〒162-0832　東京都新宿区岩戸町12 レベッカビル
TEL.03-5225-4790 FAX.03-5225-4795
ホームページ　http://www.beret.co.jp/
振替 00180-7-104058

印刷　モリモト印刷株式会社

製本　根本製本株式会社

ISBN 978-4-86064-375-1 C0022　　編集担当　森 岳人

もっと世界史劇場を堪能したい方へ

筆者 (神野正史) は、20 年以上にわたって河合塾の教壇に立ち、そのオリジナル「神野式世界史教授法」は、塾生から絶大な支持と人気を集めてきました。

しかしながら、どんなにすばらしい講義を展開しようとも、その講義を聴くことができるのは、教室に通うことができる河合塾生のみ。モッタイナイ！

そこで、広く門戸を開放し、他の予備校生でも、社会人の方でも、望む方なら誰でも気兼ねなく受講できるように、筆者の講義を「映像講義」に収録し、

「世界史専門ネット予備校 世界史ドットコム」

を開講してみたところ、受験生はもちろん、一般社会人、主婦、世界史教師にいたるまで、各方面から幅広く絶賛をいただくようになりました。

じつは、本書は、その「世界史ドットコム」の映像講座をさらに手軽に親しめるように、と書籍化されたものです。

しかしながら、書籍化にあたり、紙面の制約上、涙を呑んで割愛しなければならなくなったところも少なくありません。

本書をお読みになり、もし「もっと深く知りたい」「他の単元も受講してみたい」「神野先生の肉声で講義を聴講してみたい」と思われた方は、ぜひ、「世界史ドットコム」教材も受講してみてください。

世界史ドットコム講座例　　http://sekaisi.com/

世界史劇場
1 第一次世界大戦
2 ロシア革命
3 フランス革命
6 日清・日露戦争
9 アメリカ建国史

以下続刊